KB144427

4차원

인생의 힘

It is possible !

4차원 인생의 힘

It is possible !

곽종운 지음

성안당.com

추천사

　환경 분야에서 신지식인으로 선정된 바 있는 저자는 자기 계발 분야에서도 최고의 강사로 활동하고 있다. 공학도로서 접근한 그의 인생 경영 원리는 많은 사람들에게 상당한 영향력을 미치고 있다. 이 책은 저자의 생생한 인생 경험을 그대로 담고 있으며, 그가 겪은 인생의 유익한 정보는 당신의 인생을 이끌어가는 데 나침반 역할을 해 줄 것이다. 벽에 부딪힐 때마다 4차원 인생의 힘으로 터널속의 기차처럼 뚫고 나간 그의 삶은 모든 이에게 유익한 인생 모델이 될 것이다.

－ **송 자**, ㈜ 대교회장, 전 연세대 총장 －

　이 책의 저자 곽종운 박사는 자연 과학도로서 리더십과 경영을 오랫동안 몸으로 체험하여 자수 성가한 CEO이다. 입지전적인 그의 삶에는 절망을 딛고 성공을 일구어 낸 희망의 메시지가 담겨 있다. 그는 자신의 체험을 통해 자기 계발에 관한 이론과 실무 체계를 확립하였으며 이를 다른 사람들에게 전파하는 일을 해오고 있다. 성공을 꿈꾸는 이들이 이 책에서 저자의 체험에서 우러난, 4차원적인 긍정의 힘을 얻게 되기를 간절히 소망한다.

－ **김성국**, 이화여자대학교 경영학부 교수, 리더십 학회 초대 회장 －

　국가 대표 선수 시절 내가 오를 정상은 험하고 까마득히 높은 암벽처럼 보였다. 황량한 광야에서 혼자 거친 길을 뚫고 나가야 하는 절박한 시절, 나는 마음속으로 먼저 정상을 생각하고 꿈꾸었다. 지금 뒤돌이보니 내 인생의 힘은 보이지 않는 믿음과 생각에서 뿜어져 나온 분수와 같은 것이었다. 이 책을 대하면 한 때 내가 가슴속에 품었던 인생의 힘을 필름으로 다시 재생해 보는 듯한 착각이 든다. 자신의 비전과 열정을 키우려는 이들에게 일독을 권한다.

－ **양영자**, 올림픽 금메달 리스트 －

머리말

왜 이 책을 썼는가?

누군가 나에게 '당신은 왜 이 책을 썼는가?' 라고 묻는다면 나는 이렇게
대답할 것이다.

"당신의 삶을 더 가치 있게, 더 신나게, 더 행복하게 해주기 위해 이 책을 썼습니다."
"더 구체적으로 당신에게 4가지 힘을 주려고 썼습니다 – 생각의 힘, 긍정의 힘,
꿈의 힘, 말의 힘!"

이 책을 읽고 무엇을 얻을 수 있나?

생각(Thinking)은 아이디어와 지식을 주고
믿음(Faith)은 긍정적인 태도와 자신감을 주고
꿈(Dream)은 목표와 열정을 주고
말(Words)은 행동과 습관을 준다!

나는 이 인생의 4가지 원리를 사람들에게 알리고 적용시키기 위해 한 학

기에 14강좌, 21시간 동영상 강의를 하고 있다. 2003년부터 2500여 명의 수강자에게 교육을 시켰고, 지금도 온라인 강의를 진행하고 있다. 강의 주제는 "It is possible!"이다.

컴퓨터를 사더라도 소프트웨어를 설치해야 컴퓨터가 돌아가는 것처럼, 인생에도 소프트웨어가 필요하다. 나의 인생을 프로그래밍 하는 '인생 소프트웨어' – 이 책으로부터 당신은 4가지 인생 소프트웨어를 얻게 될 것이다. 그것을 당신의 인생에 설치하면 인생이 돌아가기 시작할 것이다.

나는 이제까지 살면서 국내외 유능하고 훌륭한 인사들을 많이 만났다. 그들을 보건대 그들의 인생을 변화시킨 힘은 화려한 학력도 아니고, 뛰어난 학점도 아니고, 화려한 집안 배경이나 내력도 아니었다. 그들은 인생을 변화시키는 4가지 힘을 가진 사람들이었다.

"나는 할 수 있다"는 창조적인 생각을 품은 사람
"나는 할 수 있다"는 긍정의 믿음을 소유한 사람
"나는 할 수 있다"는 위대한 꿈을 품은 사람
"나는 할 수 있다"는 긍정의 말을 하는 사람

나는 20대에 공학박사 학위를 받았다. 지금 생각해 보면 내 안에 숨은 열정이 그렇게 한 것이지 머리가 한 것이 아니었다. 나에게 있어서 공부는 머리가 한 것이 아니라 가슴이 한 것이었다. 나는 대학과 대학원에서 응용화학을 전공한 공학도였고, 시금은 환경 분야에 종사하고 있다. 내가 깨달은 것은 최고의 기술도 사람의 IQ가 아니라 사람의 가슴, 곧 열정에서 나온다는 것이었다.

나는 1990년부터 공학도로서 사람연구를 하고 있다. 어떤 사람이 열정을 품고 사는가? 17년 동안 사람연구를 하면서 나는 다음과 같은 사람이 진정한 인생의 열정을 품고 산다는 것을 깨달았다.

자신의 삶에 분명한 목적이 있는 사람!

일평생 자신이 해야 할 일, 즉 꿈을 가진 사람!

진정한 인생의 열정은 내 안에 분명한 삶의 목적이 있을 때 나오는 것이다.

내 삶에 어떻게 적용할 것인가?

나는 어떤 일을 추진할 때 글로 써서 가장 잘 보이는 곳에 둔다. 그것을 매일 바라보기 위함이다. 안 보면 잊어 버린다. 책을 읽을 때에는 수긍이 가고, 읽다 보면 벌써 일이 다 이루어진 것처럼 착각이 들 때가 있다. 적어도 하나의 새로운 습관을 형성하려면 3개월의 시간이 필요하다.

1그램의 행동이 1톤의 생각보다 낫다!

행동이 있기 위해서는 자기가 생각한 것을 글로 적어서 가장 잘 보이는 곳에 놓아 두고 매일 바라보아야 한다. 이 책은 한 권의 자기계발서 성격을 띠고 있다. 이 책을 가장 효율적으로 활용하려면 아래의 4단계로 학습해 보라.

1단계: 빠른 속도로 읽으면서 소제목 끝에 있는 질문에 답하라.

먼저 산을 보고 다음에 숲을 보기 위함이다.

2단계: 각 장의 Box 1에 있는 표를 이용하여 자신을 평가해 보라.

자신을 객관적으로 보기 위함이다. 진지한 마음으로 평가해 보라.

3단계: 각 장의 끝에 있는 Box 2를 이용하여 인생의 힘을 키워라.

3단계를 마치면 어떤 변화가 일어날까? 나의 경험으로 보면 사람에 따라 다르지만 적어도 3개월만 그렇게 하면 당신의 행동이 시작될 것이다. 그렇게 되기까지 당신은 많은 노력과 인내가 필요할 것이다. 한번 형성된 사람의 습관을 비우고 새로운 습관을 다시 깔려면 얼마나 힘든지 모른다. 16번 이상 행동이 반복되어야 하나의 습관이 겨우 형성될 수 있다. 인생의 변화는 내 쪽에서 먼저 달려가야 한다. 결코 변화가 먼저 나에게 걸어오지 않는다. 적어도 6개월의 시간을 가지고 목표를 매일 바라보면서 달려가 보라.

아폴로 11호가 달을 향해 나아갈 때 거리와 방향을 컴퓨터로 완벽하게 계산했지만, 실제로 달에 도착하기까지 궤도 수정을 몇 번이나 반복해야 했다. 최종 목표만 바라보고 오직 한 길을 갔기 때문에 아폴로 11호는 달 착륙이라는 위대한 업적을 이룬 것이다.

어떤 기대를 할 수 있나?

이제까지 수많은 강의를 해 오면서 한 가지 깨달은 것이 있다면, 사람들이 알면서도 좀처럼 행동으로 옮기지 못한다는 것이다. 그만큼 사람은 한번 형성된 습관의 힘에 휘둘리며 살고 있다.

"해와 달이 밝고 아름답게 비치려 하면 구름이 덮어 버린다.
강물이 맑게 되고자 하면 흙모래가 더럽게 해버린다.

무리지어 무성하게 자라고 있는 난이 향기를 풍기는 꽃을 달고자 하면
추풍이 불어서 날린다(文子, 上德)."

한번 행동으로 옮기려 하면 얼마나 많은 장애물들이 우리 앞을 가로막는
가? 위의 한시가 그것을 잘 말해 주고 있다. 당신은 이 책을 당신의 삶에
적용함으로써 행동하는 사람이 될 수 있다. 그러면 당신의 삶의 가치가
올라가고, 신바람 나는 인생, 이전보다 더 행복한 인생이 될 것이다.

감사의 말

날마다 내게 힘을 주시고 긍휼과 자비를 주시는 주님께 감사한다. 나는
1983년부터 지금까지 1200여 편의 설교를 들으면서 내 스스로에게 이런
질문을 던졌다.
"지금까지 들은 설교를 한마디로 줄일 수 있습니까?"
하나의 답을 꺼내는 데 그리 오래 걸리지 않았다.

"나는 할 수 있다! It is possible!"

나에게 교육철학이 하나 있다면 바로 이것이다. 나는 이 원리를 기초로
하여 대학에서 강의와 강연을 하고 있다. 이러한 삶의 원리를 조용기 목
사님으로부터 배웠는데 진심으로 목사님께 감사를 드린다.

〈내 인생의 블루오션〉 책을 읽고 뜨거운 반응을 보여 준 독자들에게도 감
사를 드린다. '플러스 인생경영' 과목과 '인생경영 키워드' 과목을 수강
해 준 수강자들에게 고마움을 전한다.

내 인생길의 동반자인 아내와 민수와 덕수 그리고 막내딸 예림에게 고마움을 전한다.
날마다 나의 인생 짐을 대신 짊어져 주시는 주님!
오늘도 나와 함께하시는 주님께 한없이 감사를 드린다.

2007년 3월에   곽 종 운

CONTENTS

제 1 장

생각의 힘을 키워라

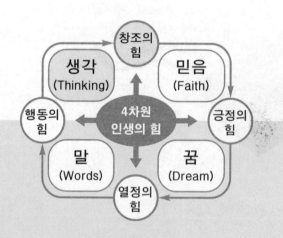

4차원 인생 전략

생각 나는 모든 사물을 긍정의 관점에서 생각하겠다!

믿음 나는 내게 능력 주시는 자 안에서 모든 것을 할 수 있다!

꿈 나는 글로 쓴 꿈과 목표를 매일 바라보고 성취하겠다!

말 나는 사물을 보고 긍정적인 말만 하겠다!

1. 나는 오늘부터 위대한 생각을 품고 살겠다

나쁜 생각은 일을 거꾸로 진척시킨다!
평범한 생각은 일을 현상 유지시킨다!
좋은 생각은 일을 앞으로 진행시킨다!
창조적인 생각은 일을 빠르게 촉진시킨다!

크게 생각하라

한 대학 교수가 배를 타고 여행을 하게 되었다. 그 교수가 그 배의 한 선원에게 물었다.

"여보게, 자네 철학을 아는가?"

"모르는데요."

"허허, 자네는 자네 생애의 4분의 1을 잃었군. 그럼 자네 지질학을 아는가?"

"전혀 모르는데요."

"자네는 생애의 절반을 잃었군. 천문학은 아는가?"

"들어 보지도 못했습니다."

"자네는 생애의 4분의 3을 잃었군."

그때 갑자기 배가 기울어 둘 다 물에 빠지게 되었다. 선원이 교수에게 물었다.

"교수님, 헤엄칠 줄 아십니까?"

"못 치네."

"그럼 교수님은 생애의 전부를 잃은 것입니다."

    델 컴퓨터의 창업자인 마이클 델은 2007년 성공 화두를 이렇게 던졌다.

"크게 생각하라!"

사람은 생각을 통해 성장하고 아이디어를 얻는다. 내 안의 생각 세계를 넓히면 이전에 내가 보지 못했던 세상을 보게 될 것이다. 노벨평화상 수상자인 무하마드 유누스는 2007년 성공 화두를 이렇게 던졌다.

"작은 아이디어에서 큰 보상을 찾아라!"

아이디어를 머리에서 캐내려면 생각을 많이 해야 한다. 생각은 황금을 캐는 도구와 같은 것이다.

링컨의 다음 말을 보면 인생에서 생각의 중요성이 더욱 실감날 것이다.

"당신이 지금까지 해 왔던 대로 계속한다면 지금까지 얻었던 것만을 얻을 수 있을 것이다."

그는 언제나 생각하는 사람이었다. 그는 늘 이전과 달리 생각하여 새로운 아이디어를 낸 사람이었다.

2006년 11월에 일본에서 일본인 목회자와 교회 리더 120여 명을 중심으로 4차원 영성 세미나가 열렸는데 강사로 참여한 적이 있다. 일본 동경에 있는 중앙교회로부터 설교 요청을 받게 되었는데, 일본인 성도를 대상으로 한다는 것이 내게는 큰 부담이었다. 그때 나는 이런 생각이 가장 먼저 들었다.

"아! 지금까지 한 번도 설교를 해본 적이 없는데……."

"한 번도 주일 설교를 써 본 적도 없고……."

그것은 나에게 찾아온 큰 두려움이었다. 한 번도 해보지 않았기 때문에 두려움의 생각이 들었던 것이다. 나는 깊이 생각했다. 발명가 토마스 에디슨의 말이 생각났다.

"몸이 존재하는 이유는 머리를 지탱하기 위함이다."

나는 생각하기 시작했다. 생각 중에 문득 이런 생각이 떠올랐다.

"미국의 조엘 오스틴 목사를 생각해 보라. 그는 대학을 중퇴하고도 미국에서 주일 설교를 잘하고 있지 않은가?"

그리고 또 이런 생각이 스쳐 갔다.

"그가 그렇게 설교를 잘할 수 있다면 나도 그렇게 잘할 수 있다!"

그래서 나는 설교를 부탁한 목사님께 이렇게 대답했다.

"알겠습니다. 설교를 잘 준비하겠습니다."

설교 제목은 "4차원 인생 법칙", 말씀은 히브리서 11장 1~3절이었다. 내게 기억에 남는 귀한 예배였다. 내가 무슨 설교를 어떻게 했는지조차 모를 정도였지만 내가 쉬지 않고 무언가를 계속 선포했다는 것이다. 예배 후에 한 일본인 성도가 나를 찾아왔다. 전날 밤에 거의 잠을 못잤는데 설교를 듣고 큰 힘을 얻었다고 했다. 그 말을 들으니 왠지 힘이 났다.

> 어떤 사물 앞에서도 먼저 생각하는 시간을 가져라.
> 그러면 좋은 방법이 나올 것이다.
> 방법이 나오면 믿고 전진하라.

"하나님이 우리에게 주신 것은 두려워하는 마음이 아니요 오직 능력과 사랑과 근신하는 마음이니" (딤후 1:7)

IBM 사의 교훈을 보라. 아주 간단하다.

"생각하라, 생각하라, 생각하라."

첫째도 생각, 둘째도 생각, 셋째도 생각하라는 것이다. 생각하면 뭔가 소출이 나온다는 것이다. 우리의 생각이 우리의 인생을 바꾼다. 오늘도 사무실에서 무미건조하게 앉아 있는가? 생각하는 일에 푹 빠져 보라.

> 깊이 생각하라.
> 현재보다 더 멋진, 현재보다 더 신바람 나는 4차원 인생이
> 당신 앞에 펼쳐질 것이다.

생각의 힘은 환경도 바꾼다

열심히 하려다 실패를 한 사람에게는 큰 상을 주고, 평범한 성공에는 야단을 치고, 아예 시도조차 하지 않은 자에게는 매를 주어야 한다!

언젠가 큰 강당에서 강연을 한 적이 있다. 시작 시간이 다 되어 가는데도 청중들이 너무 적게 모였다. 최소 300명은 예상했는데 모두 합해도 30명이 채 못 되었다.

행사 준비 요원들의 얼굴 표정이 나를 더욱 슬프게 만들었다. 무엇보다 내 스스로에게 민망했다. 모두들 나만 바라보고 있었다. 그날의 강연 제목은 '청소년 인성 개발을 위한 학부모 역할'이었다. 유선 TV로 광고까지 했건만 광고 시간이 워낙 짧았고, 연말이라 대부분 이미 선약들이 있어서 그런 모양이었다.

나는 강연을 없었던 일로 하고 그냥 철수하고 싶었다. 그런데 녹화팀은 이미 준비를 하고 있었다.

나는 그때 이런 생각을 했다. "내가 녹화를 하는데 저들이 손님으로

와서 앉아 있는 것이다." 그렇게 생각하니 마음이 한결 가벼웠다. 당시의 상황은 내게 무척 힘이 들었지만, 어차피 녹화되어 지역 유선 방송으로 나갈 터이니 그것으로 만족해야 했다. 한 명이라도 나의 강의 때문에 인생이 변화되고 삶의 전환기를 마련할 수 있다면 그것으로 족하다고 생각했다.

나는 완전히 생각을 바꾸었다. 그렇게 하니 힘이 절로 났다. 나 혼자 녹화를 했어야 했는데 저렇게 많은 사람이 와서 방청해 주다니 오히려 감사할 일이었다. 강의를 끝내고 나는 드문드문 앉아 있는 사람들에게 이렇게 인사했다.

"녹화하는데도 불구하고 많이 방청해 주셔서 감사합니다."

그러자 그들은 있는 힘을 다해 내게 박수를 보내 주었다. 멋진 실패였다. 한마디로 '꽝' 이었다.

윌리엄 보엣커(W. J. H. Boetcker)는 사람들을 4가지로 분류했다.

- 주어진 일보다 적게 하는 사람 : 말단 사원감으로 적당하다.
- 주어진 일만을 하는 사람 : 대리감이나 중간 리더로 적당하다.
- 필요한 일을 스스로 찾아서 하는 사람 : 간부감으로 큰 일을 맡길 수 있다.
- 자신은 물론이고 다른 사람에게도 동기 부여를 주는 사람 : 사장감으로 큰 사람으로 성장할 것이다.

이 말을 바꾸어 말하면 늘 생각하는 사람은 자신뿐만 아니라 주위의 사람들까지 바라본다는 것이다. 독에 물이 넘치면 다른 곳으로 흐르게 되어 있다. 나는 일할 때 늘 이런 생각을 가졌다.

"내가 왜 이 일을 해야 하는가? 나는 이 일을 가장 효율적인 방법으로 하고 있는가?"

이런 생각을 품고 일했을 때 나는 누구보다 많은 일을 할 수 있었다.

세상은 무섭고 빠르게 변하고 있다. 생각만이 우리의 인생을 지켜 줄 자원이요, 힘이다. 스티븐 호킹의 말은 많은 것을 생각하게 한다.

"인류가 DNA 유전자를 바꿈으로써 스스로를 개조하지 않으면 컴퓨터 로봇에게 세상을 빼앗길 것이다."

이제 상상할 수 없는 것은 하나도 없다. 모든 것이 가능하다. 이제 당신의 인생을 지켜 줄 유일한 도구는 '생각이라는 자원'이다. 컴퓨터는 '정서'도 없고 '생각'도 없기 때문이다.

> 전쟁터에 있을 때처럼 긴장해서 생각하고,
> 외나무다리를 지날 때처럼 조심스럽게 생각하라.
> 정상으로 가는 길은 아주 좁다. 그러나 꼭대기에는 자리가 많다!

더 신나는 인생을 위하여!

● 생각 개발 전략
- 내 인생의 자화상을 글로 적고 외쳐라.(고후 5:17)
- "나는 그렇게 될 수 있다!"고 외쳐라.(엡 4:22)
- 하나님의 생각으로 채우라.(시 119:11)
- 긍정적이고 창조적인 생각으로 채우라.(골 3:17)
  일하기 전에 긍정적인 생각을 하라.

● 적용 말씀
너희의 사고 방식에 주의하라.

너희의 삶이 생각에 의해 이루어진다.(잠언 4:23 TEV)

예수 그리스도와 같은 방법으로 생각하라.(빌립보서 2:5 CEV)

● 4차원 인생을 위한 나의 질문
나는 어떤 각도에서 사물을 바라보는가?

2. 나는 긍정의 자화상을
   가지고 살겠다

> 모든 사람들이 세상을 바꾸겠다고 생각하지만
> 어느 누구도 자기 자신을
> 바꾸려고 생각하지 않는다.
> – 레오 톨스토이

한 가난한 농부가 살고 있었다.

어느 날 그는 세상의 짐이란 짐은 모두 짊어진 듯한 얼굴로 랍비를 찾아와 호소했다.

"집은 작은 오두막인데 아이들은 많고 아내마저 악처여서 정말 살기가 힘듭니다."

그러자 랍비가 물었다.

"자네, 염소를 키우고 있는가?"

"그렇습니다."

"그렇다면 앞으로는 염소를 집 안에서 키우게."

다음날, 농부는 더욱더 괴로운 얼굴로 랍비를 찾아왔다.

"아이들에 악처에 염소까지 집 안에 득실거려 도저히 견딜 수가 없습니다."

랍비가 물었다.

"자네, 닭을 키우고 있는가?"

"물론입니다."

"그럼 닭도 집 안에서 키우도록 하게."

이튿날 농부는 또 랍비를 찾아왔다.

"더 이상 살 수가 없습니다. 만약 지옥이 있다면 바로 저희 집이 지옥일 겁니다."

"그렇게 힘든가? 그렇다면 염소와 닭을 모두 밖으로 내보내고 내일 다시 나를 찾아오게."

농부는 날이 밝기 무섭게 랍비를 찾아왔다. 그는 자기가 언제 찌푸린 얼굴을 했느냐는 듯 밝은 목소리로 말했다.

"랍비님, 염소와 닭을 집 밖으로 내보냈더니 천국이 따로 없습니다. 저희 집이 천국입니다."

　농부에게 겉으로 변한 것은 하나도 없다. 바뀐 것은 딱 한 가지, 생각의 변화다. 패러다임의 변화 – 우리의 생각은 새로운 경험이나 이야기를 들을 때 변할 수 있다. 농부는 경험을 통해서 새로운 자화상을 갖게 된 것이다.

이전 것은 지나갔다

　나는 1977년도에 실업계 야간 상업 고등학교를 나왔다. 이 사실은 내 인생길에서 누구에게도 말하기 싫은 것이었다. 그 당시 내 주변의 많은 사람들이 나에게 "따라지학교"에 다닌다고 놀려댔다. "따라지학교" – 이 말은 한때 귀가 따갑도록 내가 들은 말이다. "따라지학교"에 다닌다는 열등감이, 학교를 졸업한 후에도 가슴속에 박힌 가시처럼 늘 나를 괴롭혔다. 그 "두려움(fear)과 염려"가 젊은 날에 내가 극복해야 할 가장 큰 도전이었다.

그러나 내가 1983년도에 예수님을 믿으면서부터 그러한 생각이 안개처럼 사라지기 시작했다. 그것은 내가 성경에서 나의 새로운 신분을 찾았기 때문이다.

"나는 할 수 있는 사람이다!"

"이전 것은 지나갔으니 나는 새로운 피조물이다!"

"나는 마음으로 믿어 의에 이르고 입으로 시인하므로 하나님의 자녀가 되었다!"

"나는 택하신 족속, 왕 같은 제사장, 거룩한 나라, 소유된 백성이다!"

30여 년의 세월이 지난 지금, 이제 나는 대중 앞에서 강연할 때 실업계 야간 고등학교를 나왔다고 당당하게 말한다. 나는 집안이 가난해서 야간 고등학교에 갈 수밖에 없었다. 그러나 "따라지학교"에 다녔기 때문에 더 열심히 공부했다. 나에게 야간 고등학교는 오히려 동기를 부여했다. "따라지학교"에 다닌다는 열등감이 오히려 자극제가 되었고, 그와 같은 공부에 대한 열정이 20대에까지 이어졌고, 결과적으로 20대에 공학박사 학위까지 얻게 되었다.

2005년 12월 〈내 인생의 블루오션〉 책이 나오자 대학교, 공무원 교육원, 기업체, 중·고등학교, 교회 등 여러 기관으로부터 강연 요청이 줄을 이었다.

언젠가 강남의 청담 고등학교에서 강연을 한 적이 있다. 어느 학부모가 자신의 아들을 위해 수업 시간에 꼭 한번 강연을 해달라고 간곡하게 요청했기 때문이다. 처음에는 선뜻 마음이 내키지 않았다. 그런데 사연을 듣고 보니 꼭 내가 가야 할 일이었다. 그 학부모의 아들은 귀가 불편해서 공부하는 데 어려움을 겪고 있었다. 그 학부모는 주기적으로 학교에 찾아가 아들의 교육을 위해 관심을 쏟고 있었다. 마침내 40여 명 정도 되는 고등학생들을 앞에 두고 강연하던 날, 나는 그곳에 가기를 참 잘했다는 생각이 들었다. 그날 나는 학생들에게 이렇게 외쳤다.

"이 자리에 서 있는 저는 여러분들처럼 일반계 고등학교를 다니지 못하고 실업계 고등학교 그것도 야간부를 졸업했습니다. 그러나 저는 긍정적이고 창조적인 생각을 품고 앞만 보고 공부했습니다. 그 결과 저는 20대에 공학박사 학위를 획득했습니다. 언제나 '나는 할 수 있다'는 생각을 마음속에 품고 공부하십시오. 공부는 환경이 아니라 여러분들의 마음속에 있는 심장이 하는 것입니다. 가슴으로 공부하는 여러분이 되기를 바랍니다."

그날은 나에게 참으로 감격적인 날이었다. 그 이전까지 나는 그날처럼 당당하고 자신 있게 강연해 본 적이 없었다. 나에게 잊을 수 없는 귀한 시간이었다. 내가 한때 가슴에 달고 다녔던 "따라지학교" 징표를 당당하게 내보일 수 있었기 때문이다. 강연이 끝나고 그 학생의 어머니가 내게 사례비 봉투를 조심스레 건넸지만 나는 한사코 받지 않았다. 오히려 내게 감격적인 날을 만들어 준 그 학부모에게 감사의 표시를 하고 싶었다.

스마일리 블랜톤의 말을 들어 보라.

"염려는 인간의 인격을 파괴하는 가장 무서운 적이며 오늘날 가장 심각한 전염병이다."

헨리와드 비처는 "인간을 죽이는 것은 일이 아니라 염려이다"라고 말했다. 성경도 말한다. "너희 염려를 주께 맡겨 버리라 이는 주께서 너희를 권고하심이니라." (벧전 5:7) 이것은 염려가 그만큼 우리의 인생을 갉아먹는 벌레와도 같은 존재이기 때문이다.

> *좌절의 순간들은 강물에 던지고, 기쁨을 준 것들은 가슴에 품어라.*
> *정상에 있는 사람은 마음이 따뜻한 사람들이다.*

그저 목숨 걸고 할 뿐입니다

2006년 10월에 나는 복음가수 최인혁 씨와 함께 저녁식사를 한 적이 있다. 식사를 하면서 나는 그에게 이렇게 물었다.

"가수니까 노래 정말 잘하시겠네요?"

그러자 그는 이렇게 답했다.

"아닙니다. 노래를 잘하는 것이 아니라 그저 목숨 걸고 할 뿐입니다."

그것은 내가 상상한 대답이 아니었지만, 참 감동적인 대답이었다. 식사 후에 나는 그의 귀한 찬양을 들을 수 있었는데 그는 마치 온몸으로 노래하는 것 같았다. 그 모습은 많은 성도들에게 도전을 주었다. 그는 나를 또 한번 감동시켰는데 바로 그의 자화상이었다.

"저는 대학을 중퇴했습니다. 키는 165㎝. 별로 배운 게 없습니다. 그런데도 하나님은 저를 찬양 사역자로 쓰시고 계십니다."

그는 그렇게 고백하였다. 감추고 싶은 자신의 모습을 드러내는 일은 누구에게나 쉽지 않다. 그러나 최인혁 가수는 당당하게 자신을 소개했다. 며칠 후 그로부터 전화가 왔는데 그가 부른 찬송가 CD를 보내 주겠다고 했다. 참으로 고마운 분이다. 그 분을 보고 내가 깨달은 것은 이것이다.

"아! 자화상은 스스로 만들어 가는 것이구나!"

자신이 가지고 있는 것을 원료로 삼아 가장 멋있고, 희망적이고, 생산적이고, 가치 있는 인생을 스스로 만들어 가는 것이다.

잭 웰치의 말을 들어 보라.

"전 직원의 99.9%가 무리 속에 있는 것은 그들이 생각하지 않았기 때문이다."

긍정적인 생각이 새로운 미래를 창출한다. 나에게도 열등감은 여럿 있었지만, 그 중에서도 가장 치명적인 것이 역시 "따라지학교"에 다녔다는 사실이었다. 당시 그 학교는 1차 모집 미달, 2차 모집 미달, 3차 모집까지 해서 겨우 정원이 채워졌다. 나는 운 좋게도 3차 모집에 입학하게 되었다. 스스로 생각해도 그것은 바닥이었다.

열등감 없는 사람이 누가 있겠는가? 자신의 가장 큰 열등감이 무엇인지 글로 적어 놓고 적극적으로 해결하라. 열등감이 있으면 자신감과 도전으로 싸움을 걸어라. 그러면 열등감이 물러갈 것이다. 한번 생긴 열등감은 휘어진 개꼬리가 바로 펴지는 것만큼이나 힘들고 극복하기 어렵다. "따라지학교"에 다녔다는 열등감을 어떻게 극복할 것인가? 그것은 내 인생에서 누구에게도 말하지 못할 큰 숙제였다. 젊은 시절에 나는 이런 생각까지 한 적이 있다.

"먼 훗날 내가 따라지학교를 다녔다는 사실을 자식들이 알면 나를 어떻게 생각할까?"

나는 나의 지난 과거에서 많은 것을 배웠다. 한때는 과거 속에 살면서 인생을 낭비한 적도 있다. 열등감은 현재의 삶을 방해할 뿐 아니라 미래의 삶까지도 점령하려고 발버둥이친다. 그러나 중요한 것은 현재의 삶이다. 그리고 남아 있는 나의 미래의 삶이다.

2006년 11월 초에 일본에서 열린 세미나에 참석했다가 내 강의를 수강하는 200여 명의 학생들에게 귀국 보고서를 썼다. 한때의 일그러진 자화상을 다시 멋지게 들어 올린 두 사람의 생생한 사례를 그들에게 들려 주고 싶었기 때문이다.

수강생 여러분께

어제 저녁에 일본에서 귀국했습니다. 여러 가지로 유익한 시간이었습니다.

11월 5일 주일날 동경 중앙교회에서 일본인을 대상으로 설교가 있었고, 오후에는 청년들을 위한 예배가 있었습니다.

거기서 국내 유명 탤런트의 매니저 역할을 했던 신학생 한 명을 만났는데 그로부터 감격적인 이야기를 들었습니다. 그 신학생은 한국에서 한때 아주 잘 나갔답니다. 최고의 삶을 누렸습니다. 그런데 그는 독립해서 사업을 운영하다가 실패하여 일본으로 건너왔습니다. 아버지는 일본인이고 어머니는 한국인이었습니다. 그는 일본에 건너와서 우연히 교회에 나가게 되었습니다. 신학생들이 헌신하는 모습을 보고 그는 감격했습니다. 그때 그는 이렇게 기도했답니다.

"주님, 저도 저렇게 몸과 마음을 바쳐서 일할 수 있도록 해주십시오."

그 후 그는 성령을 받아 거듭나게 되었고 독실한 크리스천이 되었습니다. 그는 신학교에 입학하여 지금 3년째 열심히 공부하고 있습니다. 일본 교회는 낡고 오래되어 비 새는 곳이 많다고 합니다. 그는 교회에 비가 새지 않도록 막는 일을 한평생 하고 싶다고 제게 말했습니다. 참 감격적인 말이었습니다. 그의 밝은 자화상을 보고 저는 정말 기뻤습니다.

"아! 사람이 저렇게 변할 수도 있구나!"

그 신학생은 결혼을 했는데, 결혼 비용이 단돈 9만 원이었답니다. 교회 3층에 방 한 칸이 있어서 지금 거기에서 살고 있는데 무척 행복하답니다. 교회 사찰이었습니다. 한때 화려했던 그 시절을 떠올리면 가슴 아픈 일이지만 그러나 지금이 더 행복하답니다. 한때의 우울했던 자화상은 사라지고 그의 얼굴에는 밝은 빛이 감돌았습니다.

그의 아내는 영국에서 공부하고 미국에서 직장 생활을 하다가 일본으로 귀국했는데, 그와 인연을 맺어 행복하게 살고 있었습니다. 그들의 한 달 수입은 한국 돈으로 고작 30~50만 원인데, 주로 아내가 번역일을 해서 돈을 벌고 있습니다. 신학교 등록금과 생활비로 그 돈이 딱 맞아떨어진답니다. 저는 그 이야기를 듣고 사람이 저렇게까지 변할 수 있구나! 지난날의 우울했던 모습은 없어지고 하나님 안에서 새 삶을 개척하여 걷고 있는 그의 모습을 보면서 저는 머리가 숙연해졌습니다. 헤어질 때 나는 지갑에 있던 만엔을 그에게 슬며시 건네주었습니다. 참 고마워했습니다. 나는 그에게 나중에 목사가 되면 꼭 연락해 달라고 당부했습니다.

이번 세미나에서 선교사 한 분을 만났습니다. 그는 재일교포였는데 한때 인도에서 직원 2만 명을 거느리고 나이키 신발을 생산하던 회사의 사장이었습니다. 그는 최고의 자동차를 타고 최고의 집에서 살았습니다. 그러나 회사가 부도 나고 아내와도 헤어지게 되었습니다. 자식의 얼굴도 볼 수 없게 되었습니다. 그는 혼자 외롭게 살고 있는 듯했습니다. 그의 자화상은 상상하지도 못할 만큼 바닥으로 떨어졌습니다. 그러나 일본으로 건너와 신학교에 입학하게 되었고, 지금은 선교사로 사역을 담당하고 있었습니다. 한때 자신이 입었던 명품 브랜드 옷들이 이제는 자신의 몸에 맞지 않아 함께 공부했던 신학생들에게 모두 나누어 주었다고 했습니다. 홀쭉하게 살이 빠져서 자신이 화려했던 시절에 입었던 옷을 더 이상 못 입게 되었을 때 그가 얼마나 괴로웠을까 생각하면서 그를 다시 바라보게 되었습니다.

그는 세미나 기간 동안에 온갖 궂은일을 도맡아 했습니다. 그의 인생 유전을 보면서 느낀 것이 참 많았습니다. 떠나올 때 그에게 마음의 선물을 하려고 했는데 기회가 없어 그냥 왔습니다. 내내 마음이 쓰입니다.

끝으로 수강생 여러분께 이 말을 남기고 싶습니다.

"내 손안에 있는 보잘것없는 것도 누군가에게는 필요하다!"

"공부해서 남 주자!"

"공부 많이 해서 필요한 인생들에게 나누어 줍시다!"

감사합니다. 2006. 11. 10.

이 귀국 보고서에 나오는 두 주인공은 정말 멋지고, 가치 있고, 신나는 인생을 살고 있는 사람들이다. 그들은 마냥 행복해했다. 무엇이 그들을 그렇게 행복한 인생으로 만들었을까? 그들은 일평생 자신이 해야 할 일을 찾았기 때문이다.

> *4차원 인생! 그것은 항상 신바람 나는 인생이다!*
> *4차원 인생! 그것은 생각한 것을 행동으로 옮기는 인생이다!*
> *4차원 인생! 그것은 열등감을 모르는 인생이다!*
>
> *– J. Kwak*

두려움은 행동할 때 사라진다

"내가 여호와께 구하매 내게 응답하시고 내 모든 두려움에서 나를 건지셨도다." (시 34:4)

하나님은 우리를 두려움에서 건져내신다.

2006년 8월, 나는 중국 대련외국어대학교로부터 초청 강연을 의뢰받았다. 나는 중국어를 잘 못하는데 그런 강연에 초청을 받았으니 노심초사했다. 중국어가 고작 초보 수준인데 많은 대학생들에게 강연을 해야 하니 어찌 염려가 되지 않았겠는가? 중국어로 강연을 준비하는 과정에서 나는 엄청난 압박감에 시달렸다. 나의 염려와 두려움의 원천은 정작 중국에 가서 행할 "강연"과 싸우는 것이 아니라 내 마음속에 자리잡은 "염려"와 싸우는 것이었다. 생각하면 할수록 염려와 두려움이 나를 둘러쌌고, 자신감이 뚝뚝 떨어졌다. 한마디로 염려와 두려움의 홍수에 빠져 허우적거렸다.

그렇지만 나는 하루 일찍 가서 현지 대학생의 도움을 받아 가며 발표 자료를 꼼꼼하게 준비했다. 그들이 일상적으로 쓰는 한자를 골라서 발표 자료를 준비하느라 진땀을 뺐다. 나는 그 당시 강연을 준비할 때 이런 마음을 가슴속에 품고 또 품었다.

"내가 비록 중국어를 구사하다가 실수를 연발한다 해도 그것이 내 인생에 결코 마이너스가 되지 않는다!"

"누구나 처음에는 힘들고 어렵다. 두려움은 행동할 때 사라진다!"

"시작이 반이다! 나는 잘 할 것이다! 나는 잘 할 수 있을 것이다!"

나는 오랜 세월의 경험으로 두려움은 행동할 때 비로소 사라진다는 것을 알고 있다. 나는 두려움이 생기면 하나하나 글로 적고 하나씩 해결하는 습관이 있다. 한꺼번에 해결하려고 시도하면 두려움이 커지기 때문이다.

마침내 중국 땅에서 강연이 있는 날, 내 중국어 실력은 초보 수준이니까 중국어로 작성된 파워포인트 자료를 상당한 시간을 들여서 잘 만들었다. 그날 나는 그때까지 내가 배운 모든 중국어를 써먹었다. 그날 내가 중국어로 작성된 발표 자료를 더듬더듬 읽을 때 많은 대학생들이 배를 잡고 웃었다. 4성이 제대로 안되고 책에도 없는 발음을 연발했으니 그들이 보기에 정말 형편 없었을 것이다. 그날 나도 웃고 그들도 웃었다. 그런데 오히려 내가 중국어를 못한 것이 교육 효과를 더

올리는 촉진제 역할을 하는 듯했다. 교육은 웃는 것이다. 웃으면 서로 의미가 통하지 않던가! 그렇게 한번 강연을 하고 나니 다음에는 마음 놓고 할 수 있다는 자신감이 생겼다. 못한다고 생각하면 일생 끝날 때까지 못하는 것이다.

마음속으로 염려한 것이 얼마나 실제로 일어났는지 적어 놓고 조사해 보라. 알려진 바에 의하면 통계적으로 마음속으로 염려한 것의 93%는 일어나지 않는다고 한다. 대부분의 염려는 행동함으로써 안개처럼 사라지는 것들이다.

> 염려는 행동할 때 사라진다!
> 당신의 염려는 95%가 스스로 만드는 것이다.

긍정적인 생각을 심어라

〈내 인생의 블루오션〉 책이 출간되자 많은 사람들로부터 격려의 글을 받았다. KBS 신상훈 작가가 내게 이런 글을 보내 왔다.

"머릿속에서 신선한 향기가 뿜어져 나오는 착각이 들 정도로 충격적이었다."

내가 받은 격려의 글 중에 가장 인상에 남는 말이었다. 나는 몇 번이나 이 말을 읽고 또 읽었다. 이것은 긍정적인 생각의 극치였다. 머릿속에 신선한 향기가 날 정도로 어떤 사물을 받아들일 수 있다면 우리는 엄청난 일을 해낼 수 있다. 나는 이렇게 생각했다.

정상에 있는 사람들은 다른 사람의 좋은 것을 보고 받아들이는 사람이다!

정상으로 가는 사람들은 보다 나은 삶을 향하여 돌진하는 사람이다!

사람에게는 적극적이고 긍정적인 생각을 할 때 미래가 있다. 적극적인 사고를 가진 사람들은 다른 사람들의 생각이나 말을 잘 받아들인다. 생각이 열려 있으니 마음까지 열리는 것이다.

언젠가 개그맨 최형만에게서 전화가 왔다. 목동 지구촌교회의 주일 저녁 설교를 듣고 내게 연락을 해 온 것이다.

"만나 뵙고 삶의 경영 원리를 배우고 싶습니다."

나는 그 분의 전화 음성을 들으면서 이런 생각을 했다.

"참 겸손한 분이구나. 또 한편으로 참 적극적인 분이구나."

적극적인 사람들은 생면부지 모르는 사람들에게도 전화를 할 수 있기 때문이다. 그 뒤로 그는 내 강연을 찾아와 직접 듣기도 했고, 내가 개발한 교육 자료를 얻어 가기도 했다. 생각이 적극적이어야 삶이 풍성해질 수 있다. 사람들은 사물을 바라볼 때 80%를 부정적으로, 20% 정도만 긍정적으로 본다고 한다. 부정적으로 생각하는 속도는 아주 빠르다.

어떤 미국인 관광객이 나이아가라 폭포에서 물을 마셨다. 물을 마시고 일어나 옆을 보니 'POISON' 이라고 쓴 표지판이 눈에 띄었다. 'POISON' 은 영어로 '독약' 이라는 뜻이다. 갑자기 배가 아프기 시작했기에 그는 자동차를 몰아 병원으로 달려갔다. 이제 곧 창자가 녹아서 죽을 것이라는 생각에 겁이 덜컥 났다. 그러나 병원에서 의사가 진찰해 보더니 아무런 이상이 없다고 하였다. 의사는 그에게서 자초지종을 듣더니만 껄껄 웃으며 이렇게 말했다.

" 'POISON' 은 영어로는 독약이지만 불어로는 '낚시금지' 라는 뜻입니다. 그 표지판은 프랑스 사람들이 나이아가라 폭포에 와서 하도 낚

시질을 많이 하기에 프랑스 사람들 보라고 써 붙여 놓은 것입니다."

의사의 이야기를 듣고 나니 그 미국인 관광객의 아프던 배가 금세 멀쩡해졌다. '독약'이라는 생각이 그의 배를 아프게 했고, '낚시금지'라는 의사의 말이 그의 배를 깨끗이 낫게 했다.

> 4차원 인생은?
> 생각을 적극적으로 하는 사람이다!
> 말한 것을 행동으로 옮기는 사람은 이미 행복한 사람이다!
> 이미 정상에 있는 사람이다!

고난이 있어야 인생의 날개가 돌아간다

나는 십대와 이십대의 젊은 시절에 '오직 가난을 극복하기 위해' 인생을 살았다. 누가 뭐래도 살아야 할 이유가 분명했다. 지금도 생생하게 기억나는 게 있다. 한번은 공납금을 제때 내지 못해 담임 선생님으로부터 심한 말을 들었다. 공납금 미제출자 명단에는 항상 내 이름이 올라 있었다. 그 당시의 3개월 공납금이 6천여 원 정도였던 것으로 기억되는데, 한꺼번에 못 내겠으면 분납을 해서라도 내라는 것이었다. 다음날 나는 모친을 졸라 달랑 천 원을 가지고 서무실로 갔다. 그마저도 모친이 누구에게 빌린 돈이었다. 서무실 직원이 나를 물끄러미 쳐다보았다.

"이게 뭐니?"
"공납금이요."
"천 원 가지고 무슨 공납금을 내?"

"우리 담임 선생님이 분납해도 된다고 했어요."

"이봐 학생, 그래도 50%는 내야지!"

나는 결국 공납금을 내지 못했다. 그날 서무실 직원의 목소리가 왜 그렇게도 크게 들렸을까? 나는 분납을 해도 된다기에 천 원이면 될 거라고 생각했다. 서무실을 나오면서 나는 어디 쥐구멍에라도 들어가고 싶었다. 공납금을 내겠다고 천 원짜리 한 장을 들고 서무실로 찾아갔던 나의 젊은 시절, 지금 생각하면 가슴 아픈 일이다. 그날 나는 종일 점심도 안 먹고 양지바른 곳에 혼자 서서 내내 울었다.

"당신은 왜 살아야 하는가?"

그 당시 누군가가 나에게 이렇게 질문했다면 나는 망설임없이 '돈을 벌기 위해'라고 대답했을 것이다. 나는 돈을 벌기 위해 날만 새면 공부에 매달렸다. 지금에 와서 내 삶을 되돌아보니 외나무다리 인생이었다. 그러나 그 외나무다리를 걸어가지 않으면 미래가 없는 절박한 상황이었다. 나는 초등학교 때부터 스물아홉 살까지 한 번도 공부를 쉬어 본 적이 없다. 21년 동안 오로지 공부만 했다. 그 시절에 감당했던 끈기와 인내가 훗날 내 삶의 재산이 되었다.

언젠가 나는 나 스스로에게 이렇게 고백한 적이 있다.

바람이 불어야 바람개비가 돌아가듯이 고난이 있어야 인생의 날개가 돌아간다!

나는 왜 살아야 하는가? 이 물음에 분명하게 대답할 수 있다면 당신은 인생을 알차게 보내고 있는 것이다. 인생을 왜 살아야 하는가?

– 돈을 벌기 위하여

– 명예를 얻기 위하여

– 하나님께 기쁨을 드리기 위하여

– 좋은 기술을 개발하기 위하여

- 유익한 의술을 베풀기 위하여
- 나눔의 삶을 살기 위하여

....

어느 날 갑자기 누군가가 당신에게 "왜 사니?"라고 물으면 어떻게 대답하겠는가? 대답이 궁하다면 이제라도 자신의 인생에 대해 한번 깊이 생각해 보라. 어떠한 상황에서도 내가 이 땅에 사는 이유를 분명히 말할 수 있다면, 그는 보다 나은 인생을 위하여 항상 노력하고 힘쓸 것이다.

> *4차원 인생은? 내가 가야 할 길을 아는 사람이다!*
> *4차원 인생은? 내 삶의 목적을 가슴에 품고 사는 사람이다!*

자화상을 어떻게 개발할 것인가?

"영리한 자나 강한 자가 항상 일등을 차지하는 것은 아니다. 나도 머지않아 할 수 있다고 생각하는 자가 승리자가 된다."

루드야드 키플링(Rudyard Kipling)의 말이다. 긍정적인 생각을 품은 사람이 승리자가 된다. 긍정적인 생각을 하는 사람은 소속감이 분명하다. 현대인들은 그것을 간절히 원하고 있다. 내 인생자리는 어디인가? 주위를 한번 둘러보라. 수많은 인생들이 '내가 앉아야 할 의자'를 찾기 위해 발버둥이치고 있지 않은가? 그 의자를 빼앗기지 않으려고 얼마나 많은 노력을 하고 있는가?

나는 지금 어디에 속해 있는가? 소속이 있는 사람은 행복하다. 베드로전서 2장 9절을 보라.

"나는 택하신 족속, 왕 같은 제사장, 거룩한 나라, 소유된 백성이다."

이 말씀은 인생의 소속을 분명하게 기록하고 있다. 사람은 소속감이 분명해야 건전한 자화상을 만들 수 있다. 자화상을 정립하는 데 또한 중요한 것은 '내가 할 수 있다는 가능성'이다. 빌립보서 4장 13절을 보라.

"내게 능력 주시는 자 안에서 내가 모든 것을 할 수 있느니라."

소속감과 가능성은 자화상을 구성하는 중요한 기본 요소다.

"자기 자신을 좋아합니까?"라는 질문에 10명 중 1명만이 "그렇다"라고 대답한다고 한다. 그만큼 우리는 자기 자신에 대해 부정적인 시각이 강하다. 이것은 오랫동안 부정적인 환경에서 살았기 때문이다. 자신의 가능성을 들여다보라. 모든 것이 한번 해볼 만할 것이다.

빅터 세리브리아코프라는 사람이 어느 날 자신의 IQ를 재 보니 161이라는 수치가 나왔다. 17년 동안 온갖 잡일을 하며 살던 그였으나, 그날부터 그는 자신을 완전히 재평가하게 되었다. 무엇보다 자신감이 넘치게 되었다. 그때부터 그는 천재처럼 생각하고 말하고 행동했다. 그 후 그는 수많은 발명 특허를 획득했고, 성공적인 기업가가 되었다. 내가 내 자신을 어떻게 보느냐에 따라 인생이 달라진다.

나는 가치 있는 일을 할 수 있다

1999년 정월 초하루에 처음으로 난민촌 단기봉사를 떠났다. 그곳에서 나는 내 인생의 가치를 찾았다. 이후로 지금까지 한 번도 거르지 않고 어김없이 매년 구정이 되면 난민촌 봉사를 하고 있다. 왜냐하면 봉사하면서 내 자신의 진정한 삶의 가치를 찾았고, 그 안에서 내 삶이 풍성해지는 것을 느꼈기 때문이다.

인생에서 최대 가치는 어디에서 나오는가? 첫째는 하나님을 믿고 따르는 것이고, 둘째는 나와 내 이웃을 사랑하는 것이다. 그것이 자신이 존재하는 이유라고 생각한다면, 당신은 분명 이 땅에 살면서 가치 있는 일을 하는 사람이다.

사람은 자신을 믿는 만큼 성장하고 발전한다. 스스로 자존감을 가지는 것이 중요하다. 언젠가 나는 내 자신이 가치 있는 사람이라고 생각하고, 내 삶의 족적(足跡) 10가지를 적어 본 적이 있다. 내 인생의 족적을 보면서 긍정적인 생각을 품는다. 그리고 '더욱 가치 있는 삶을 살아야겠다'고 다짐한다.

- 내 삶의 족적 1호는, 내가 이 땅에 태어나서 예수님이 나의 구원자임을 알고 하나님의 자녀라는 사실을 알고 있다는 것이다.
- 내 삶의 족적 2호는, 29세에 아내를 만나서 두 아들과 늦둥이 딸을 낳아서 그들이 건강하게 잘 성장해 가고 있고 앞으로도 그러할 것이라는 사실이다.
- 내 삶의 족적 3호는, 1999년부터 지금까지 미얀마와 태국 국경 지역에 있는 멜라 난민촌을 매년 구정에 방문하여 그들과 함께한 시간들이다. 나는 내 몸이 쇠잔해질 때까지 선교 일을 계속할 것이다.
- 내 삶의 족적 4호는, 내가 예수님을 믿고 5년(1983~1987) 동안 매주일 한 번도 거르지 않고 병원 전도를 수행하여 아픈 자들을 위해 기도해 주고 그들의 친구가 되어 준 일이다.
- 내 삶의 족적 5호는, 공학도로서 사람을 키우는 교육 방법론을 독자적으로 개발하여 3권의 자기 계발 서적을 저술하고, 국·내외 지도자와 일반인들에게 도움을 주고 있다는 사실이다.
- 내 삶의 족적 6호는, 실업계 야간 고등학교를 나왔지만 어려움 속에서도 20대에 서울대학교 대학원에서 공학박사 학위를 받음으로써, '할 수 있다'는 삶의 철학을 확인한 것이다.
- 내 삶의 족적 7호는, 국내에 없는 환경 상품을 만들어 현장에 적용시켰고 그

분야에서 앞서간 공로로 1999년에 신지식인 상을 받았다는 사실이다.

- 내 삶의 족적 8호는, 전 세계(탑승 누적 50만 마일)를 다니면서 수많은 세미나, 심포지엄, 학회, 기업체 방문을 통해서 더없이 넓은 세계를 바라보는 눈을 가졌다는 것이다.
- 내 삶의 족적 9호는, 선교를 하면서 조그마한 환경 기업체를 하나 설립했는데, 그것으로 지금 내 삶의 시간을 내 스스로 지배하면서 살고 있다는 사실이다.
- 내 삶의 족적 10호는, 이날 이때까지 병원 신세 한번 지지 않고 건강하여 많은 일들을 하고 있다는 사실이다.

변화된 자화상을 바라보고 행동하라.

옛날에 길을 가던 두 친구가 어느 장터에서 참기름집을 보게 되었다. 한 친구는 이렇게 생각했다.

"저 기름을 사서 고향에 있는 부모님에게 보내면 참 좋은 선물이 될 거야."

그러나 다른 한 친구는 부정적으로 생각했다.

"저 기름을 문지방에 바르면 들키지 않고 도둑질을 잘 할 수 있을 텐데……."

어떻게 생각하느냐에 따라 자화상은 달라진다. 긍정의 자화상을 매일 바라보는 것이 중요하다. 야곱은 그의 자화상을 바라보고 믿고 행동으로 옮긴 전형적인 인물이다. 야곱은 단풍나무와 버드나무를 꺾어 양떼들 옆에 세워 두었다. 한나절만 지나면 버드나무 껍질은 바싹 말랐을 것이다. 그러나 그는 실망하지 않고 어미 양들이 얼룩진 새끼를 낳을 때까지 믿고 끝까지 그렇게 행동했다. 야곱의 자화상은 '어미 양들이 얼룩진 양을 낳을 거라는 생산적이고 긍정적인 믿음', 즉 언제나 밝은 내일을 바라보고 꿈꾸는 믿음이었다.

야곱은 단풍나무 가지를 꺾어서 군데군데 껍질을 벗기고 계속 바라보았다. 오늘날 우리의 삶에 이것을 어떻게 적용할 것인가? 한 장의 종이에 적힌 글을 바라보는 것이다. 당신의 자화상을 종이 위에 적어 놓고 소리 내어 읽고 매일 바라보라. 그러면 그 자화상이 현실로 나타 날 것이다.

나는 생각날 때마다 적어 두는 노트가 하나 있다. 나는 습관적으로 자주 그것을 들여다본다. 거기에는 내가 만들어 낸 좋아하는 문구들, 수 많은 가능성의 이야기들, 그리고 내가 앞으로 해야 할 일들이 적혀 있다.

건전한 자화상을 그렸으면 반드시 종이 위에 옮기고 매일 그것을 바라보고 외치라. 자화상은 반복해서 계속 바라볼 때 성장하고 나무 처럼 쑥쑥 자라날 것이다.

> 나는 오늘부터 9988234 인생을 살겠다!
> 나는 99세까지 팔팔하게 살다가 이틀 더 살고 삼일째에 천국 간다!
> 정상에 선 사람은 천국행 티켓을 가진 사람이다!

더 신나는 인생을 위하여!

◆ 생각 개발 전략

인생 소프트웨어를 설치하라

생각 – 나는 모든 사물을 긍정의 관점에서 생각하겠다!

믿음 – 나는 내게 능력 주시는 자 안에서 모든 것을 할 수 있다!

꿈 – 나는 글로 쓴 꿈과 목표를 매일 바라보고 성취하겠다!

말 – 나는 사물을 보고 긍정적인 말만 하겠다!

◆ 적용 말씀

오직 너희는 택하신 족속이요 왕 같은 제사장들이요 거룩한 나라요 그의 소유된 백성이니. (베드로전서 2:9)

◆ 4차원 인생을 위한 나의 질문

나는 어떤 신분을 가지고 있는가?

나의 인생은 어디에 소속되어 있는가?

3. 나는 상상력을 키워서 창조적인 사람이 되겠다

> 늘 창조적인 생각을 하는 사람은 정상에 오를 수 있다!
> 그러나 생각할 줄 모르는 사람은
> 항상 산중턱에 머무를 것이다!
> —J. Kwak

지금 세상은 상상력 전쟁

최근에 나는 88올림픽 탁구 금메달리스트인 양영자 전 국가대표 선수를 만나 대화를 나눈 적이 있다. 그녀가 내게 한 말이 아주 인상적이다.

"나는 탁구 라켓을 쥐고 언젠가는 정상에 서겠다는 생각을 하루에도 몇 번씩 마음속으로 다짐했습니다. 3군으로 밀려나 있을 때에도 내 인생의 푯대를 생각했고 정상에 서겠다는 생각을 포기하지 않았습니다."

그녀는 결국 88올림픽에서 금메달을 목에 걸었다. 언젠가는 자신이 정상에 선다는 상상력! 그것이 그녀를 위대한 선수로 만든 것이다. 지금 그녀는 더 높은 정상을 향해 나아가고 있다. 10년 전부터 선교사의 길을 아름답게 걸어가고 있다.

지금 세상은 눈에 보이지 않는 상상력(想像力, imagination) 전쟁을 치르고 있다. 이제 개인이건 기업이건 간에 상상력 없이는 발전할 수 없다. 지식만 가지고는 더 이상 전진하기 어려운 한계의 벽에 부딪혔다. 내가 알고 있는 지식은 이미 인터넷에서 모두 공유되어, 모두가 알고 있는 세상이 되었다. 이제는 상상력만이 살 길이다.

과거에는 '지식＝돈'의 관계가 성립했지만, 지금은 '상상력＝생각의 힘＝돈'의 관계가 성립하고 있다. 누구나 가질 수 있는 지식을 머릿속에 가득 채우는 것만으로는 더 이상 전진할 수 없고 그저 현상 유지만을 하게 될 것이다.

사람의 생각이 위대한 것을 만들어 낸다. 정상으로 가는 길은 좁고 험하고 가파르지만 그 정상에는 자리가 많다. 융프라우에 올라가는 길은 험하고 가파르다. 그러나 정상에는 앉을 자리도 많고 서 있을 자리도 많다.

사람이 태어나서 어떤 생각을 하면서 사느냐가 중요한 것이지 환경은 중요한 것이 아니다. 생각이 사람을 아주 다르게 만들기 때문이다. 세계적인 컴퓨터 회사 IBM의 설립자인 토마스 왓슨은 "성공하려거든 실패율을 배가하라"고 말했다. 실패는 성공을 향한 기회를 더 크게 열어 주고 상상력을 키워 준다.

나는 기업체 연구소에서 11년 동안 근무했다. 1992년도에 신규 사업으로 투자한 15억 원이 허공으로 날아갈 판이었다. 생산할수록 적자폭이 눈덩이처럼 커지고 있었다. 사장도 그 사실을 잘 알고 있었다. 한번은 조용히 사장실을 찾아가 신규 사업에 대한 나의 고민을 털어놓았다.

"사장님, 우리가 시작한 사업이 생각보다 큰 모험이었습니다. 적자폭이 너무 큽니다. 서둘러 대안을 마련해야 합니다."

그 당시 사장은 이렇게 말했다.

"새로운 것을 배우는 데 15억을 투자한 셈치면 되지."

그 짧은 몇 마디 속에서 나는 사장님의 큰 생각을 읽을 수 있었다.

"아, 우리 사장님이 생각이 상당히 크신 분이구나!"

처음으로 환경 사업을 해 본 것이니 우리가 이것저것 경험하는 데 들어간 수업료로 생각하자는 것이었다. 실패의 관점에서 상황을 본 것이 아니라 긍정의 관점에서 본 것이다. 그때 나는 많은 것을 깨달았다. 사실 비료 산업체가 신규로 환경 사업을 추진한다는 것이 말처럼 쉬운 일이 아니었다. 나는 그 당시 엄청난 도전을 받았다.

"내가 환경을 배우는 데 회사에서 15억이나 되는 돈을 지불했구나."

그렇게 생각하니 이런 다짐이 들었다.

"회사를 위해 내가 반드시 큰일을 하나 해내야지."

그때의 실패 경험을 살려 2년 후 환경 신상품을 제조하였는데, 한때 국내 시장 점유율이 40%까지 올라갔다. 그 후로 나는 실패를 바라보는 시각이 달라졌다. 내가 경험하는 실패들은 그냥 실패가 아니라 성공으로 건너가는 징검다리라는 것을 깨달았다.

그 당시 2번째 사업 모델을 펼치면서 나는 이런 생각을 품었다.

"이번 사업에서도 실패하면 나는 회사를 떠나겠다."

내 안의 힘은 누군가가 나를 믿어 줄 때 더욱 강력한 힘이 되어 나온다.

정상에 오르는 사람은 먼저 생각으로 정상에 오른다

나는 정상에 오른 사람들의 인생을 오랫동안 연구하고 살펴보았다.

그들은 어떻게 인생을 살았는가?

첫째, 자신을 끊임없이 갱신(更新)하라!

윌리암의 말을 들어 보자.

"정상에 오르는 사람은 그렇지 못한 사람들과 생각하는 것이 다르다."

내일은 오늘보다 더 새로운 날이라는 것을 깨달았다면 당신은 이미 정상으로 가고 있는 사람이다. 더 배우려고 하는 강한 의지가 있는 사람은 정상의 길로 가고 있는 사람이다. 프랭클린은 "일에 지배당하지 말고 일을 지배하라"고 했다. 이것은 먼저 생각하라는 것이다. 먼저 생각하면 내가 무엇을 더 배워야 하는지 알 수 있다.

둘째, 좋은 일을 스스로 찾아서 성취하는 습관을 들여라!

잠자리를 잡아 본 적이 있는가? 연못가에서 암놈 잠자리의 꽁무니에 실을 묶어 빙빙 돌려 보라. 잠시 후면 수놈 잠자리 한 마리가 주위를 맴돌다가 찰싹 달라붙을 것이다. 자신이 좋아하는 일도 그렇다. 자꾸 일 주위에서 맴돌아라. 언젠가는 그 일이 나를 따라올 것이다.

미국의 교육가 버틀러는 이 세상에는 세 부류의 사람이 있다고 말했다.

- 무슨 일이든 자꾸 만들어 내는 사람 : 적극적이고 도전적이다.
- 무슨 일이 일어나도 팔짱만 끼고 있는 사람 : 소극적이고 현상 유지에 만족한다.
- 무슨 일이 일어나는지 알지도 못하는 사람 : 남의 뒤만 졸졸 따라간다.

먼저 일을 생각해 내고 만들어라. 그래야만 일이 재미있다. 나는 교육 시스템을 내 스스로 먼저 생각해서 만들었다. 1990년에 시작한 그 일을 아직노 신바람 나게 하고 있다. 생각한 것을 반복해서 행동으로 옮겨 보라. 이전에 없었던 새로운 습관이 형성될 것이고, 나아가 새로운 인생의 가치가 생길 것이다. 좋은 습관이 우리의 인생을 만든다!

일을 먼저 지배하라. 그러면 그 일이 즐거워질 것이다. 정상에 있는 사람들은 먼저 일을 지배한 사람들이다.

셋째, 자신의 분야에서 최고를 찾아내고 처음에는 그를 흉내내라!

나는 연구소에 근무할 때 전 세계를 다니면서 최고의 환경 전문가들을 만났다. 유럽과 미국을 오가면서 수없이 많은 전문가들을 만나서 그들의 생각을 배웠다. 사람을 만날 때에는 호텔에서 만나지 않고 반드시 그들이 근무하는 사무실이나 연구실에서 만났다. 그들의 삶의 모습을 보기 위해서였다. 그러한 노력 덕분에 나는 1999년에 환경 분야의 신지식인으로 선정되기도 했다. 최고의 전문가들을 만나서 그들의 좋은 습관을 배우는 것이 중요하다. 눈에 보이는 기술이나 상품은 그들의 생각이 낳은 결과물일 뿐이다.

처음에는 남의 것을 흉내내라. 계속 흉내내다 보면 점진적으로 내 자신의 고유 브랜드가 나올 것이다. 전문화 시대에는 아무도 흉내낼 수 없는 일을 많이 만들어야 한다. 어도비시스템즈 사의 사장인 부브루스 시젠은 2007년 성공 화두를 이렇게 던졌다.

"거인의 발자취를 밟으며 배워라!"

넷째, 자신의 분야에서 앞서가는 사람과 교류하라!

나는 사람 만나는 것도 일이라 생각하고 많은 사람들을 만났다. 내 일과 무관한 분야에 종사하는 사람들도 많이 만났다. '내가 하는 일' '그들이 하는 일'을 더하거나(+), 빼거나(−), 곱하거나(×), 나누면(÷) 더 좋은 아이디어가 많이 나오기 때문이다. 자신의 분야에서 앞서가는 사람을 만나는 것은 고도의 인생 개발 전략 중 하나다. 그들을 직접 만날 수 없다면 그들이 쓴 글이나 간접적인 자료를 통해서 만날 수 있다. 중요한 것은 그들이 내 머릿속에 언제나 들어 있어야 한다는 것이다!

자신의 미래를 상상할 수 없다면 현실에서도 그 미래는 오지 않는다. 내가 미래의 나를 상상할 수 있다면 나의 자화상을 그릴 수 있다.

하나님이 사람에게 주신 능력 세 가지가 있다.

 – 상상할 수 있는 능력 : 생각이라는 붓으로 그림을 그리는 힘
 – 상상한 것을 시각화할 수 있는 능력 : 눈에 보이는 것으로 나타낼 수 있는 힘
 – 상상한 것을 말할 수 있는 능력 : 많은 사람에게 생각을 알릴 수 있는 힘

이 세 가지는 위대한 인생의 자원이다. 사람만이 유일하게 생각을 도구로 상상할 수 있다. 21세기에는 상상력이 풍부한 사람이야말로 인재 중의 인재다. 오늘날 시장에 출시되고 있는 새로운 상품들을 보라. 모두가 서로 다른 개체들의 퓨전(fusion: 일체형), 하이브리드(hybrid: 혼합형), 컨버전스(convergence: 수렴형)를 통해 재창조되고 있는 것들이다. 상상력 없이는 그러한 제품이 절대로 나올 수 없다. 서로 다른 상품을 더하거나, 빼거나, 곱하거나, 나누어 전혀 다른 상품을 창조하고 있는 것이다. 세계를 대상으로 만드는 상품에는 문화적 상상력도 큰 몫을 하고 있다. 이제는 고도의 상상력만이 창조의 밑거름이다.

지구촌의 모든 위대한 것들은 세상에 나오기 전에 먼저 사람의 머릿속에 상상으로 그려진 것들이다. 이를테면 비행기, 자동차, 배, 기차, TV 등 이 모든 것들은 누군가의 생각 속에 먼저 그려진 것이다. 다만 그 그림들이 실체를 입고 이 땅에 나왔을 뿐이다. 지금도 지구촌에 사는 수많은 사람들의 머릿속에서는 상상의 그림들이 그려지고 있다. 지금 이 순간에도 진 세계 수십 억 명의 머릿속에는 기상천외한 그림들이 그려지고 있을 것이다.

사도 바울은 "무엇에든지 참되며, 무엇에든지 경건하며, 무엇에든지 옳으며, 무엇에든지 정결하며, 무엇에든지 칭찬할 만하며, 무슨 덕이든지, 무슨 기림이 있던지, 이것들을 생각하라"고 했다. 나는 '할 수 있다'의 뿌리를 성경에서 찾았다. 사람은 언제나 변한다. 갈대처럼 이리저리 휘날릴 수도 있다. 그럴 때마다 나는 항상 '할 수 있다'를 생각한다.

"내게 능력 주시는 자 안에서 내가 모든 것을 할 수 있느니라."

(빌립보서 4:13)

"사람으로는 할 수 없으되 하나님으로서는 그렇지 아니하니 하나님으로서는 다 하실 수 있느니라." (마가복음 10:27)

생각 지도를 다시 만들어라

미레유 길리아노 작가는 '당신이 최고의 브랜드입니다'라는 성공 키워드를 남겼다. 상상력은 나 자신을 새롭게 변화시킬 것이다.

사람마다 머릿속에 생각의 지도가 있다. 머릿속에 제각기 '생각이라는 길'이 놓여 있다. 일이 생기면 이미 닦여져 있는 생각의 길을 따라 일을 처리하게 된다. 그러나 현재의 생각대로 살면 현상 유지 아니면 오히려 후퇴하는 삶이다. 당신의 생각 지도(thinking map)를 오늘부터 바꾸어라. 전보다 더 세련되고, 멋지고, 가치 있는 삶을 살려면 생각 지도부터 바꿀 필요가 있다. 이전과 다른 생각을 해야만 당신의 인생이 브랜드 있는 인생이 될 수 있다.

나는 종종 다음 4가지 원리를 나의 생각 지도를 그리는 데 활용하고 있다.

1단계: 내가 왜 이 일을 해야 하는가?

2단계: 현재보다 더 나은 방법은 없는가?

3단계: 다른 일과 조합할 수 있는가?

4단계: 이 일을 내가 지금 안 하면 어떤 일이 벌어지는가?

생각을 구체화하는 힘, 그것이 당신을 정상의 길로 인도할 것이다. 무슨 일을 할 때마다 '내가 왜 이 일을 해야 하는지'를 알면 그 일의 반은 이미 이루어진 것이다. 일을 할 때 가장 먼저 떠올려야 할 중요한 말이 바로 '내가 왜 이 일을 해야 하지?'이다. 여기서 '왜(why)'라는 단어를 깊이 생각하라.

생각 지도를 바꾸었으면 당신의 삶에서 실현 가능한 것부터 적용해 보라.

(예)

- 1시간 일찍 일어나기

- 기록 습관 만들기

- 자기 계발에 하루 30분 투자하기(중국어, 영어, 인도어, 자격증 등)

- 월 1회 책을 읽고 내 삶에 1가지 적용하기 등

가능한 작은 것부터 시작하라. 작은 것이 모여 큰 것이 된다. 아주 작은 습관의 변화가 미래를 만든다!

> 상상한 것을 시각화하라. 그로부터 인생의 힘이 나올 것이다.
> 자신이 되고 싶은 것을 글로 적어라! 창조적 동기 부여를 해줄 것이다!
> 자신의 인생을 상상할 수 있는 사람이라면 이미 정상에 있는 삶이다!

더 신나는 인생을 위하여!

생각 개발 전략

나는 날마다 내 자신을 갱신(renewal)하겠다.

나는 가치 있는 일을 찾아 행동으로 옮기는 사람이 되겠다.

나는 전문 분야의 최고를 찾아내 그를 벤치마킹하겠다.

나는 자신의 분야에서 앞서가는 사람과 교류하겠다.

적용 말씀

사람으로는 할 수 없으되 하나님으로는 할 수 있느니라.

(마태복음 19:26)

4차원 인생을 위한 나의 질문

나는 지금 무엇을 생각하는 데 가장 많은 시간을 보내고 있는가?

4. 나는 머릿속에서 아이디어를 채굴하겠다

내가 잘 할 수 없는 것은 남에게 외주를 주라.
그러나 가장 잘 할 수 있는 것은 세계에서 최고가 되도록 만들어라.
생각하고 또 생각하라. 당신의 머릿속에서 황금이 채굴될 것이다.
—J. Kwak

누군가가 사람의 일생을 이렇게 표현했다.

10대는 연약하고,

20대는 가르칠 만하고,

30대는 피로할 줄 모르고,

40대는 불타는 열정으로 일하고,

50대는 강렬하고,

60대는 신중하고,

70대는 신성하고,

80대는 허리가 구부러지고 호흡이 가쁘고 죽는다.

분명한 것은 사람들이 적어도 과거보다 20년은 더 산다는 것이다. 길어진 인생길. 이제는 일평생 자신이 좋아하는 일을 하는 것이 참된 성공이라고 말할 수 있다. 이제야말로 인생 이모작, 삼모작 시대가 열린 것이다.

나는 지금 두 가지(환경과 교육) 일을 하고 있다. 많은 사람들이 종종 묻는다.

"어떻게 두 가지 일을 동시에 할 수 있습니까?"

그럴 때마다 나는 이렇게 대답한다.

"그저 내가 좋아하는 일에 손을 댔을 뿐입니다."

머릿속에서 황금을 채굴하라

생각을 만들어 내는 두뇌는 사람이 가진 재산 중에서도 가장 큰 재산이다. 발명가 토마스 에디슨이 이렇게 말했다.

"몸이 존재하는 이유는 머리를 지탱하기 위함이다."

나는 인생을 경영하는 데 필요한 정보를 채굴하는 데 많은 시간을 보내고 있다. 17년째 내 머릿속에서 '교육 개발이라는 황금'을 채굴하고 있다. 당신이 원하는 것을 글로 적고, 경험을 쌓고, 그것들을 글로 적어라. 머릿속에서 황금을 채굴하기 위해서는 먼저 내가 경험한 것을 글로 적어야 한다. 경험한 것을 먼저 글로 적는 것은 금맥을 찾아 땅속 깊이 파들어가는 것과 같다.

어떻게 머릿속에서 황금을 채굴할 것인가? 황금을 채굴하는 생각을 더 많이 하려면 다음과 같이 나누어 생각해 보라. 그러면 보다 효율적으로 생각하게 될 것이다.

- 나는 오늘 무엇을 기록할 것인가?
- 나는 오늘 무엇을 하고, 무엇을 배우고, 누구에게 가르침을 줄 것인가?
- 나는 오늘 누구를 만나 어떤 정보를 확보할 것인가?
- 나는 오늘 어떤 개선할 사항을 찾고 있는가?

매일 아침, 위의 항목에 대해 한 자 한 자 적어 보라. 나도 모르게 생각의 폭이 점점 넓어질 것이다.

포드는 이런 말을 했다. "스스로 상상하지 못하는 일은 결코 이룰 수 없다." 상상하기 위해서는 먼저 '글로 적은 자신의 경험'과 '하고 싶은 것'을 매일 바라보라. 종이에 적은 것을 바라보면 멋진 상상을 할 수 있다. 비행기를 하늘에 띄우겠다는 소망을 품은 라이트 형제는 창공을 날아가는 새를 비행기로 보았다. 그들은 머릿속에서 황금을 캐는 생각을 한 것이다.

> 머릿속의 황금은 아이디어다! 아이디어가 현장에 적용되려면 날개뿐 아니라 안전한 착륙 장치가 필요하다!

긍정적인 생각이 긍정적인 행동을 낳는다

켄사스에 있는 어느 유명한 집의 문 위에 이런 글귀가 새겨져 있다고 한다.

"이 문을 통과한 이상 당신은 무조건 긍정적인 말만 해야 한다. 그렇지 않으면 항상 침묵을 지켜야 한다."

아마도 그 집의 주인은 긍정의 힘을 믿는 사람임에 틀림없다. 나는 사물을 볼 때 항상 긍정적으로 생각했다. 그것은 오랜 습관이었다. 1999년 정월에 난민촌 봉사를 시작하면서 나는 어느 의사로부터 스케일링 하는 법을 배웠다. 봉사 기간 동안 현장에서 틈틈이 배우고 익혔다. 그 뒤로 나는 수백 명의 난민촌 사람들에게 스케일링을 해주었다. 현장에서 기술을 배워 난민촌 사람들에게 봉사하는 일은 참으로 즐거운 일이었다.

> 1톤의 생각보다 1그램의 행동이 훨씬 가치 있다!
> 긍정의 생각을 품었을 때 비로소 긍정의 행동이 나온다!

2001년 정월에 나는 징 치는 법을 배웠다. 난민촌으로 떠나기 2주 전부터 사물놀이를 준비했는데 집중 훈련을 받았다. 어려웠지만 난민촌의 수많은 아이들이 내가 치는 징소리에 흥겨워할 것을 상상하면서 신나게 배우고 또 배웠다. 마침내 난민촌에 어두운 밤이 찾아오자 산속의 난민촌 백성들이 구름떼처럼 몰려왔다. 그날 밤 나는 내가 치는 징소리에 온몸이 흠뻑 젖었다.

북소리, 장구소리, 꽹과리소리……

징징징 징징징 징징징……

산속에 울려 퍼지는 징소리, 그것은 마치 내 인생의 소리가 적막한 산속으로 울려 퍼지는 것 같았다. 난민들의 수많은 눈동자들, 그 밤은 나에게 일생 동안 잊을 수 없는 감격의 밤이 되었다. 그 짧은 7분을 위해 2주일을 정신없이 배웠다. 만약 내가 그때 뒤로 물러섰더라면 사물놀이 연습은 내 인생길에 아예 없었을지 모른다. 그러나 나도 할 수 있다는 생각을 품고, 배우고 익혔기에 감격의 밤을 누릴 수 있었다. 비록 서툴렀지만 그렇게 많은 관중을 대상으로 한번 해보았다는 것이 얼마나 행복했는지 모른다. 행복은 스스로 만드는 것이지 누가 가져다주는 것이 아니다.

내 손안에 있는 것이 누군가에게는 필요하다. 인생의 가치는 스스로 창조하는 것이지 어느 날 아침에 소포처럼 배달되는 것이 결코 아니다.

> 내 손안에 있는 것을 가지고 새로운 것을 만들어라!
> 정상으로 가는 사람은 자신의 손안에 있는 것에 집중하여 새로운 것을 만든다!

인생의 차별화는 생각에서 시작된다

에이본 사의 엔드리아 정은 "당신을 재창조하라"는 성공 화두를 던진 적이 있다. 당신은 당신의 인생을 언제나 재창조할 수 있다.

'생각이라는 위대한 자원'을 어떻게 사용하고 어떻게 개발할 것인가? 지금은 고객성공시대, 고객낙루(落淚)시대이다. 고객을 성공시키는 상품을 만들어야 잘 팔린다는 이야기다. 그만큼 상품을 팔기도 힘들고, 개발하기도 힘든 시대가 되었다. 전 세계를 둘러보라. 이제는 모방을 통해 개인도, 회사도, 조직도 모두가 초우량이 되었다. 사람의 머리 씀씀이도 어슷비슷해졌다. 지금은 모든 것이 비슷하거나 거의 똑같은 세상이 되어 버렸다. 한때는 영어만 잘해도 먹고 살았다. 이제는 어림도 없다. 잘하는 사람이 너무 많기 때문이다.

이제 성공으로 가는 유일한 길은 '차별화 전략'뿐이다. 차별화 전략은 생각에서 시작된다! 그렇다면 어떻게 차별화된 생각을 할 것인가? 먼저 하나의 사물을 볼 때 다른 사물과 연관짓는 훈련을 쌓아라.

- 연결(Connection): 지금 내가 하고 있는 일이나 사물을 다른 것과 연관시킨다. 예를 들어 '잠자리' 또는 '새'를 생각했다면 '비행기'를 연상하는 것이다.
- 발명(Invention): 그 다음 단계로 잠자리의 날개 모양, 새의 날개 모양, 날개의 부착 위치, 크기, 몸 길이와 날개 길이를 분석한다.
- 개발(Development): 이제 새를 모델로 하여 모형 비행기를 만들어 본다.
- 응용(Application): 여러 다른 비행기에 응용한다.

이렇게 해서 처음에 생각한 일이나 사물로부터 새로운 아이디어가 생겨난다. 생각의 차별화는 멋진 아이디어를 선사한다.

자신을 창조적인 사람으로 만들기 위해서 다음과 같은 생각을 자주 하라.

- 규칙에서 벗어나 보고, 어제와 다른 습관을 형성한다.
- 먼저 생각하고 행동한다. 생각 없이 행동해 본다.
- 여러 가지 방법이 있다는 것을 믿는다.
- 누군가가 이미 해보았다. 그러나 다시 한 번 생각해 본다.
- 이제껏 아무도 성공하지 못했다. 그러나 내가 해본다면……
- 실패하면 모든 것이 끝장이다. 실패는 단지 방향 표시다.
- 많은 사람들이 극구 말린다. 그러나 그들은 해보지 않았다.
- 기찻길에는 기차만 가야 한다. 아니 트럭도 갈 수 있다.

이러한 훈련을 3개월 이상 반복하면 창조적인 생각을 하게 되어, 이전과 전혀 다르게 사물을 바라보게 될 것이다.

> 문제가 불거지면 해결 중심으로 사고하라!
> 창의적 사고는 자신의 머리도 잘 활용하고 주위의 머리도 잘 활용하는 사람이다!

더 신나는 인생을 위하여!

◆ 생각 개발 전략

당신의 손안에 있는 것을 글로 적어라!
당신의 미래는 거기에서 나온다.

                                – J. Kwak

◆ 적용 말씀

너희 속에 착한 일을 시작한 이가 그리스도 예수의 날까지
이루실 줄을 우리가 확신하노라. (빌립보서1:6)

◆ 4차원 인생을 위한 나의 질문

나는 손안에 무엇을 쥐고 있는가?
나는 손안에 들어 있는 것을 글로 쓸 수 있는가?

5. 나는 머리에 긍정의 안테나만
작동시키겠다

사람들의 성공 여부는
키나 체중, 학위, 집안 배경으로 판단되지 않는다.
그것은 그들의 생각의 크기에 의해 판단된다.
– 데이비드 슈워츠

꼬부랑 고갯길 3T 세상

"이제 지구촌에서는 철저하게 망하든지 철저하게 성공하든지 두 가지 경우만 존재한다! 차별화할 수 있는 유일한 자원은 이제 생각뿐이다! 개인의 인생도 차별화, 조직도 차별화해야만 성장할 수 있다!"

사람들은 지금 너나할 것 없이 서로의 꽁무니를 쫓아다니고 있다. 더 좋은 것, 더 나은 것, 더 질 좋은 것을 흉내내어 남보다 앞서가기 위해서이다. 나는 이 현상을 3T 꼬리잡기(tail-to-tail)라고 부른다. 꼬부랑 고갯길에서 수많은 사람들이 남의 것을 흉내내려고 주변을 서성

거리고 있다. 그러다 보니 많은 것이 평준화되고, 지금도 계속해서 평준화가 이루어지고 있다. 이제는 '좋은 것'이 흔한 세상이 되었고, '평범한 것'은 쓰레기 취급을 받는다.

스웨덴의 경영학 교수, 첼 노드스트룀과 요나스 리더스트럴러가 지은 〈펑키 비즈니스〉라는 책에 이런 말이 있다.

"잉여사회에서는 비슷비슷한 기업들이 넘쳐난다. 이들 기업은 비슷한 교육 배경과 아이디어를 지닌 비슷한 사람들을 고용하고, 가격과 품질도 비슷한 물건을 만들어 낸다."

우리는 지금 모든 것이 철철 넘치는 사회에 살고 있다. 우수한 두뇌도 넘치고, 우수한 기술도 넘치고, 멋지고 화려한 상품들이 백화점마다 가득하고, 새로 나온 신상품들이 줄지어 있다. 명강사, 명설교가, 유명 디자이너, 명의사, 명가수, 명화가, 최고의 엔지니어, 최고의 경영자, 또한 이들을 벤치마킹 하려는 긴 행렬이 꼬리를 물고 서 있다.

주위를 한번 보라. 야구모자에서 비행기 날개까지, 스웨터에서 컴퓨터 부품까지 'MADE IN CHINA' 딱지가 안 붙은 것이 어디 있는가? 중국에서 제조되는 상품들의 품질도 말할 수 없이 좋다. 최상품이고, 쓸 만하고, 모양도 좋다. 과거에는 어림없는 일이었지만, 이제는 모든 것이 평준화되었다. 기술, 사람의 머리, 지식 수준이 그만큼 평준화되었기 때문이다.

나는 항상 생각을 하는 사람이다. 늘 긍정적인 말만 하다 보니 '뻥쟁이' '허풍쟁이' 등등의 말을 자주 듣는다. 나는 하루에도 몇 번이고 '나는 할 수 있다'고 말한다.

언젠가 주간동아에서 나를 취재해 간 일이 있는데, 기사 제목을 이렇게 달아 주었다. '열정과 패기, It is possible! 전도사'. 나는 강연에서 수많은 사람들에게 이 말을 역설한다. 사람의 마음을 움직이는 것은 '할 수 있다는 자신감'이다. 자신감은 어디서 오는가? 아는 것을 경험하는 것으로부터 온다!

사람들과 10분 정도 대화를 나누어 보면 그 사람의 언어 습관을 알 수 있다. '나는 못해. 나는 안돼. 나는 안될 거야.' 이런 말을 자주 입에 올리는 사람이 있는 반면에, '해볼 만한데요. 가능할 것 같은데요. 시도해볼 만합니다.' 이렇게 말하는 사람도 있다. 부정적인 말을 자주 하는 사람도 있고, 긍정적인 말을 자주 하는 사람도 있다. 재미있는 것은, 항상 부정적으로 말하는 사람은 그 주변의 일들도 대개 부정적인 방향으로 흘러간다는 것이다.

어떻게 하면 '긍정적인 생각'을 키울 수 있을까? 그것은 광야에 길을 내는 것과 같은 원리다. 이미 있는 길을 넓힐 수도 있고, 길을 우회할 수도 있다.

첫째, 긍정적인 생각을 하려면 말의 표현 방법부터 바꾸어라.

나는 보고서에 부정적인 표현을 좀처럼 쓰지 않는다. 12년 동안 기업체에 근무하면서 쓴 모든 보고서들은 언제나 긍정의 표현들로 가득 찼다. 그렇다고 안되는 것을 억지로 된다고 표현하라는 것이 아니다. 다음의 사례를 보라.

(예)

아무도 한 사람이 없다 → 우리가 처음으로 할 기회를 얻었다.

절대로 못할 것이다 → 노력하면 해볼 만할 것이다.

시간이 없어 못한다 → 일의 우선 순위를 다시 한 번 점검해 보자.

시장성이 없다 → 지금은 시장이 작지만 5년 후에 큰 시장이 형성될 것 같다.

부정적인 표현을 얼마든지 긍정적인 표현으로 바꿀 수 있다.

둘째, 성경에서 긍정적인 생각을 배워라.

나는 인생의 90% 이상을 성경에서 배웠다. 성경은 적극적이고, 생산적이고, 긍정적이고, 진취적인 말씀으로 가득 차 있기 때문이다. 나는 한때 인생에서 배울 것은 대학에서 다 배웠다고 생각한 적이 있었다. 그러나 그것은 정말 어리석은 생각이었다.

나는 인생을 열정으로 살아야 하는 이유도 성경에서 배웠고, 내가 열심히 일을 해야 하는 이유도 역시 성경에서 해답을 얻었다. 내가 이 땅에서 숨지는 그날까지 무엇을 하며 살아야 하는지도 성경을 통해 깨달았다.

셋째, 긍정의 생각은 일을 촉진시킨다.

강을 건너는데 큰 바위가 앞을 가로막았다. 그때 한 사람이 소리쳤다.

"왜 하필 이 자리에 바위가 있지? 이대로는 강을 건널 수가 없어."

또 한 사람은 이렇게 소리쳤다.

"이보게들, 저 바위를 없애든가 아니면 강물이 불을 때까지 기다렸다 건너세."

사물을 긍정적으로 바라보면 해결의 실마리가 보이지만, 부정적으로 바라보면 해결책이 모습을 드러내지 않는다. 문제가 생겼을 때 작게 쪼개어 생각하면 해결책이 나올 것이다.

나는 어릴 때 얼마든지 내가 처한 환경을 부정적으로 바라볼 수도 있었다. 무엇 하나 변변하게 가진 게 없고, 가난하기 이를 데 없고, 부모 역시 못 배웠고, 남들이 비웃는 '따라지학교'에 다녔고……. 찾으려 들면 정말 수두룩했다. 그러나 나는 내가 처한 환경을 한 번도 탓해 본 적이 없다. 그 시절을 되돌아보면, 오히려 그러한 환경이 오늘의 나를 만들어 주었으니 감사할 따름이다.

성경에도 "만군의 여호와가 맹세하여 가라사대 나의 생각한 것이 반드시 되며 나의 경영한 것이 반드시 이루리라"(이사야 14장 24절)고 했다. 또 잠언 16장 9절에 "사람이 무슨 일을 계획할지라도 그 걸음을 인도하는 자는 여호와시니라"고 적고 있다.

인생 우물쭈물하다가 내 이럴 줄 알았다!

미국의 어느 묘지에 쓰여 있는 비문이 우리에게 많은 것을 생각하게 한다.

"인생 우물쭈물하다가 내 이럴 줄 알았다!"

살아 생전에 얼마나 많은 일을 계획했다가 이루지 못했기에 그 말을 자식에게 유언으로 남겼을까? 나는 이 짧디짧은 말 속에서 사람이 생각한 것을 행동으로 옮긴다는 것이 얼마나 힘든 일인지 실감하게 된다.

어떻게 하면 내가 아는 것을 행동으로 옮길 것인가? 나 자신도 아직까지 내 앞으로 다가오는 많은 일들을 두렵고 떨리는 마음으로 바라보고 있다. 그러나 또한 나는 그러한 방해자들과 싸우려고 끝없이 도전하고 온힘을 쏟는다. 최소한 강력한 방해자들이 무엇인지는 알고 있다.

내 인생을 되돌아볼 때, 수많은 일들 앞에서 나를 벌벌 떨게 만드는 것은 언제나 아래와 같은 4가지 방해자였다. 이들이 나를 끝없이 괴롭혔고, 나를 코너로 몰아붙였다.

- 두려움 방해자: 가장 강력한 방해자로 일생 동안 우리를 괴롭히고 '내일 하지' '차차 하지'를 연발하게 만들고, 자신감마저 갉아먹는다.
- 실수 방해자: 머리를 혼란스럽게 만들고 의욕을 떨어뜨리고 가슴을 조인다.

- 경쟁 방해자: 일의 진행을 막을 뿐만 아니라 행동을 주춤거리게 만든다.
- 위험 방해자: 중도에 포기하게 만들고, 기회를 자꾸 놓치게 만든다.

이 4가지가 일생 동안 우리의 인생길을 가로막는 방해자들이다. 이 방해자들은 딱 한 가지 화력 앞에서는 뒤로 물러선다. 바로 '행동 (action)이라는 무기'이다. 우리가 행동할 때 '두려움(fear)'은 물러간다. 두려운 일이 생기면 하나하나 글로 적어라. 그리고 다른 것은 모두 잊고 하나씩 해결하라. 그러면 효과적으로 두려움을 물리칠 수 있다.

인생의 3가지 힘 – 병력, 화력, 전력

군대의 힘을 한번 상상해 보라. 어떻게 하면 전투에서 적군을 이길 수 있을까? 전투는 세 가지 힘(병력, 화력, 전력)에 의해 판가름난다. 이 세 가지 힘은 전투에서 이기는 데 필수품이다. 병력이 아무리 많아도 화력이 없으면 질 수밖에 없고, 전력만 뛰어나도 결과는 마찬가지다.

인생의 힘도 이와 유사하다.

병력 – 나의 위치, 비전, 꿈, 전문성, 기술, 지력(knowledge) 등
화력 – 자신감, 추진력, 조직력, 리더십 등
전력 – 아이디어, 경험, 정보 수집력, 목표 설정 능력 등

나는 항상 '현재 나의 분야에서 가장 앞서가는 사람이 누구인가?' 를 찾는다. 그 사람이 가지고 있는 3가지 힘을 분석하면 내가 어떻게 전략을 싸야 할지 답이 나오기 때문이다. 경쟁자는 가장 훌륭한 선생이다. 나는 내 분야에서 누가 가장 앞서가는지를 알기 위해 참으로 많

은 시간을 보냈다. 비행기 탑승 누적이 50만 마일이 넘을 정도로 부지런히 전 세계를 돌아다녔다. 앞서가는 사람들의 머릿속에는 진짜 좋은 아이디어, 지식, 정보가 알알이 박혀 있기 때문이다.

어떻게 머릿속에 긍정의 안테나를 개발할 것인가?

창조적으로 크게 생각하라

노먼 빈센트 필이 비행기 안에서 만난 한 남자의 이야기다.

얼굴에 수심이 가득한 한 남자가 있었다. 노먼 필이 그에게 다가가 말을 걸었다.

"뭐 안 좋은 일이라도 있습니까?"

그 질문에 그는 다음과 같이 말했다.

"얼마 전에 승진을 했는데 내가 그 일을 담당할 수 있을지 걱정입니다."

"물론 할 수 있지요." 노먼 필이 말했다.

"어떻게 알 수 있지요?" 그 사람이 다시 물었다.

"당신 스스로 할 수 있다고 생각하면 무엇이든지 할 수 있습니다."

노먼 필은 그에게 "크게 생각하라! 크게 행동하라! 크게 되라!"고 외치면서 하루를 시작하라고 권유했다. 그 사람은 이전과는 다른 새로운 생각의 틀을 가지게 되었다.

누군가가 "어려움은 새로운 아이디어를 개발하는 데 있는 것이 아니라 옛것으로부터 벗어나는 데 있다"고 말했다. 옛것에서 벗어나는 일이 어찌 그리 쉽겠는가? 사람이 하는 일은 기껏해야 창조주가 이미 만들어 놓은 것을 찾는 일이거나 서로 다른 것을 조합하는 것에 지나지 않는다. 새로운 것이라고 만들어 낸 것도 찬찬히 뜯어 보면 누군가가 이미 만들어 놓은 것을 이리저리 좀더 개선시켰거나, 조합시켰거나, 쪼갰거나, 나눈 것에 지나지 않는다. 작가 멘켄은 "80% 이상의 사람들이 독창적인 생각을 하지 못한 채 생을 마감한다"고 했다. 고작 20% 정도의 사람들이 뭔가 새로운 것을 생각하고, 말하고, 행동한다는 것이다.

존 맥스웰(John Maxwell)은 "우리의 오늘은 어제 생각한 결과이다. 우리의 내일은 오늘 무슨 생각을 하느냐에 달려 있다"고 말했다.

영국 케임브리지의 성 마리아 교회에는 무릎 꿇고 기도할 때 쓰는 방석에 다음과 같은 글귀가 수놓아져 있다.

"생각하라, 그리고 감사하라."

우리가 만일 생각하기를 점점 멈춘다면, 점점 더 감사하기 어려워질 것이다.

새로운 일을 꿈꾸라

지구촌에 생겨난 지식의 상당 부분이 매년 10% 이상씩 사라지고 있다. 내가 가진 지식, 내가 가진 전문성도 시간이 지나면 그 가치가 급격히 떨어진다. 이제 삶의 유동성, 창조성, 도전성은 우리의 삶에 필수품이 되어가고 있다. 치열한 생존 경쟁에서 새로운 일을 저지르는 사람은 다음과 같은 다섯 가지(5F) 특징이 있다.

- 그들은 항상 뭔가를 찾아낸다(Finding).
- 그들은 열정의 프로펠러를 가지고 다닌다(Fanning).
- 그들은 항상 변화를 위해 힘을 쏟는다(Forcing).
- 그들은 일이 생기면 긍정의 말로 해결책을 찾는다(Fishing).
- 그들은 일을 하면 끝장을 본다(Finalizing).

작은 것에서 출발하라

소극적인 사람은 비오는 날 아침에 "오늘은 비가 오니까 내일부터 운동을 시작해야겠다"고 말한다. 그러나 적극적인 사람은 "오늘은 비가 오니까 집 안에서 운동을 해야겠다"고 말한다.

"할 수 있다"는 적극적인 태도를 가져라. 구체적인 행동으로 옮겨라. 추상적인 생각은 결코 행동을 낳을 수 없다.

하나의 사물이 주어지면 언제나 "창조적 가능성"을 생각하라.

"왜 이 사물이 존재할까?"

"이 사물을 어떤 분야에 적용할 수 있을까?"

긍정의 안테나를 머리에 설치하려면?

나의 경험을 기초로 정리해 보면 다음과 같다.

첫째, 어떤 사물이든 보면 먼저 생각하고, 생각한 것을 글로 적어라!

기록은 제 2의 머리다! 종이에 적어 놓고 계속 바라보면 어느 날 문득 아주 좋은 생각이 종종 떠올랐다. 긍정적 사고를 키우는 제 1단계는 주어진 일과 사물에 대하여 먼저 종이에 자신의 생각을 적어 놓고 긍정적으로 바라보는 것이다. 나는 항상 무슨 일이 생기면 종이에 적어 놓고 일을 시작했다. 그러면 그것을 눈으로 보게 되고, 계속 바라봄으로써 자꾸 더 좋은 아이디어가 생각났다. 성공한 사람들의 좋은 습관을 따르면 50%는 이미 성공한 것이다.

둘째, 하루에 적어도 3번씩 소리 내어 'It is possible!' 이라고 외쳐라!

마음의 문을 노크할 수 있는 키는 'it is possible!' 이다. 교육은 듣고, 보고, 말하는 것으로 시작하는 것이다. 외쳐야 우선 내 귀가 먼저 듣고, 머리에 잔상으로 남고, 때가 되면 그것이 행동으로 나타나는 것이다. 긍정의 사고를 가진 사람들의 특징은 머리에서 항상 긍정의 안테나만을 작동시키고 있다는 것이다.

> 생각에서 이기면 자신감이 내 인생의 주인이 되고, 긍정의 자화상을 품으면 내 인생의 미래가 설계되고, 말에서 이기면 항상 행동에서 이길 수 있다!

더 신나는 인생을 위하여!

● 생각 개발 전략
고난의 바람이 불어야 인생이 돌아간다.

● 적용 말씀
또 새 영을 너희 속에 두고 새 마음을 너희에게 주되 너희 육신에서 굳은 마음을 제하고 부드러운 마음을 줄 것이며 (겔 36:26)

● 4차원 인생을 위한 나의 질문
나는 새로운 일을 늘 생각하는 사람인가?

6. 나는 '한번 해보겠다' 고 말하는 사람이 되겠다

당신에게 인생의 기회가 오거든
'한번 해보겠다' 고 선포하라.
일하면서 자신감을 터득하고,
긍정의 생각을 배울 것이다.

옛날 옛날에 작고 붉은 암탉이 한 마리 있었습니다. 이 암탉은 시골 농가의 앞마당에서 흙을 헤쳐 먹이가 되는 밀 알을 찾고 있었습니다. 암탉이 이웃을 불러 말하기를,

"우리가 이 밀 알을 심으면 우리가 먹을 빵을 얻게 될 것입니다. 누가 이 밀 알을 심는 데 도움을 주시겠습니까?"

"나는 안 할래요"라고 암소가 대답했습니다.

"나는 안 할래요"라고 오리가 대답했습니다.

"나는 안 할래요"라고 돼지가 대답했습니다.

"나는 안 할래요"라고 거위가 대답했습니다.

"그러면 내가 할게!"라고 작고 붉은 암탉이 말하고 밀 알을 심었습니다. 밀은 크게 자라

서 아주 아름다운 금빛 열매를 맺었습니다. "밀을 추수하는 데 도울 분 있습니까?" 다시 작고 붉은 암탉이 물었습니다.

"나는 안 할래요"라고 오리가 대답했습니다.

"그것은 내 체질에 맞지 않아요"라고 돼지가 대답했습니다.

"나는 고참인데 그런 일을 어떻게 할 수 있어"라고 암소가 말했습니다.

"내가 그 일을 하면 실직 수당을 받을 수 없잖아"라고 거위가 대답했습니다.

"그러면 내가 할게!"라고 작고 붉은 암탉이 말하고 추수를 혼자 하였습니다.

추수가 끝나 이제 빵을 구울 차례가 되었습니다. "빵 굽는 데 도움 주실 분 있습니까?" 작고 붉은 암탉이 물었습니다.

"그것은 내 일이 아닌데"라고 암소가 말했습니다.

"내가 그 일을 하면 정부 보조금을 받지 못하게 될 거야"라고 오리가 말했습니다.

"다른 사람은 일을 하지 않는데, 나만 도와 준다면 나만 병신 취급을 받지 않겠어?"라고 거위가 말했습니다.

"그러면 내가 할게!"라고 작고 붉은 암탉이 말했습니다. 암탉은 빵 다섯 덩이를 구워서 이웃들에게 보여 주었습니다. 다들 그 빵이 먹고 싶었습니다. 그들은 자기와 나누어 먹자고 요구했습니다.

하지만 작고 붉은 암탉은 "아니야! 나 혼자 다 먹을 수 있어"라고 말했습니다.

"초과 이득세를 내야 해!"라고 암소가 큰소리로 외쳤습니다.

"찰거머리 자본주의자!"라고 오리가 꽥꽥 소리를 질렀습니다.

"나는 모든 것에 대해 평등한 권리를 주장한다"고 거위가 목소리를 높였습니다.

돼지는 꿀꿀거리며 툴툴댔습니다. 다른 이웃들은 시위대를 조직하여 피켓을 들고서 빙빙 돌며 욕을 해대며 시위를 시작했습니다.

"너무 욕심부리면 안 됩니다."

"제가 노력해서 만든 빵인데요?" 암탉이 말했습니다.

"맞는 말입니다." 정부 관계자가 말했습니다. "놀라운 자영업 체계입니다. 시골 농가의 앞마당에서는 누구나 자기가 벌고 싶은 만큼 벌 수 있습니다. 하지만 정부가 내세운 법에 의하면, 열심히 일한 사람들은 빈둥빈둥 논 사람들과 자기가 벌어들인 생산품을 나누어 가져야 합니다."

이렇게 하여 시골 마을에는 시위가 끝나고 평화가 다시 찾아왔습니다.

하지만 작고 붉은 암탉의 이웃들은 암탉이 왜 다시 빵을 굽지 않는지 모두 의아해 했습니다.

이것은 붉은 암탉에 나오는 동화 이야기다. 사람은 일한 만큼 보상 받기를 원한다. 내가 한번 해보겠다고 할 때 거기에는 적절한 보상이 따라야 한다. 붉은 암탉이 다시는 빵을 굽지 않은 이유를 곰곰이 생각해 보라. 붉은 암탉이 아무리 소리쳐도 누구 하나 '한번 해보겠다'고 말하지 않았다. 사람들은 적절한 보상이 있다고 생각될 때 비로소 그일을 '나도 한번 해보겠다'고 나선다. 일을 앞에 놓고 내가 받을 보상 -그것이 유형이든 무형이든 - 을 먼저 생각하라. 그러면 동기 부여가 생길 것이다.

한번 해보겠다고 말하라

짐승들이 모여 앉아 서로 새끼를 많이 낳는 자랑을 하고 있었다.

개구리가 사자에게 물었다.

"사자님은 몇 마리나 낳으십니까?"

"나는 일 년에 한 마리씩 낳는다."

"하하하! 나는 한 번에 몇 백 마리씩 낳는데 사자님은 겨우 일 년에 한 마리밖에 못 낳아요?"

사자는 기가 막혀서 이렇게 대꾸했다.

"네가 수만 마리를 낳는다 해도 그게 무슨 소용이냐? 사람에게 밟히고 뱀, 황새 같은 것들에게 잡아먹히니 말이다. 그러나 나는 하나를 낳아도 산중의 왕을 낳는단 말이다."

과거에는 이것저것 많이만 알면 되었다. 그러나 지금은 아니다. 한 가지를 하더라도 똑떨어지게 해야 한다. 자신의 분야에서 최고의 전문가가 되어야 한다는 말이다. 그러면 가만히 있어도 잘 팔리는 인생이 된다. 어느 분야이든 자발적으로 한번 해보겠다고 말하라! 그러면 당신은 그 분야에서 전문가로 성장할 것이다.

나는 1988년에 기업체 연구소에 입사하여 연구를 하기 시작했다. 연구를 시작한 지 4년 만에 새로운 정수 약품을 개발했는데, 담당 임원이 영업을 한번 해보지 않겠느냐고 물었다. 영업 담당자가 갑자기 사직을 하는 바람에 내가 그 자리를 채울 후보자 중의 한 사람이었던 것이다. 당시에는 공학박사 학위를 가진 사람이 영업 일선에 나서는 것은 거의 없는 일이었다.

나는 며칠 동안 깊이 생각하고 또 생각했다. 종이 위에 내가 영업을 하게 될 경우에 유익이 무엇인지 하나하나 글로 적어 놓고 생각했다. 장고 끝에 나는 '한번 해보겠다'고 결정했다. 긍정의 생각은 긍정의 말을 낳았고, 긍정의 말은 긍정의 행동을 낳았다. 대뇌학자들에 의하면 말의 98% 정도가 영향을 미친다고 한다. 생각의 힘은 적어 놓고 생각할 때 더 위력적으로 나타난다. 한 가지 일이 주어지면 생각한 것을 종이에 적어 놓고 계속 바라보라. 그러면 더 좋은 생각이 꼬리를 물고 이어질 것이다.

그 후 나는 약 3년 정도 내가 개발한 제품을 들고 현장 영업을 했는데, 정말 선택을 잘했다는 생각이 들었다. 연구실에서 비커만 만지작거리는 것과 현장에서 보고, 만지고, 느끼는 것은 큰 차이가 있었다.

연구실에서 10년 동안 배워야 할 것을 현장에서 3년 만에 배울 수 있었다. 두잉(doing)의 힘은 아주 강했다!

노벨평화상을 맨 처음으로 받은 랄프 분체(Ralph Bunche)는 12살 때 고아가 되었다. 그 후 할머니가 그를 키웠는데, 랄프 분체는 할머니로부터 정신적 유산을 많이 받으면서 자랐다. 그의 할머니 루시 존슨은 죽기 직전에 한 권의 책(너 자신을 믿어라, Believe in yourself)을 썼는데, 책 속에 이런 말을 남겼다.

"한번 해볼까 하지 말라. 대신에 한번 해보겠다고 말하라. 무슨 일을 성취하려거든 먼저 할 수 있다는 자신감을 가져라."

한번 해보겠다고 말하면 당신은 그 분야에서 앞서가게 될 것이고, 최고의 전문가가 될 것이다.

생각할 수 있는 것은 모두 실현 가능하다

나폴레온 힐은 '황금은 땅속이 아니라 인간의 생각 속에서 더 많이 채굴되었다'고 고백했다. 황금은 생각이 낳은 결과물의 일부이다. 나는 항상 내가 생각한 것을 종이에 적어 놓고 수시로 바라본다. '바라본다는 것'은 보고 생각한다는 것이다. 아인슈타인의 말을 들어 보라.

"생각할 수 있는 것은 모두 실현 가능하다."

생각한 것을 적어 놓고 바라보는 습관은 아주 중요하다. 나는 지금 이 글을 쓰는 데에도 내가 한때 메모해 두었던 것들을 다시 보면서 정리하고 있다. 아무리 힘들고 어려운 일이라도 생각날 때 적어 놓는 것이 중요하다. 세월이 지나면 새롭고 쉽게 접근할 수 있는 상황으로 바뀔 수 있다.

로버트 슐러는 "불가능한 일이 존재하는 것이 아니라 불가능하다는 생각이 존재하는 것이다"라고 말했다. 생각한 것을 적어 놓고 계속 바라보면 처음에는 불가능해 보이는 것도 점점 현실화되는 것을 느끼게 될 것이다.

클로브는 "사업으로 성공한 것은 먼저 생각으로 성공한 것이다"라고 했다.

2005년 12월, 4차원 영성 리더십 아카데미를 수료한 골드 회원 모임에서 조용기 목사님이 이런 말씀을 하셨다.

"나는 교회를 짓기 전에 내 마음속에 먼저 지었습니다. 마음으로 지은 것이 현실로 나타납니다. 우리 눈에 보이는 것은 눈에 안 보이는 마음속의 그림이 현실로 나타난 것에 지나지 않습니다."

생각을 마음속에 심고 그것을 계속 바라보면 현실로 나타난다. 생각한 것을 마음속에 심으려면 먼저 생각한 것을 글로 적어 항상 보일 수 있는 곳에 붙여 놓아야 한다.

랠프 월도 에머슨은 "인생은 우리가 하루 종일 생각하는 것으로 이루어져 있다"고 고백했다.

생각을 가장 쉽게 시작하는 방법은 어떤 사물을 볼 때 먼저 '왜 그럴까(why)?'를 생각하는 것이다. 어떻게(how)를 아는 사람은 언제든지 일자리를 얻을 수 있지만, 왜(why)를 생각하는 사람은 그의 보스가 될 것이다. 사물을 바라볼 때 항상 why를 먼저 생각하라. why는 생각의 문을 여는 빗장이다.

> 당신에게 기회가 오거든 '한번 해보겠다' 말하라.
> 그러면 자신감이 싹틀 것이고, 긍정의 생각이 샘솟을 것이다.
> 정상으로 가는 사람은 '한번 해보겠다!'고 말하는 사람이다!

'내 안의 나'를 만나라

어느 날 해가 말했다.

"나뭇잎은 초록색이야."

그런데 달은 나뭇잎이 은빛이라고 우겼다.

이번에는 달이 말했다.

"사람들은 늘 낮잠만 자."

그러자 해가 우겼다.

"아니야, 그들은 언제나 움직이고 있어."

달이 물었다.

"그런데 왜 땅은 그렇게 조용하니?"

해가 고개를 갸우뚱거리며 대꾸했다.

"누가 그래? 땅은 언제나 시끄러워!"

　　종종 우리는 해와 달처럼 자기 중심으로 생각한다. 내 안에 있는 나를 볼 때에도 마찬가지다. 내가 나를 생각할 때 이미 잘 알고 있는 나 자신만을 생각한다. 아직도 내 안에는 보지도, 듣지도, 써보지도 못한 잠재력이 얼마나 많은지 아는가? 나 자신을 달의 입장에서도 보고, 해의 입장에서도 보라. 전혀 새로운 나 자신을 발견하게 될 것이다.

　　니체는 말했다.

　　"현대인은 두 가지 병을 앓고 있다. 자기 자신을 잃어 버린 것이 제1의 병이요, 그 사실을 깨닫지 못하는 것이 제2의 병이다."

　　나는 1983년에 구주를 영접하고 이듬해에 책 한 권을 번역하였는데, 나에게는 전혀 새로운 일이었다.

　　"내가 과연 할 수 있을까?"

그런 고민을 수없이 하다가 결국 일을 저질렀는데, 조직 신학자가 쓴 책을 한 달 만에 번역을 완성하였다. 처음에는 공학도이기에 표현력이 부족하다고 생각했기 때문에 상당히 망설였지만, '할 수 있다'는 생각을 먹으니까 일이 순조롭게 진행되었다. 마침내 1984년에 그 책이 출판되었다. 책의 제목은 〈기독교인은 과학을 어떻게 볼 것인가?〉였다. 지금 생각해 보면 내가 그 한 권의 책을 번역한 것이 '내 안의 새로운 나를 발견한 멋진 기회'였다.

'내 안의 나'를 만나라. 어쩌면 일평생 뚫을 수 없을 만큼 큰 벽일 수도 있다. 나는 내 안의 나를 만나기 위해 남의 것을 보고 생각하기를 좋아했다. 스스로 동기 부여를 하기 위해서였다. 나는 언제나 남들이 도전하지 않는 분야를 기웃거리기를 좋아했다. 조금 낯설다 싶은 곳이면 어깨너머로 배우곤 했다. 지금도 그러하고 앞으로도 그러할 것이다. 왜냐하면 낯선 곳을 바라보면 늘 나를 생각하도록 만들기 때문이다.

일을 통해서 '내 안의 나'를 찾아라. 어떻게 찾을 수 있을까? 일의 성취를 통해서 '내 안의 나'를 만날 수 있다. 새로운 일을 시작해 보라. 평범한 것부터 시작하라. 그리고 점진적으로 어려운 것에 도전해 보라. 거기에서 새로운 자신을 만나게 될 것이다. 새로운 일이 맡겨지면 '이전에 보지 못한 자신의 새로운 모습을 찾아낼 좋은 기회'라고 생각하라. '내 안의 나'가 위대한 사람이라는 것을 알게 될 때 비로소 당신은 새로운 출발을 하게 될 것이다.

한때 나는 공부에 미쳤다. 나는 대학과 대학원에서 응용 화학을 전공했다. 10년 동안 비커를 만지면서 화학이라는 학문에 흠뻑 젖었다. 그런데 막상 사회에 나와 보니 화학을 전공한 사람들이 너무 많을 뿐만 아니라 경쟁이 너무 심해 보였다. 나는 그때부터 내가 배운 '화학'이라는 학문을 어디에 적용하면 더욱 가치 있게 써먹을 수 있을까 궁리했다. 나는 수개월 동안의 탐색 끝에 결국 '화학 분야'에서 '환경 분야'로 방향을 전환했다. 그것은 '내 안의 나'를 찾아가는 전환점이기도 했다. 이제 전문 분야를 바꾼 지 16년이 되었다.

환경 분야에서 앞서간 공로로 1999년도에 신지식인 상까지 받았으니, 이제 그 분야에서 제법 성공한 셈이다. 사람에게 가장 큰 자원은 '생각하는 힘'이다. 눈에 보이는 것보다 더 큰 힘을 가진 것이 바로 '생각하는 힘'이다. 나는 새로운 일을 생각할 때 종종 글로 적어 놓고 매일 바라본다. 책상 위에 잘 보이는 곳에 항상 놓아 두고 그 새로운 일을 길게는 수개월까지도 바라보고 생각한다. 왜냐하면 거기에서 인생의 멋진 아이디어를 얻을 수 있기 때문이다.

1984년도에 나는 '내 안의 새로운 나'를 발견했다. 공학도로서 내가 새롭게 찾은 것은 바로 이것이었다.

"아! 내게도 글을 쓸 수 있는 능력이 있구나!"

그때부터 나는 글을 쓰기 시작했다. 무엇보다 글을 쓰는 것이 즐거웠다. 마침내 2005년에 〈내 인생의 블루오션〉이라는 책이 출간되자 베스트셀러가 되었다. 나는 거기에서 멈추지 않고 나의 책을 중국어로도 출간하고 싶었다. 국내 출간 2개월 후, 어느 날 내 머릿속에 중국어로 번역을 해야겠다는 생각이 번쩍 들었다. 나는 곧바로 그 생각을 종이 위에 옮겼다. '내 인생의 블루오션 중국어로 출간'이라는 제목을 붙인 그 메모를 매일 아침 바라보았다. 그로부터 한 달 뒤에 아이디어가 떠올랐다. 언젠가 중국 중산에서 만났던 한족 한 분이 불현듯 생각났다.

그 분은 중문학을 전공하신 분인데 한국말을 아주 잘하시는 분이라 번역을 맡길 수 있으리라 생각했다. 수소문 끝에 연락을 취했더니 그렇지 않아도 번역 일을 하고 싶었는데 마침 잘되었다고 했다. 일이 되려니 만사가 잘 풀렸다. 3개월 후 중국어로 번역이 완성되었고, 2006

년 12월에 대만에 있는 한 출판사와 출판 계약을 맺었다. 생각의 힘은 이처럼 위대한 것이다! 한때 번개처럼 뇌리를 스쳐간 생각이 번역된 중국어 원고가 되어 현실로 나타난 것이다. 생각한 것을 한 장의 종이 위에 적어 놓고 바라보고 생각하고 또 생각하라. 언젠가는 생각의 씨앗이 자라나 꽃이 필 것이다.

> 당신의 인생 여정 속에서 끝없이 '내 안의 나'를 찾아라!
> 다른 사람의 머리도 활용하라!
> 정상으로 가는 사람은 주위의 머리를 마음껏 활용한다!

　세상에는 두 종류의 사람이 있다. 기회가 오면 붙잡는 사람과 기회가 와도 놓치는 사람이 있다. 일반적으로 기회를 잘 붙잡는 사람의 특징은 어떤 일에 대하여 먼저 생각한다는 것이다. 판단의 근거를 가지고 항상 생각하는 사람이 되라. 항상 한 발 앞서 생각하는 사람이 새로운 미래를 창출할 수 있다. 오늘부터는 기회를 붙잡는 사람이 되라.

왜 생각을 바꾸어야 하는가?

　당신에게는 언제나 가능성이 열려 있기 때문이다. 한때 세간에는 이런 주장이 나왔다.

- 축음기는 상업적인 가치가 없다.(토마스 에디슨, 1880년)
- 인간이 원자의 힘을 개발할 가능성은 없다.(로버트 밀리컨, 1920년)
- 자동차가 장거리 여행에서 철도를 대체할 것이라고 상상하는 것은 한심한 꿈에 불과하다.(미국철도회의, 1913년)

– 전 세계 컴퓨터 시장의 규모는 다섯 대 정도라고 나는 생각한다.

(토마스 왓슨, 1943년)

– 개인적으로 집에 컴퓨터를 가지고 있을 이유가 전혀 없다.(켄 올슨, 1977년)

이들이 당시에 뱉은 말을 오늘에 와서 돌이켜보면 그 얼마나 빗나간 예측인가! 그러므로 사물을 바라볼 때에는 언제나 모든 가능성을 열어 놓아야 한다.

왜 생각을 바꾸어야 하는가? 생각을 바꾸면 첫째, 인생에서 더 많은 기회를 제공한다. 둘째, 문제들을 좀더 쉽게 해결할 수 있다. 셋째, 유익한 정보를 더 많이 확보할 수 있다. 넷째, 생각을 바꾸지 않으면 운명이 바뀌지 않기 때문이다.

왜 생각에 집중해야 하는가?

잭 웰치는 "직원의 99.9%가 무리 속에 있는 것은 그들이 생각하지 않기 때문이다"라고 말했다. 생각은 삶의 방향을 바꾸고 사람을 변화시킨다. 모든 인생의 변화는 생각에서 출발한다.

생각에 집중하면 주어진 목표를 구체적으로 추진할 수 있다. 하나님은 중심을 보신다. 사무엘상 16장 7절에 이렇게 쓰여 있다. "나의 보는 것은 사람과 같지 아니하니 사람은 외모를 보거니와 나 여호와는 중심을 보느니라". 우리의 중심은 생각이다! 생각을 하되 집중해서 하라. 그리고 가장 많은 보상을 받을 수 있는 일에 생각의 초점을 맞추어라.

아인슈타인은 이런 말도 했다.

"생각한다는 것은 고된 노동이다. 그래서 생각하는 사람이 적다."

만약 여러분 앞에 해야 할 일이 놓여 있으면 다음의 세 가지를 항상 생각하라.

- 보상의 원리(Compensation): 일을 할 때 먼저 내가 얻을 보상을 생각하라. 어떤 일을 할 때에도 먼저 보상을 생각하라. 붉은 닭의 예를 기억하라.
- 가능성의 원리(Possibilization): 그 일이 내가 할 수 있는 것이어야 한다. 그것이 내 영역 밖의 일이라면 그 일에 무관심하게 된다.
- 자발적 동기 부여(Self-motivation): 그 일은 내가 열정을 품고 할 수 있는 일이어야 한다.

사람은 누구나 보상을 기대한다. 어떤 일에 대해 생각할 때에도 마찬가지다. 뭔가 보상이 있어야 사람은 그 일을 생각한다. '세상에 공짜는 없다'는 말이다. 또한 어떤 일이든 가능성이 보여야 사람은 생각하게 된다. 불가능이라고 생각되면 사람은 그 일에 대해 더 이상 생각하지 않는다. 마지막으로, 생각을 계속하려면 끊임없이 자신에게 자발적 동기 부여를 주어야 한다.

"육신의 생각은 사망이요 영의 생각은 생명과 평안이니라."
(로마서 8:6)
"내게 능력 주시는 자 안에서 내가 모든 것을 할 수 있느니라."
(빌립보서 4:13)

> 생각한 것을 글로 적어 벽에 붙여라! 그러면 잊지 않을 것이다.
> 생각한 것을 계속 바라보라! 그러면 자꾸 새로운 것이 생각날 것이다.
> 생각한 것을 행동으로 옮겨라! 새로운 아이디어가 창출될 것이다.
> 생각한 것을 남에게도 주라! 그러면 누룩처럼 커져서 돌아올 것이다.
> 일평생 생각 속에 빠져라! 생각이 당신의 인생을 형통하게 하리라.
> — J. Kwak

더 신나는 인생을 위하여!

◐ 생각 개발 전략

'내 안의 나'를 찾아라. 창조주가 주신 능력 100% 중 아직
90% 이상이 네 몸속에서 잠자고 있다.

◐ 적용 말씀

"이 율법책을 네 입에서 떠나지 말게 하며 주야로 그것을
묵상하여 그 안에 기록된 대로 다 지켜 행하라 그리하면 네
길이 평탄하게 될 것이며 네가 형통하리라." (여호수아 1:9)

◐ 4차원 인생을 위한 나의 질문

나는 일이 생기면 어떤 태도로 바라보는가?
나는 '한번 해보겠다'고 말하는 사람인가?

Thinking Box 1 : 생각 개발 평가표

본 평가표는 현재 당신이 어느 정도의 '생각의 힘'을 가지고 있는지 평가해 줄 것이다. 생각의 소프트웨어가 강해야 인생의 힘이 강해진다. 이 평가표를 5분 안에 완성하라.

평 가 항 목	소 ⟷ 대					점수
	1	2	3	4	5	
(1) 나는 무슨 일을 하기 전에 '왜 그것을 해야 하는가?'를 먼저 생각한다.						
(2) 나는 문제가 생기면 '문제의 원인이 어디서부터인가?'를 생각한다.						
(3) 나는 사물을 보면 '이전에 이와 유사한 일이 있었는가?'를 생각한다.						
(4) 나는 현재 하고 있는 일을 '다른 방법으로 할 수 없는가?'를 늘 생각한다.						
(5) 나는 종종 '이 일을 거꾸로 하면 어떻게 될 것인가?'를 생각한다.						
(6) 나는 한 가지 일에 빠지면 집중력이 아주 강하다.						
(7) 나는 어떤 일을 보면 '시간을 투자할 만한 가치가 있는 일인가?'를 먼저 생각한다.						
(8) 나는 사물을 볼 때 부정적인 면보다 긍정적인 면을 더 바라본다.						
(9) 나는 사물을 보고 나의 것으로 만들어 구체화하는 힘이 강하다.						
(10) 나는 창조적인 일을 좋아하고 한 가지 사물을 놓고 여러 각도에서 생각한다.						
(11) 나는 내가 생각한 것을 다른 사람들과 나누는 것을 좋아한다.						
(12) 나는 나와 다른 종류의 직업을 가진 사람들과 교류하기를 좋아한다.						
(13) 나는 무슨 일을 해야 하는지 구체적으로 알고 일을 시작한다.						
(14) 나는 일을 하다가 방해되는 환경을 보면 문제점을 적어 놓고 바라보면서 생각한다.						
(15) 나는 무슨 일을 보면 상상을 하고 상상한 것을 글이나 그림으로 나타낸다.						
(16) 나는 생각한 것을 적어 놓은 노트를 가지고 있으며 수시로 적은 것을 바라본다.						
(17) 나는 하나님에 대한 생각과 성경 말씀을 내 마음속에 채우려고 노력한다.						
(18) 나는 내 인생의 가치를 증가시키기 위해 날마다 구체적인 방법을 생각한다.						
(19) 나는 아이디어를 창출하기 위해 여러 가지 정보 채널을 가동하고 있다.						
(20) 나는 하루에도 몇 번씩 나의 꿈과 비전을 생각하고 이루어질 것을 기대한다.						
총 점						

80-100 : 생각의 힘이 아주 강한 사람.
60-79 : 생각을 많이 하는 편이며 사물을 보고 더 진전된 것을 생각하는 사람.
40-59 : 개발하면 생각의 힘을 키울 수 있는 사람.
20-39 : 한번 형성된 습관에 따라 살아가고 발전적인 생각을 하지 못하는 사람.
0-19 : 현재의 삶에 절대적으로 만족하며 더 이상의 발전을 모르는 사람.

Thinking Box 2 : 생각의 힘을 키우는 행동 매뉴얼

1단계 학습 : 개발 원리	1. 나는 사물을 긍정의 관점에서 생각하겠다. 2. 나는 긍정의 자화상을 품고 살겠다. 3. 나는 상상력을 키우는 사람이 되겠다. 4. 나는 창조적인 생각을 하겠다. 5. 나는 말씀을 삶의 기초 모델로 삼겠다.
2단계 학습 : 생각 개발 방법	1단계: 생각해야 할 사건이나 일을 한 장의 종이 위에 적는다. 2단계: 하루 일과 중 30분을 정해 놓고 집중해서 생각하는 시간을 가진다. 3단계: 긍정의 관점과 부정의 관점에서 생각한 모든 것을 기록한다. 4단계: 부정적인 표현을 긍정의 표현으로 바꾼다. 5단계: 평가의 시간을 가진다.

	생각 개발 내용	내 삶의 적용
3단계 학습 : 생각 훈련	1. 나는 오늘 무슨 생각을 할 것인가? 생각할 대상들의 목록을 적어 놓고 바라보라. 구체적인 대상을 적으면 구체적인 생각이 나온다. 2. 나는 오늘 일하기 전에 '왜' 이 일을 해야 하는지를 생각하는가? '왜(why)'는 생각을 개발시키는 영양제이다. 3. 나는 어떻게 아이디어를 낼 것인가? 아이디어는 생각과 경험을 먹고 자란다. 경험한 것을 글로 적어라. 여러 가지 경험이 축적되면 어느 날 아이디어가 날개를 달 것이다. 4. 나는 창조적인 생각을 위해 어떤 생각을 해야 하는가? 내가 생각한 것을 다른 사물과 연결시켜라. (예) 잠자리-비행기 5. 나는 스스로 경험한 것을 글로 남기고 있는가? 글로 적어 놓고 생각하면 어두운 밤길에 헤드라이트를 켠 것과 같다. 6. 나는 상상한 것을 글이나 그림으로 적을 수 있는가? 생각 알갱이를 모으면 상상의 힘이 된다. 7. 나는 부정의 표현을 긍정의 표현으로 바꾸는 연습을 하고 있는가? 부정의 생각이 흐르는 꼭지를 잠그고 긍정의 마음알갱이를 끄집어내라. 8. 나는 오늘 누구를 만날 것인가? 그 사람에게서 무엇을 배울 것인가? 타인의 생각 창고를 열어 보라. 9. 나는 어떤 자화상을 가지고 있는가? 분명한 자화상을 가지고 있으면 생각도 건전하고 창의력이 발휘된다. 10. 나는 생각한 것을 적어 놓는 노트를 가지고 있는가? 생각과 아이디어가 머릿속에서 달아나기 전에 즉시 노트에 적어야 한다.	

불가능한 생각이 존재하는 것이 아니라 불가능하다는 생각이 존재하는 것이다. -로버트 슐러-

제 2 장
믿음의 힘을 키워라

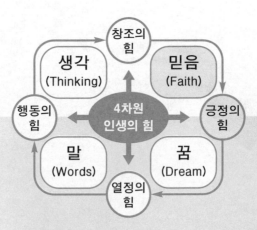

4차원 인생 믿음 방정식

바라봄 법칙　**나는 내가 바라보는 실체를 마음속에 구체적으로 그리겠다!**

의존의 법칙　**나는 말씀의 능력, 보혈의 능력, 기름부음의 능력을 간구하고 의지하겠다!**

선포의 법칙　**나는 가슴에 품은 믿음을 말로 선포하겠다!**

전진의 법칙　**나는 믿음을 방해하는 요소를 끝까지 물리치겠다!**

승리의 법칙　**나는 믿음으로 행동하고 성취될 때까지 끝까지 뛰어가겠다!**

1. 나는 내 인생의 푯대를 향하여 걸어가겠다

"그러므로 너희가 그리스도와 함께
다시 살리심을 받았으면 위엣 것을 찾아라.
거기는 그리스도께서 하나님 우편에 앉아 계시느니라.
위엣 것을 생각하고 땅엣 것을 생각지 말라." (골로새서 3:1~2)

하루는 겁쟁이 토끼들이 한데 모여 결의를 했다.

"모든 동물 중에서 우리가 제일 만만하기 때문에 독수리는 우리를 채기 위해 덮치고, 개는 물어뜯고, 이리는 잡아먹는다. 그래서 한시도 평안한 날이 없으니 우리는 차라리 죽는 편이 낫다."

토끼들은 모두 물에 빠져 죽기로 작정하고 물가로 갔다. 그런데 때마침 풀 속에서 놀던 개구리들이 토끼들을 보자 겁에 질려 모두 물 속으로 풍덩 뛰어들었다. 이것을 본 토끼들은 "우리보다 약한 동물들도 있구나." 하고 큰 힘을 얻어 다시 숲으로 돌아갔다.

나 역시 예수님을 믿기 전에는 토끼처럼 겁이 많았다. 해야 할 일을 앞에 두고 겁을 먹거나, 먼저 나서서 행동하는 일이 거의 없었다. 1983년 1월, 내 나이 23세 때부터 신앙 생활을 시작했다. 무엇보다도 예수님을 믿고 나서 내 자신이 강하고 담대해졌으며, 겁쟁이 토끼가 개구리를 보고 힘을 얻은 것처럼 새 힘을 얻었다. 신앙 생활을 하면서 내 인생의 방향과 삶의 목적이 분명해졌다. 나는 공학도로서 응용 화학을 전공한 사람이다. 나는 연구나 무슨 일을 할 때마다 항상 목표를 세우고 추진했다. 잘된 일도 있고 낭패를 본 일도 있다. 그러나 내 인생을 지금 되돌아보니 실패한 것이 참 많았다.

- 신제품을 개발한다고 15억 원을 투자했으나 실패했다. 입사 후 가장 심한 스트레스를 받았다(1992년).
- 일본 및 캐나다와 공동으로 기술을 개발하려 했으나 10개월 동안 부지런히 추진하다가 프로젝트 개발을 중단했다(1996년).
- 현장 실험 부주의로 인해 2건의 엄청난 실수를 저질러 인사 위원회에 회부되었고, 3개월 감봉 처분을 받은 적이 있다.
- 2000년도에 기업을 설립하고 사업 아이템을 선정했으나 3개씩이나 실패했다. 사업 파트너가 교통 사고로 사망하는 바람에 2년 간의 연구가 수포로 돌아갔다. 6억 원의 개발비가 허공으로 사라졌다.
- 10년 동안 부지런히 사람개발을 했다. 연구 결과를 두 권의 책으로 출판했으나 모두 단 한 번의 출판으로 끝났다. 그 당시 낙심이 아주 컸다(2000년, 2002년).
- 교수가 되기 위해 임용 서류를 7번이나 제출했으나 모두 낙방했다(1990).
- 신학을 공부하려고 1994년도에 ICI 신학대학에 입학했으나 아직도 졸업을 못하고 있다.
- 1995년부터 중국어 회화를 시작했으나 아직까지 초보 수준에 머물러 있다.
......

그밖에도 수두룩하다. 실패의 예를 들자면 끝이 없다. 앞으로도 많은 실패를 할지 모른다. 처음에는 '믿음으로' 였지만 시간이 갈수록 '내 힘으로' 였다. 하기 싫어지는 것들, 포기하고 싶은 것들, 방향을 돌려 다른 것을 해야 하는 것들이 여러 가지 모양으로 자꾸 생겨나 중도에 포기했거나, '다음에 하지' '차차 하지' 라는 생각으로 미루게 되었다. 이제 와서 되돌아보니 정말 중요한 것은 내 마음속의 '믿음 문제' 였다는 생각이 든다.

"나는 할 수 있다는 믿음!"
"나는 꼭 해야 한다는 믿음!"
"나는 반드시 해야 한다는 믿음!"

당시에는 나에게 이러한 믿음이 부족했고 약했다. 내가 설정한 목표를 바라보는 힘은 모두 강건한 믿음에서 나오는 것이었는데도, 믿음이 약했기에 철판 위에서 깨를 볶듯 인생을 들들 볶아도 보았지만 시도했던 많은 일들이 밖으로 튕겨 나갔거나 새까맣게 타 버렸던 것이다. 그 시절에 나는 늘 '노잉(Knowing) – 두잉(Doing)' 의 갈림길에서 갈등했다. 그만큼 아는 것을 행동으로 옮기는 데 어려움을 겪었다.

그 후 나는 신앙 생활에 매진하면서, 목표 설정에 점점 더 큰 관심을 가지게 되었다. 왜냐하면 믿음은 만질 수도 없고, 볼 수도 없고, 들을 수도 없기 때문이었다. 실체가 없으면 사람은 동기 부여를 잃게 된다. 그래서 나는 언제나 '목표-믿음(goal-faith)' 을 서로 연결시켜서 생각했다.

1988년에 박사 학위를 받았을 때, 내 인생 목표 1순위는 대학교수가 되는 것이었다. 7번이나 시도했지만 교수직을 얻는 데 실패하자 나는 주님이 원하시는 길이 다른 곳에 있다는 사실을 깨달았다.

교수직을 얻지 못한 나는 기업체 연구소로 갔다. 지금 되돌아보니 그 당시에 내가 지방대학으로 가지 않은 것이 얼마나 감사한 일인지 모르겠다. 나는 기업체 연구소에서 세계를 배웠고, 세상을 배웠고, 인생의 폭을 넓힐 수 있었다. 인생의 폭이 넓어지면서 나는 '땅엣 것' 보다 '위엣 것' 을 더 많이 생각하게 되었다.

위엣 것이란 무엇인가? 1999년에 나는 내 인생에서 제2의 전환기를 맞이하였다. 태어나서 처음으로 태국과 미얀마 국경 지역에 있는 멜라 난민촌으로 선교를 가게 되었는데, 귀국길에 아래와 같은 생각이 마음속에서 우러나왔다.

"한평생 사는 동안 이런 봉사를 많이 해야겠다. 이러한 봉사를 하는 것이 이 땅에 사는 동안 정말 내가 해야 할 가치 있는 일이구나. 누군가를 위하여 내 시간과 마음을 나누는 것은 참으로 아름다운 것이구나. 남은 인생을 좀더 보람되게 살자."

나는 골로새서 3장 1~2절 말씀을 생각했다.

"그러므로 너희가 그리스도와 함께 다시 살리심을 받았으면 위엣 것을 찾으라 거기는 그리스도께서 하나님 우편에 앉아 계시느니라 위엣 것을 생각하고 땅엣 것을 생각지 말라." (골로새서 3:1~2)

나는 귀국해서 곰곰이 생각했다. 당시 내 나이 40이었다. 문득 이런 생각이 뇌리를 스쳤다.

"이제 인생의 반은 지나갔으니 주님의 뜻을 이루는 일을 해야 한다!"

마침내 나는 비전을 이렇게 세웠다.

"나이 40부터 나는 멋있고, 신바람 나고, 가치 있는 삶을 설계하여 일생 동안 추진하겠다!"

"나는 일생 동안 국·내외 봉사와 선교를 내 삶에서 제1의 우선 순위로 삼고 1년 365일 중 10%를 그들을 위해 사용하겠다!"

'위엣 것' 을 생각하고부터 내 삶은 행복했고 즐거웠다. 1999년부터 나는 인생 이모작 시대로 접어들었다. 더욱더 분명한 삶의 목적과 삶의 목표를 찾았기 때문이다. 40세에 세운 나의 비전은 지금도 계속 성장하고 있고, 날이 갈수록 더욱 커지니 그저 행복할 따름이다.

사람들은 인생에서 성공이라고 하면 대개 어떤 것들을 생각하는가? '크다, 넓다, 많다, 길다.' 흔히 이러한 것들을 떠올리기 쉽다. 물론 이 것도 맞다. 그러나 나이를 먹으면서 나는 인생의 참성공을 이렇게 바라보게 되었다.

"참성공이란? 내 인생의 가치를 누리는 삶이다. 내가 가지고 있는 삶의 크고 작은 재능들, 시간, 마음, 지식 등을 내 이웃과 나누려고 노력하는 과정이다!"

나는 1999년부터 봉사를 내 삶에서 1순위로 올리고, 일 년 중 가장 큰 인생농사라고 생각하고 있다. 나는 그때부터 지금까지 한 번도 나의 인생농사를 짓는 데 게으름을 피운 적이 없다. 앞으로도 힘이 닿는 한 1년 365일 중 37일은 이웃을 위해 사용할 것이다. 나는 이 약속을 지키려고 부단히 노력하고 있다. 이 37일을 위해 나머지 인생을 사는 것이라고 생각하니 인생이 즐겁기만 하다.

1999년: 태국 – 미얀마 국경 지역 멜라 난민촌

2000년: 태국 멜라 난민촌

2001년: 태국 멜라 난민촌, 중국 연변

2002년: 태국 멜라 난민촌, 인도 마드라스

2003년: 태국 멜라 난민촌, 몽골 울란바토르

2004년: 태국 멜라 난민촌, 우즈베키스탄, 필리핀

2005년: 태국 멜라 난민촌, 중국 중산, 동관, 호주 시드니, 뉴질랜드 오클랜드

2006년: 태국 치앙마이 난민촌, 중국 북경, 중국 대련, 일본 동경

내 집무실에는 해마다 다녀온 인생농사 사진들이 벽에 가지런히 붙

어 있다. 그것들은 내 삶의 아름다운 족적들이다. 저 일을 하려고 내가 이 땅에 왔다고 생각하니 인생이 즐겁고 행복하다. 4차원 인생은 언제나 삶의 가치를 추구한다.

아직도 가야 할 길이 멀고 험하다. 나는 내 몸이 쇠잔해져 힘이 없고 걸음을 옮길 수 없을 때까지 봉사를 계속할 것이다. 나는 이것이 최고의 삶, 가장 가치 있는 삶, 가장 아름다운 삶이라고 생각한다. 나는 이 일을 두 아들에게도 물려주고 싶다. 두 아들을 난민촌에 데리고 간 적이 있는데 난민촌에서 두 아들에게 이렇게 말하는 것을 잊지 않았다.

"먼 훗날 너희들도 아버지처럼 이런 인생농사를 지어야 한다!"

"이 땅에 너희들이 살고 있는 것은 그 일을 하기 위해서이다."

"공부하는 것도 이 일을 하기 위해서이다. 절대 잊지 말거라."

마음의 알갱이가 인생을 만든다

눈에 보이는 세계에 우리는 너무나 익숙하다. 우리가 오감의 세계에 살고 있기 때문일 것이다. 작가 멘켄은 이런 말을 남겼다.

"평범한 사람들은 결코 자기 인생의 시종에 대하여 생각하지 않는다. 80% 이상의 사람들이 창의적인 생각을 가져 보지 못한 채 생을 마감한다."

믿음이 있는 자는 창조적인 인생을 살 수 있는 특권을 가진 자이다. 사도 바울의 말을 들어 보자.

"형제들아 나는 아직 내가 잡은 줄로 여기지 아니하고 오직 한 일 즉 뒤에 있는 것은 잊어버리고 앞에 있는 것을 잡으려고 푯대를 향하

여 그리스도 예수 안에서 하나님이 위에서 부르신 부름의 상을 위하여 좇아가노라"(빌립보서 3:13~14)

나는 1994년부터 2005년까지 주일 학교 고등부 교사를 한 적이 있다. 학생들에게 언제나 '3% 인생'을 강조한 기억이 난다. 주일 학교 교사 생활을 하면서 아이들이 목표를 가지고 있지 않다는 것을 느꼈다. 성경에는 크고 작은 삶의 목표가 제시되어 있다.

요즈음 나는 강연을 많이 하는 편이다. 강연을 할 때마다 약방의 감초처럼 빼놓지 않는 것이 하나 있는데, 그것은 '3% 인생'이 되라고 말하는 것이다.

1950년 미국 동부의 명문 대학에서 졸업생들을 대상으로 그들의 졸업 후 25년을 조사한 적이 있다. 상위 10% 그룹과 상위 3% 그룹은 학벌, 재능, 두뇌, 환경 등이 모두 비슷했는데도 차이를 보였다. 목표 기록의 차이 때문이라는 것이 그 조사의 결론이었다. 상위 3%의 사람들은 목표와 인생길을 잘 정립하고 살았기 때문에 나머지 97%의 사람들보다 삶을 훨씬 값지게 살고 있는 것으로 조사되었다. 여기에서 중요한 것은 상위 3%의 사람들이 상위 10% 사람들보다 10배 이상 뛰어난 능력을 발휘했다는 사실이다.

한 달팽이의 사과 따먹기 목표를 보라! 이른봄, 달팽이가 사과나무를 기어오르고 있었다. 그가 느린 속도로 조금씩 위를 향해 올라가고 있을 때 나무껍질 틈새에서 벌레 한 마리가 나와서 달팽이에게 말했다. "너는 쓸데없이 힘을 낭비하는구나. 저 위에는 지금 사과가 하나도 없단 말이야." 그러나 달팽이는 계속 기어오르면서 말했다. "내가 저 꼭대기에 도착할 때쯤이면 사과가 열릴 거야." 목표는 한꺼번에 이루어지지 않는다. 중요한 것은 목표가 있느냐 없느냐이다. 목표를 세웠으면 적어도 10년 인생농사라고 생각하고 지어야 한다. 그래야 뭔가 큰 소출이 나올 것이다.

공부는 머리가 아니라 마음이 한다

1985년에 어떤 시험을 보는데 마침 토요일이었다. 금요 철야를 다녀오면 거의 잠을 못 자고 시험장으로 가야 할 형편이었다. 그 당시에 금요 철야는 새벽 4시까지 하는 것이라서 다음날 아침에 시험을 보려면 여간 힘든 일이 아니었다. 갈까말까 고민하다가 결국 나는 금요 철야를 갔다. 전날 나는 예상 문제를 10개 뽑아 놓고 답안을 정성스럽게 작성했다. 그리고 실전처럼 믿음으로 외웠다. 얼마나 조바심이 나던지 나는 아예 예상 문제를 가슴에 품고 금요 철야에 갔다. 그러고는 이렇게 기도했다.

"주님, 지금 제 손에 시험 예상 문제가 10개 있습니다. 이 중에서 많이 나오도록 부탁합니다. 주님, 요행은 절대 바라지 않습니다. 열심히 공부했고 중요한 것들을 심사 숙고해서 잘 골랐습니다. 제가 주님 성전에 안 오고 이 시간에 집에서 공부했다면 성적이 더 잘 나올 수도 있습니다. 그러니 이 중에서 적어도 8문제 이상 나오도록 해 주시면 정말 감사하겠습니다."

다음날 아침에 나는 시험지를 받아 들고 회심의 미소를 지었다. 골라도 어떻게 그렇게나 잘 골랐는지 모르겠다. 정확하게 8문제 반이 내가 요약 정리를 한 것에서 출제되었다.

"주님! 어디를 집중적으로 공부해야 하는지, 어떻게 이해해야 하는

지 저에게 지혜를 주옵소서."

"아무것도 염려하지 말고 오직 모든 일에 기도와 간구로 너희 구할 것을 감사함으로 하나님께 아뢰라." (빌립보서 4:6)

"믿음이 없이는 기쁘시게 못하나니 하나님께 나아가는 자는 반드시 그가 계신 것과 또한 그가 자기를 찾는 자들에게 상 주시는 이심을 믿어야 할지니라." (히브리서 11:6)

성공의 75%는 목표 설정에 있다

목표 없는 인생은 흙 없는 밭에 씨앗을 뿌리는 것과 같다. 당신의 인생밭에 마음의 알갱이를 심어라. 2006년 8월 공군기지교회 연합청소년수련회에 강사로 초청되어 간 적이 있다. 청소년들이 각지에서 모였는데 그들에게 이런 말을 하였다.

"저는 중·고등학교 시절에 오직 가난에서 벗어나기 위해 공부했습니다. 그러나 세월이 지나 이제 되돌아보니 그것은 잘못된 일이었습니다. 여러분들은 세계를 위하여 공부하십시오. 그래야 더 큰 생각을 가질 수 있고, 내가 왜 공부를 해야 하는지 분명한 이유를 알 수 있습니다. 왜 공부를 해야 하는지를 알면 거기에 맞는 목표도 설정할 수 있습니다. 이유를 알고 공부하는 것과 그냥 공부하는 것은 엄청난 차이가 있습니다. 예수님은 여러분들이 살아야 할 이유를 주었습니다. 네 이웃을 사랑하라. 바로 그것입니다. 여러분들이 지금 공부하지 않으면 먼 훗날 여러분의 도움을 받아야 할 사람들이 고통에 빠질지도 모릅니다. 성취하고자 하는 마음의 알갱이, 즉 인생의 목표를 마음밭에 심으십시오. 먼 훗날 그것이 한 그루의 소나무처럼 우뚝하게 성장할 것입니다."

나 역시 예수님을 믿지 않았다면 정신적 부랑자 같은 인생을 살고 있을지도 모를 일이다. 내가 예수님을 믿고 나서 크게 변한 것 중의 하나가 항상 모든 일에 분명한 목표를 세워 놓고 일을 추진한 것이다. 대개 하루를 살아갈 때 일과 중의 95%는 어제의 일과와 똑같다. 그만큼 변화된 모습으로 산다는 것은 쉬운 일이 아니다.

폴 마이어(P. Meyer)의 말이 인상적이다. 그는 "모든 것을 실현시키고 달성시키는 열쇠는 목표 설정에 있다"고 말했다. 나 역시 내 성공의 75%가 목표 설정에 있었다고 단언할 수 있다. 꿈은 정적인 생각이고, 목표는 움직이는 행동이다.

계획 없이 시작한 하루는 한낱 혼돈으로 끝난다. 우선 목표를 정할 때 불가능하다는 생각을 버려라.

"사람으로는 할 수 없으되 하나님으로서는 다 할 수 있느니라." (마태복음 19:26)

그리고 하나님의 말씀에 부합되는 목표를 설정하라.

"우리는 그의 만드신 바라 그리스도 예수 안에서 선한 일을 위하여 지으심을 받은 자니 이 일은 하나님이 전에 예비하사 우리로 그 가운데서 행하게 하려 하심이니라." (에베소서 2:10)

히브리서 11장 1절에 "믿음은 바라는 것들의 실상이요 보지 못하는 것들의 증거"라고 쓰여 있다. 내가 바라는 것을 글로 적어라. 당신의 목표를 글로 적으면 분명한 실체가 비로소 생기는 것이다.

"주님, 병을 낫게 해 주시옵소서"라는 표현은 소극적이고 불분명한 기도다. 대신 이렇게 기도하라. "주님, 위장병을 고쳐 주심을 감사합니다. 이미 예수님이 치료해 놓으심을 감사합니다. 주님, 그 치료가 이제 저에게 나타나게 하옵소서."

색깔 있는 인생

2006년 7월에 나는 CBS TV 〈새롭게 하소서〉라는 프로그램에서 최일도 목사님과 탤런트 오미희 집사님과 함께 40분 정도 대화를 나눈 적이 있다. 대화 중에 이런 질문을 받았다. "지금까지 살아오신 집사님의 인생을 색으로 표시한다면 무슨 색이라고 생각하십니까?" 나는 이렇게 대답했다. "Blue입니다."

지구의 70%는 푸른색이다. 지구의 70%가 물이고, 사람도 대략 70%가 물로 구성되어 있다. 사람은 푸른색을 볼 때 평화를 느낀다. 희망을 느낀다. 미래를 느낀다. 푸른 하늘을 보고 우리는 꿈과 비전을 세운다. 우리의 인생은 푸른 인생이다. 푸른 인생은 믿음이 있는 삶이다.

에디 켄토(Eddie Cantor)는 4가지 인생 조항을 수첩에 적어 놓고 푸른 인생을 살았다.

첫째, 나는 맹목적인 야심을 위해 달리고 있는가? 보다 높은 가치를 위해 달리고 있는가?

둘째, 나는 나의 경력을 쌓기 위해 달리고 있는가? 내 가족의 행복을 위해 달리고 있는가?

셋째, 나는 물질적인 성공을 위해 달리고 있는가? 인생의 참다운 보물을 위해 달리고 있는가?

넷째, 나는 나 자신을 위해 달리고 있는가? 이웃을 위해 달리고 있는가?

사람이 무엇을 바라보고 달려가느냐에 따라 삶의 가치와 삶의 방향, 삶의 기쁨마저도 달라진다. 에디 켄토는 분명 인생의 푸른색을 바라보며 달려갔던 사람이다.

어떤 사람이 푸른 인생을 살 수 있는가? 2005년 CTS TV의 꿈 강연에서 나는 이런 말을 한 적이 있다. "사람은 한평생 자기 일이 있어야 합니다. 그것을 찾아야 인생이 행복합니다." 한평생 일을 가지고 있는 사람은 언제나 무지개같이 멋있고 행복한 삶을 살 수 있다.

계획 없이 시작한 하루는 혼돈으로 끝난다.
날마다 당신의 푯대를 향하여 질주하라!

더 단순한 인생을 위하여

◐ 믿음 개발 전략

믿음이란?

"보이지 않는 미지의 세계에서 허둥대며 걸어갈 때에도 언제나 방향 탐지기를 우리의 손에 쥐어 주어 그분이 원하시는 곳에 무사히 안착하게 해 줄 거라는 확신이다."

◐ 적용 말씀

"형제들아 나는 아직 잡은 줄로 여기지 아니하고 오직 한 일 뒤에 있는 것은 잊어버리고 앞에 있는 것을 잡으려고 푯대를 향하여 그리스도 예수 안에서 하나님이 위에서 부르신 부름의 상을 위하여 좇아가노라." (빌 3:13~14)

◐ 4차원 인생을 위한 나의 질문

내가 생각하는 믿음을 경험을 통해서 적어 보라.

2. 나는 자신감 있는 인생을
경영하겠다

우리는 그의 만드신 바라 그리스도 예수 안에서
선한 일을 위하여 지으심을 받은 자니
이 일은 하나님이 전에 예비하사 우리로 그 가운데서
행하게 하려 하심이라. (에베소서 2:10)

나폴레옹을 태운 말이 갑자기 이리 뛰고 저리 뛰었다. 생명의 위협을 느낄 정도였다. 그러나 아무도 선뜻 나서지 않았다. 그런데 한 병사가 목숨을 걸고 달려가 말을 진정시켰다. 나폴레옹은 안도의 한숨을 쉬며 "이제 너는 장교다"라고 선포하였다. 그 병사는 장교석에 가서 앉았다. 한 대위가 "너는 사병이니 사병석으로 가라"고 꾸짖었다. 그때 그는 "난 장교입니다"라고 큰소리로 말했다. 그 대위가 "누가 그러더냐"고 물었다. 그는 "황제가 그랬습니다"라고 대답했다.

황제가 장교로 인정했는데, 누가 감히 뭐라고 하겠는가? 한 병사의 자신감이 이렇게 신분을 바꾸었다. 믿음은 종종 자신감을 필요로 한다. 일을 벌여 놓고 자신감이 없다고 생각해 보라. 당연히 추진력이 떨어진다.

2006년 4월에 대전신학대학에서 열린 '퍼스널 리더십 개발' 강의에서 나는 자신감이 무엇인지에 대해 다음과 같이 말한 적이 있다.

"자신감이란 내가 아는 것을 경험으로 한번 옮겨 보는 것입니다. 경험이 있을 때 사람은 자신감을 얻고, 도전하게 됩니다. 자신감이 일을 더욱 촉진시킵니다."

한 번도 해보지 않은 일 앞에서 사람은 언제나 두렵고 떨리게 마련이다. 잘하는 일도 연습이 없으면 사람은 자신감을 잃는다. 연습 또 연습만이 자신감을 키우는 유일한 방법이다.

믿음은 자신감을 낳는다

이런 구인 광고가 있었다. '사람 구함-사환.' 적극적인 사고 방식을 가진 한 젊은이가 이 광고를 보고 달려와 보니 이미 면접을 기다리는 응시자들이 장사진을 치고 있었다. 그 젊은이는 자기 차례가 오기 전에 채용 결정이 내려질까 봐 조마조마했다. 그래서 그는 급히 이렇게 메모를 썼다. "사장님께: 제 이름은 죠니입니다. 면접 번호는 13번입니다. 저를 면접하시기 전까지는 절대로 채용을 결정하지 말아 주십시오." 그는 그 메모를 비서에게 전해 주었다. 비서는 그것을 사무실로 가지고 갔다. 잠시 후 그녀가 나오더니 죠니에게 다가와 말했다. "사장님께서 뵙고 싶어합니다." 그 청년이 채용된 것은 당연한 일이다.

내 인생길을 되돌아보면 나는 성령을 받고 나서 담대해졌다. 나는 1983년 1월 30일부터 교회에 나가기 시작하여 그 해 6월 18일에 성령을 받았다. 그 이전까지 나의 삶은 한마디로 목적 없는 부랑자 인생이었다. 나는 예수님을 믿기 전에도 조금 담대한 면은 있었다. 나를 도와 줄 사람이 주변에 아무도 없었기 때문에 나는 내 스스로 힘을 길러야 한다고 생각했다. 그래서 억세게 공부했고, 내 꿈을 향하여 지독스럽게 달렸다.

1983년 6월 18일 새벽 철야기도 중 성령을 받았을 때 그야말로 나는 엄청난 충격에 휩싸였다. 2천 년 전에 마가의 다락방에서 일어났던 일이 나에게 현실적으로 일어났으니 얼마나 놀랐겠는가? 그 날 새벽에 성령을 받고 나는 무리 속에서 빠져나와 화장실로 갔다. 거기서 사도행전 2장을 펴서 읽기 시작했다. 전에 얼핏 보았던 기억이 나서 다시 확인해 보고 싶었던 것이다. 그 순간은 정말 감동이었다. 성경이 그냥 소설 같은 글이 아니라 생명이 있는 말씀이라는 사실을 한 순간에 깨닫게 되었다.

그 날 새벽에 나는 나 자신에게 이렇게 외쳤다. "그 동안 내가 인생을 정말 잘못 살았다. 나는 지금까지 바보처럼 살았구나!"

나는 그 순간에 내 삶을 정리했다. 성령을 받은 후 나의 삶은 변화되었다.

첫째, 가치관이 뿌리째 바뀌었다.

나는 그저 졸업해서 돈 벌고, 결혼하고, 자식 낳아 행복하게 잘살거라는 기대감 속에서 살았다. 공학박사 학위만 받으면 내 인생이 빛나는 인생이 되리라고 믿었다. 그러나 성령을 받고 나서 세상을 보는 가치관이 내 중심에서 하나님 중심으로 완전히 전환되었다. 이 세상에 그 어느 철학자도 나를 그렇게 한순간에 변하게 만들 수는 없었을 것이다.

성령을 받은 후 나는 곧바로 병원전도에 뛰어들었다. 그 때가 1983

년 7월 첫주, 나에게는 잊을 수 없는 새로운 인생의 장이 열린 날이었다. 내가 이제까지 전혀 알지 못하는 병원에 가서 환자들에게 말을 걸고 복음을 전하게 되었다는 것이 그 얼마나 큰 변화인가! 당시 내 일가친척 중 몇몇 사람은 서울 가서 공부하더니 '살짝 돌았다'고 했다. 그 때마다 나는 그들에게 늘 이렇게 이야기했다.

"내가 돌은 것이 아니라 그대들이 돌지 않았기 때문에 그대들 눈에는 마치 내가 돈 것처럼 보이는 것이다!"

성령님은 나를 담대하게 만들어 주었다. 그 담대함은 내가 환자를 만나서 복음을 전할 때 더욱 강력하게 나타났다. 나는 병원에서 전도하면서 한편으로 인생을 배웠다. "아, 사람이 살다가 저렇게 병들고 저러다 회복하지 못하면 그냥 죽는 거구나."

이십대 한창 젊을 때 나는 수많은 종류의 인생 스토리들을 듣게 되었다. 5년 동안 매주 병원에서 전도하면서 나는 많은 것을 깨달았다. 죽음 앞에서 흐느껴 우는 수많은 사람들을 보면서 나는 인생을 알게 되었다. 나도 언젠가는 저렇게 이 땅을 떠날 텐데……. 이십대의 내 인생은 그렇게 빠르게 성숙해 갔다.

병실에 누워 있는 사람들의 이야기를 들으면서, 나는 내 자신의 건강에 감사한 마음이 들었다. 한번은 팔다리가 전혀 없는 환자 한 분을 만나게 되었다. 나는 그 순간 심장이 멎는 줄 알았다. 나는 그 환자 앞에서 한동안 아무런 말도 할 수 없었다. 그저 그 환자와 눈을 맞추며 바라보는 것이 전부였다. 나는 그 환자에게 "빨리 나으세요. 속히 건강 되찾으세요." 이 한마디를 할 수가 없었다. 나는 눈만 끔벅끔벅하다가 기도만 했다. "주님, 이 사람의 속마음을 저는 모릅니다. 이제 이 사람이 원하는 것을 들어 주소서. 그가 원하는 것이 그 무엇이든 이루어지기를 내가 소원합니다."

그 환자의 눈빛 속에서 나는 절망이 무엇인지 어렴풋이 알 것만 같았다. 나는 그때 눈물을 흘리며 간절히 기도했다. 사람의 절망, 그것은 당사자가 아니면 아무도 모를 것만 같았다. 병실을 나오면서 나는 "인생의 바닥은 끝이 없구나. 현재 나의 삶은 저 사람의 삶에 비해 얼마나 귀한 것인가! 언제나 내 삶에 대해 감사해야지. 나는 이렇게 건강한 두 다리와 두 팔이 있으니 얼마나 행복한가!" 나는 전도를 통해 내가 이전에 몰랐던 사랑을 배웠다. 내가 낮아져야 사랑이 보인다는 사실을 배웠다. 그리고 광야에 피어나는 꽃처럼, 사랑은 어떤 악조건에서도 피어난다는 사실을 배웠다.

둘째, 인생관이 철저하게 바뀌었다.

예수님을 만나면서 내 삶의 틀은 완전히 바뀌었다. 세계를 이끌어가는 분이 하나님이시고, 세계를 만드신 이도 하나님이라고 생각하니 나 자신이 먼지처럼 느껴졌다. 나는 예수님에게서 겸손을 배웠다. "나는 아무 것도 아니구나. 한마디로 티끌이구나. 모래알 하나에 지나지 않는구나." 이런 생각이 들면서 그 동안 잘난 체한 것이 몹시 부끄러웠다. 예수님을 믿게 되면서 그때까지 나 자신만을 앞세우려 했던 내가 다른 이들의 삶을 돌아보게 되었다.

나는 한때 공부에 완전히 미쳤다. 정말 공부밖에 몰랐다. 그러던 내가 예수님을 알고 나서 공부가 인생의 전부가 아니라는 것을 알게 되었다.

인생을 어떻게 살아야 하는가?

인생을 왜 살아야 하는가?

무엇을 위해 인생을 살아야 하는가?

나는 인생에 관한 한 바보였다. 공부에 젊은 인생을 모두 걸었지만, 이후에 어떻게 인생을 이끌어갈지 아무것도 모르고 있었다. 인생길에서 정작 중요한 삶의 방향키를 가지지 못했으니 방랑자 인생을 살은 것이나 진배없다. 그 동안 죽어라 쌓았던 모래성을 하루 아침에 뭉개 버리고 새로운 인생길을 찾아 나서야 하는 처지에 놓였으니 그 얼마나 큰 소용돌이인가!

그때가 1985년으로 기억된다. 예수님을 믿으면서 나는 많은 번뇌에 빠졌다. 이제 공부를 그만두고 신학을 할 것인가? 아니면 공부를 계속할 것인가? 나는 박사과정 때 공부는 아예 제쳐두고 6개월 동안 설교문만 쓴 적도 있다. 지금도 내 책상 위에는 그때 기록했던 두툼한 설교집이 놓여 있다. 그것은 젊은 날 내 인생에서 겪은 변화의 쌍곡선이다. 그것은 먼 훗날 내가 목사가 되면 바빠질 테니까 미리 설교문을 적어 놓은 것이었다. 설교문을 적어 놓고 관악산을 바라보면서 설교 연습을 하던 때가 지금도 생생하게 떠오른다. 인생관이 확립되고 나니 삶이 단순해졌다. 예수님을 믿기 전까지는 내 삶은 꽤나 복잡했다. 인생관이 바뀌니 모든 것들이 따라서 단순해졌다. 살아갈 인생의 방향이 정해지고 인생의 우선 순위가 정해지니 내가 그때까지 관계했던 온갖 잡동사니들에 대한 대대적인 분류 작업이 일어났다.

셋째, 세계관이 180° 바뀌었다.

예수님을 믿으면서부터 세계를 바라보는 관점이 완전히 바뀌었다. 모든 것들이 하루 아침에 다르게 보인다는 것이 나에게는 기적이었다. 사람들은 종종 믿음 생활을 하면서 더 큰 기적들을 바라지만, 주 안에 있는 사람들은 이미 큰 기적을 맛본 것이나 다름없다. 죽은 영이 살아나 하나님을 알고, 예수님을 알고, 성령님을 알고 믿음 속에서 사는 것이야말로 가장 큰 기적 중의 기적이다.

이 땅에 살면서 '나는 누구인가?' 라는 물음에 명확하게 대답할 수 있다면 그 인생은 빛나는 인생이다. 그런데 그 대답은 오직 하나님 안에서 나올 수 있다. 성경은 우리의 신분을 분명하게 밝히고 있다. "오직 너희는 택하신 족속이요 왕 같은 제사장이요 거룩한 나라요 그의 소유된 백성이니." (베드로전서 2:9) 또한 창세기 1장 27절을 보라. "생육하고 번성하여 땅에 충만하라, 땅을 정복하라, 바다의 물고기와 하늘의 새와 땅에 움직이는 모든 생물을 다스리라!" 우리는 이 땅에서 삶을 누릴 수 있는 특권이 주어졌다.

믿음은 '꽝'에서 시작한다

보이지 않는 것을 믿고 산다는 것이 얼마나 힘든 일인가! 100세에 아들을 낳을 거라는 하나님 말씀에 아브라함은 기절초풍했다. 얼마나 놀랐으면 성경 17장 17절에 "아브라함이 엎드려 웃으며 마음속으로 이르되 백 세 된 사람이 어찌 자식을 낳을까 사라는 구십 세니 어찌 출산하리요"라고 했을까? 아브라함 자신을 보나 아내를 보나 그 나이에 아이를 낳는다는 것은 아무리 보아도 '꽝'이었다. 믿음은 우리 눈에 보이지 않는다. 4차원 세계이기 때문이다. 안 보이는 것을 자꾸 보인다고 말하기도 힘들고, 안 보이는 것을 믿고 앞으로 전진하기는 더 힘들다.

1992년, 기업체에 근무하면서 신규 사업을 추진할 때의 일이다. 처음에는 모든 일이 잘될 것 같았지만 시장에 제품을 출하하면서부터 문제점이 드러나기 시작했다. 적자는 눈덩이처럼 불어났고, 헤쳐 나갈 길이 보이지 않았다. 나를 믿어 주었던 경영진에서마저 압박을 가하니 그저 한숨만 푹푹 나왔다. 두 번씩이나 현장 적용에 실패했으니 그때까지 투입한 수십억 원의 돈이 고스란히 허공으로 날아갈 판이었다.

그것은 내 입장에서도 1년 동안이나 공들여 얻은 기회를 그냥 놓치는 것이었다. 나는 그때 사람이 할 수 있는 모든 일을 다했다. 그러나 결과는 '꽝'이었다. 1년 동안 기초 실험을 했고, 6개월 동안 현장 실험을 했는데 두 번씩이나 '꽝'이 나왔으니 차마 고개를 들 수가 없었다. 낭패감이 이루 말할 수 없이 컸다. 당시에 나는 회사로부터 상당한 대우를 받고 있었다. 그런데도 연이어 '꽝'을 터뜨렸으니 이제는 월급을 받는다는 것조차 자존심이 상했다. 월급만 축내고 추진하는 일은 되지를 않으니 그저 회사를 떠나고 싶은 마음만 굴뚝 같았다.

그런데 정작 막다른 골목에 몰리니까 오히려 담대해지기 시작했다. 그제서야 믿음이 생겨나는 듯했다. 나는 간절히 이렇게 기도했다.

"주님, 이제 이판사판입니다. 주님, 이제 마지막입니다. 제가 두 번 실패한 거 잘 아시지요? 더 이상 '꽝' 인생이 안되게 해 주십시오. 한 번만 더 현장 실험을 할 수 있는 기회를 제게 주십시오. 이번에 안되면 모든 게 끝장입니다. 도와 주십시오. 제발 도와 주십시오. 획기적인 아이디어를 주셔서 이번 테스트에 꼭 성공하게 해 주십시오."

나는 온몸으로 처절하게 기도했다. 회사를 떠날 때 떠나더라도 이 일만큼은 성공하고 떠날 수 있게 해달라고 애원했다.

당시 나는 직장 생활을 시작한 이래로 최대의 위기를 맞았다. 부하 직원과 함께 사직서를 써서 가슴에 품고 다녔다. 오죽 힘들고 어려웠으면 사직서를 가슴에 품고 직장에 다녔을까? 그와 같은 굳건한 다짐과 주님의 도우심으로 세 번째 테스트에서는 성공했다. 이렇게 하여 신규 상품이 시장에 성공적으로 공급되었다. 나에게 그것은 크나큰 성공이었다. 1년 반 동안이나 나를 괴롭혔던 어려운 숙제가 해결되었으니 말이다. 그 후 나는 이런 생각을 했다.

"사람은 막다른 벽에 부딪혀 갈 곳이 없어야 하나님을 찾는구나!"

"사람은 일이 생기면 우선 자기 힘으로 해보려는 버릇이 강하구나!"

"사람은 자기 힘이 다 소진될 때까지 자신만을 믿는구나!"

내 힘으로, 내 머리로, 내 지식으로 해결하려고 했을 때 나는 힘들고 어려웠다. 이 일을 통해 나는 한 가지 깨달은 것이 있다. 마지막까지 할 수 있는 모든 방법을 다 동원하고 더 이상 자신이 할 수 있는 일이 없을 때 비로소 믿음이 시작된다는 사실을 깨달았다. 나는 그때 이렇게 감사 기도를 올렸다. "주님, 도와 주셔서 감사합니다. 제 힘으로는 안되었는데 주님이 함께해 주시니 일이 이루어졌습니다. 정말 감사합니다."

인생의 자신감은 이미 알려진 사실을 아는 것이 아니라 스스로 행동할 때 소유하게 되는 원초적인 느낌과도 같은 것이다.

더 단순한 인생을 위하여

⚫ **믿음 개발 전략 – '꽝' 신앙**

바닥을 쳐야 '꽝' 소리가 난다! '꽝' 신앙으로 살아라. 믿음은 더 이상 내려갈 곳이 없는 인생의 바닥에서 건져올리는 것이다.

– J. Kwak

⚫ **적용 말씀**

너희는 이 세대를 본받지 말고 오직 마음을 새롭게 함으로 변화를 받아 하나님의 선하시고 기뻐하시고 온전하신 뜻이 무엇인지 분별하도록 하라. (로마서 12:2)

⚫ **4차원 인생을 위한 나의 질문**

내가 지금 강하고 담대하게 해야 할 일은 무엇인가?

3. 나는 날마다 믿음을 개발하는 인생을 살겠다

[인생 목적 모델 1] : 나는 하나님께 기쁨을 드리기 위해 살겠다
(예배 드리는 삶)
[인생 목적 모델 2] : 나는 예수님의 인생 모델을 닮아 가는 삶을 살겠다
(성화의 삶)
[인생 목적 모델 3] : 나는 이웃과 나누는 삶을 살겠다(나눔의 삶)
[인생 목적 모델 4] : 나는 하나님을 섬기기 위해 살겠다(섬김의 삶)
[인생 목적 모델 5] : 나는 이 땅에서 달란트를 활용하겠다(사명자의 삶)

마음하늘과 눈하늘

'마음하늘'은 눈에 보이지 않는 4차원의 세계이고, '눈하늘'은 눈에 보이는 3차원의 세계다. 뜻이 하늘에서 이루어진 것같이 땅에서도 이루어지이다!

하나님은 인생들에게 '마음하늘'을 하나씩 주어 하나님과 교통하

도록 만들었다. 하나님은 날마다 인생우체국 안에 있는 '마음하늘'로 메시지를 보내신다. 사람들은 '눈하늘'로 시시각각 '마음하늘'에 송신된 메시지를 바라본다. 믿음의 분량에 따라 하나님이 주신 메시지를 볼 수도 있고 못 볼 수도 있다. 종종 믿음이 약하면 메시지가 송신되었어도 백지 상태로 보일 수 있다.

두 개의 세계, '마음하늘'과 '눈하늘', 전자는 4차원 세계이고 후자는 3차원 세계다. 나는 종종 이 두 세계 사이에서 갈등한다. 나의 고집인가? 나의 믿음인가? 나의 결정인가? 나는 누구를 따라가고 있는가? '마음하늘 – 보이지 않는 4차원 세계'와 '눈하늘 – 눈에 보이는 3차원 세계' 사이에서 나는 오늘도 싸우고 있다. 아마 일평생 나는 이 두 세계의 경계선에서 서성거릴지도 모르겠다.

'4차원 마음하늘 세계'에 들어왔다 싶으면 어느새 나도 모르게 '3차원 눈하늘 세계'에서 두리번거리고 있기 때문이다. 눈에 보이는 세계에 내가 너무 익숙한 탓일 것이다. 하나님은 날마다 우리의 인생 우체국 "마음하늘"에 4가지 방법으로 메시지를 보내신다.

'하나님의 생각 – 하나님의 믿음 – 하나님의 꿈 – 하나님의 말'

종종 나는 이 메시지를 잘못 접수하거나 잘못 이해하여 혼란에 빠지고, 때로는 우왕좌왕한다. 그러나 하나님께서 보내 주신 메시지를 해독하여 내 것으로 만들려고 오늘도 부단히 노력하고 있다. 하나님은 '마음하늘'을 통하여 기적을 연출하시기도 하고, 구원의 역사를 만드시며, 때로는 회개를 주시고, 어떨 때에는 기쁨과 평안도 주신다. 나는 온전히 그것을 믿는다.

2005년 12월에 나는 극동방송의 〈하나 되게 하소서〉라는 프로에 출연하여 '인생의 소프트웨어를 설치하라'는 주제로 이틀간 이야기한 적이 있다. 그 이야기의 핵심 요지는 "생각 – 믿음 – 꿈 – 말은 우리 인생의 소프트웨어와 같아서 이 4가지를 우리 몸에 설치해야 인생 프로그램이 '윙윙' 돌아간다는 것이었다. 그래야만 마음속에 품은 것이 비로소 눈에 보이는 세계에 나타난다는 것이었다.

어떻게 하면 믿음을 개발할 수 있을까?

믿음 개발 원리 1

사물을 바라볼 때 긍정의 생각을 가지고 바라보는 훈련을 쌓아라.

베드로가 예수님을 향해 바다 위를 걸어갔다. 처음엔 신바람 나게 걸어갔다. 예수님이 오라 하시니 걸음도 가벼웠다. 첨벙! 첨벙! 야, 이렇게 신날 수가 있나! 태어나서 이런 일은 처음이야! 내가 바다 위를 걷다니! 배 위에 있는 동료들이 엄청 부러워할 거야! 그냥 예수님만 보고 걸어가면 되는구나! 와, 이런 일이 다 있다니!"

베드로가 긍정의 눈으로 사물을 바라보았을 때 그는 물 위를 첨벙 첨벙 걸어갈 수 있었다. 그러나 잠시 베드로가 예수님으로부터 눈을 떼서 거센 파도를 보니 간담이 서늘했다. 자신이 조금 전까지 걸었던 그런 잔잔한 바다가 아니었다. 한 발을 떼자 밑으로 쑥 가라앉았다.

"어라, 내가 지금 정신이 나갔나 봐. 갈릴리 바다 위를 걷고 있네! 지난번에도 거친 파도에서 수영하다 물에 빠져 죽을 뻔했는데……. 아이쿠, 이렇게 깊은 바다 위에서! 이러다 빠져 죽는 거 아냐? 어어 빠진다! 주님, 저 빠져 죽습니다! 살려 주십시오!"

조금 전까지만 해도 베드로는 의기양양하게 물 위를 걸었다. 그러다가 그만 마음속에 의심이 들자 거센 파도가 엄습했고, 다리 한쪽이 물 밑으로 쑥 내려갔다. 오늘날 우리는 베드로가 걸었던 파도 위를 걷고 있다. 예상하지 못한 일들을 우리는 인생길에서 종종 만난다.

내가 독립 사업체를 만든 초창기 때의 일이다. 사업 파트너와 함께

6억 원을 들여 연구 개발을 했는데, 특허도 나오고 모든 일이 순조롭게 진행되었다. 이제 사업만 본격적으로 시작하면 되었다. 그런데 어느 날 비보가 날아들었다. 그 사업을 전개할 사업 파트너가 교통사고를 당해 죽었다는 소식이었다. 그는 나와 동갑내기였는데, 그의 사망 소식을 듣고 내 몸이 휘청 앞으로 꺾이면서 넘어가는 듯했다. 모든 것이 순식간에 무너졌다. 그 사업 파트너가 아니면 영업을 개시할 수 있는 상황이 아니었다. 그 순간부터 모든 일들이 부정적으로 보이기 시작했다. 큰일을 당하면 역시 부정적인 생각이 먼저 고개를 드는 모양이다.

"이제 모든 게 끝장이구나!"

"아, 사업을 펼쳐 보기도 전에 이렇게 문을 닫게 되다니!"

절박한 순간이었다. 시작한 지 3년 만에 모든 것이 부정적으로 흘러갔다. 여기까지 온힘을 다해 달려왔는데……. 한 주가 지나자 겨우 정신이 들었다. 나는 다시 긍정적으로 사물을 바라보기 시작했다.

"이 사업을 안 하는 것이 내게 더 유익할 수 있다! 지금의 실패가 다음번의 성공에 큰 밑거름이 될 것이다! 빨리 거두고 다른 것에 집중하자!"

나는 즉시 말을 바꾸어 탔다. 지난일은 깨끗이 잊어 버리고 다른 아이템에 열정을 쏟았다. 그로부터 벌써 5년의 세월이 흘렀다. 지금 운영하는 회사는 비록 작지만 어느 누구도 쉽게 흉내낼 수 없는 고유의 기술을 가지고 있는 강한 회사다.

사람은 문제 앞에서 한편으로는 긍정적인 생각을, 다른 한편으로는 부정적인 생각을 한다. 사람은 그 두 가지 생각을 놓고 언제나 저울질을 하면서 고민한다. 성경에도 "대저 그 마음의 생각이 어떠하면 그 우인도 그러한 즉"(잠 23:7)이라고 쓰여 있다. 그러나 긍정적인 생각의 힘은 실로 위대하다.

베드로는 전반전에서는 긍정적인 생각을 품었다!

그러나 후반전에서는 부정적인 생각을 품었다!

사물을 언제나 긍정적으로 바라보라.

믿음 개발 원리 2

기적의 관점에서 사물을 바라보는 빌립형 생각 모델을 적용하라.

1994년으로 기억된다. 미국 사크라멘토 공항에서 LA 공항을 경유하여 귀국길에 오르게 되었다. 그런데 사크라멘토 공항에서 스케줄이 40분이나 지연되어 버렸다. 나는 비행기 안에서 노심초사했다. LA 공항에서 제시간에 귀국 비행기를 타는 것이 불가능할 수도 있다는 생각이 들었다. 그러나 한편으로는 가능할지도 모른다고 생각했다. 비행기는 연착할 수도 있고, 다소 늦게 출발할 수도 있다. 긍정과 부정의 생각이 교차했다. 그 순간 내가 할 수 있는 일이라고는 기도밖에 없었다. 기도를 하면서 "나는 비행기를 탈 수 있다"고 믿었다. 긍정적으로 생각하니까 모든 말이 긍정적으로 나왔고, 행동도 긍정적으로 되었다. "LA 공항에서 떠나는 비행기야, 늦어질지어다!" 그렇게 생각하고 터미널을 연결하는 버스를 탔다.

"주여, 믿습니다. 이 비행기를 못 타면 낯선 LA에서 밤을 보내야 합니다. 호텔도 예약이 안 되어 있는데, 정말 낭패입니다. 주님! 어떻게 해서든지 예약된 비행기를 타게 해 주세요."

나는 그때 미국에서 2주일을 보낸 터라 한시라도 빨리 한국으로 돌아가고 싶었다. LA 공항에 도착하니 시간이 채 15분도 남아 있지 않았다. 그런데 공교롭게도 내가 탈 비행기가 있는 터미널이 다른 곳에 있었다. 부리나케 이동하면서 "비행기야! 늦게 출발할지어다!" 나는 마음속으로 이렇게 외쳤다. 대한항공이 계류하고 있는 터미널을 향해 뛰었다. 상황이 급하다 보니 대한항공 체크인카운터가 어디인지 제대로 묻지도 않고 아무 줄이나 일단 서고 보았다. 그러면서 계속 두리번 두리번……. 시간은 자꾸 흘러가는데 앞으로 나갈 수도 없고 정말 속이 탔다.

시계를 보니 비행기가 출발할 시각이었다. 아, 어쩐다! 비행기 출입구를 닫을 시각인데……. 그 절박한 순간에 한 직원이 나에게 다가오더니 2층으로 빨리 올라가라는 것이었다. 계단을 향해 뛰는데 다리가 휘청거렸다. 승객들이 아무도 보이지 않았다. 이미 비행기에 다 탄 것이다. 나는 멀리서 달려가며 소리쳤다. "비행기 타야 합니다! 저 타야 해요!" 나는 가까스로 그 비행기를 탈 수 있었다. 다행히 체크인카운터와 비행기 출입구가 붙어 있었다.

"아이고, 주님, 감사합니다!"

"내가 엉뚱한 줄에 서 있었는데 천사를 보내 주셔서 빨리 2층으로 가라고 말씀해 주셨으니 정말 감사합니다."

기적은 우리에게 큰 기적, 작은 기적, 놀라운 기적, 엄청난 기적 등 여러 가지로 나타난다. 그러나 하나님이 보시기에 기적은 다 똑같은 것이다. 암환자를 낫게 하는 기적이나 감기환자를 낫게 하는 기적이나 하나님이 보시기에는 그게 그거다. "비행기야, 늦게 떠날지어다"라고 기도하니까 하나님이 내게 천사를 보내 내가 비행기를 탈 수 있도록 배려해 주셨다!

기적은 우리 일상 생활에서도 부단히 일어난다. 어떠한 난관에 부딪힐지라도 내 한계를 벗어나는 일을 바랄 때에는 기적의 관점에서 기도하라. 작은 일이든 큰 일이든 하나님 입장에서는 거기서 거기이기 때문이다.

우리는 오병이어의 기적을 너무나 잘 알고 있다. 예수님의 설교가 끝나자 군중들은 배가 고파 수군거렸다. 예수님은 안드레와 빌립을 불렀다. "빌립아! 군중들이 배가 고프다고 난리인데 어떻게 하면 좋겠느냐?" 빌립이 말했다. "아이구 주님, 지금 사람이 몇 명인데 이들 모두에게 밥을 먹일 생각을 하십니까? 어림도 없는 말씀입니다. 입맛만 다시게 하려 해도 200데나리온이 필요합니다. 말이 되는 소리를 하셔야지요. 제 경험으로는 어림도 없습니다. 그냥 돌려 보내야지 뭐 뾰족한 방법이 있겠습니까?"

빌립은 과학적이고, 이성적이고, 합리적이고, 조리 있게 대답했다. 예수님이 빌립을 물끄러미 바라보다가 이번에는 안드레에게 물었다. 안드레가 예수님의 눈빛을 보니 아무래도 "안드레야, 네 생각도 그러하냐?"고 묻는 것만 같았다. 안드레는 예수님께 한 발 더 다가갔다. 안드레가 위엄 있는 예수님의 얼굴을 바라보니 "안드레야, 가능하겠지?" 이렇게 묻고 있는 표정이셨다. 안드레가 마침내 입을 열었다. "주님! 떡 다섯 개와 생선 두 마리가 지금 남아 있는데, 그걸로 잘하면 2만 명 정도는 먹일 수 있지 않을까요?" 예수님이 대답하셨다. "암, 가능하고 말구. 나도 네 생각과 같단다. 떡 다섯 개와 생선 두 마리를 내게 가져 오너라. 내가 군중들을 다 먹이겠다."

우리는 안드레형 생각 모델보다 빌립형 생각 모델을 더 익숙하게 느낄 것이다. 그것은 오랫동안 부정적인 것들을 많이 보아 왔기 때문이다. 아래의 말씀을 보라. 성경적으로 보면 빌립은 부정형 생각 모델이었다.

"빌립이 대답하되 각 사람으로 조금씩 받게 할지라도 이백 데나리온의 떡이 부족하리이다." (요 6:7)

> 나에게 일이 생기거나 어떤 문제가 생기면
> 나의 경험, 나의 이성, 나의 판단, 나의 이론을 잊어 버려라!
> 나에게 문제가 생기면 기적의 관점에서, 긍정의 관점에서 생각하라!

믿음 개발 원리 3

말씀을 이해하고, 수용하고, 결단하고, 그리고 선포하라.

2006년 8월에 북경총신대학 신학대학원에서 '블루오션 인생경영 아카데미' 단기 코스를 개설한 적이 있다. 선교사와 교회 리더 약 30여 명이 수강했는데 내가 많이 감사할 일이었다. 연속 3일 24시간 코스였는데 단기 집중 강의였다.

내가 가야 한다고 생각했을 때 내 발목을 잡는 일이 한두 가지가 아니었다. 하루에 8시간씩 강의하려면 체력, 영력, 지력이 모두 따라 주어야 하는데 걱정이 태산 같았다. 며칠 동안 고민을 했다. 그러나 생각해 보니 가치 있고 의미 있는 일이었다. 그래서 나는 무조건 "가겠다"고 통보했다. 가서 3일간 열과 성을 다해 강의했는데 나에게는 잊을 수 없는 귀한 경험이었다. 결단하는 것도 힘들었고, 선포하는 것도 어려웠지만 두잉(doing) 앞에서 모든 두려움이 사라졌다.

2006년 11월에 또 한 번 일본에서 강연할 기회가 있었다. 사업을 하는 사람이 이 강연을 위해 6일씩이나 시간을 낸다는 것은 여간 힘든 일이 아니었다. 그것도 자비로 가는 것이었다. 시간, 마음, 경비 일체를 내가 부담하는 것이었으니 어찌 쉬운 결정이었겠는가? 그러나 나는 가겠다고 결단했다. 그것은 내 인생의 행복과 가치 문제였기 때문이다. 주일 설교는 처음이었다. 그러니 내가 얼마나 긴장하고 가슴벅찼겠는가? 1985년에 목사가 되겠다고 설교문을 작성해 둔 것이 있었는데, 21년이 지나서 그 설교집을 다시 꺼내 보게 되었다. 마침내 강단 위에 섰을 때 정말 감개가 무량했다.

25년 전에 관악산 나무를 바라보면서 설교 연습을 했었는데, 이제 한국도 아닌 일본에서 일본인들을 상대로 내가 설교를 하게 되다니! 나는 감격스러웠다. 25년 전에 적어 두었던 색바랜 설교 노트, 그 노트를 생각하면서 설교를 하는데 마치 내 자신이 인생 드라마의 주인공이라도 된 것 같았다. 나는 그날 단상에 올라가기 전에 이렇게 기도했다.

"주님, 25년 전에 목사 되겠다고 제가 설교문 써 둔 거 아직까지 기억하시는지요? 이제 드디어 써먹을 날이 왔습니다. 그때 저는 처음에 목사가 될 거라는 확신에 찼었지만 불과 6개월 만에 포기한 거 지금도 죄송하게 생각하고 있습니다. 25년이 지났지만 이제라도 강단에 서게 해 주시니 정말 감사합니다. 주님! 저에게 설교할 능력을 주옵소서! 아직 아무것도 모르는 철부지입니다. 집사의 신분이지만 왕 같은 제사장의 신분으로 생각하고 말하고 담대하게 선포하겠습니다!"

나는 나에게 주어진 인생의 기회를 그렇게 담대하게 받아들였다. 내 경험에 의하면, 사람들은 무슨 일을 앞두고 대개 4단계로 결정하게 된다. 이것은 우리가 믿음을 개발하는 초보 단계에 해당한다. 말씀을 받아들여 믿음으로 자리잡게 하려면 단계별로 생각하는 것이 좋다.

1단계 : 나는 그것을 이해하겠다!

나는 내가 북경이나 일본에 가서 4차원 영성을 강연하는 것을 가치 있는 일로 여겼다. 그때 나는 이렇게 생각했다. "이야, 목회자를 대상으로 한다면 한번 해볼 만하지 않은가! 아무리 바빠도 꼭 가야지. 내 삶의 1순위는 바로 이것이야!" 나는 그렇게 하는 것이 주 안에서 '선한 일'이라는 믿음이 생겼다.

여기까지는 누구나 쉽게 접근할 수 있는 단계이다. "나도 한번 해봐야지." 이런 생각은 누구나 할 수 있다. 1단계는 한마디로 '사물을 바라보는 이해력'이다. 성경 말씀을 받아들이려면 이해하는 것이 가장 먼저다.

2단계 : 나는 그것을 수용하겠다!

내가 일본이나 북경에 가서 강연하는 것이 가치 있는 일이라 이해했다 하더라도 내가 그것을 수용하지 않으면 아무 일도 일어나지 않는다. "이것은 내가 해야 할 일이다!" 이런 생각이 들어야 한다. 이해를 하더라도 받아들이지 않으면 내 것이 될 수 없다. 마찬가지로 말씀을 이해했으면 나의 레마로, 즉각적이고 살아 있는 하나님의 말씀으로 받아들여야 한다. 그래야만 내 것이 될 수 있고, 내 삶에 적용할 수 있다. 수용 단계에서는 '내가 갈 수 밖에 없다'는 생각을 강하게 받아들이는 것이다.

3단계 : 나는 그것을 결단하겠다!

통나무 위에 개구리 다섯 마리가 앉아 있었다. 고참 개구리가 "1분 후에 우리 모두 뛰어내려 벌레를 잡아먹자!"고 외쳤다. 모두들 일사분란하게 소리쳤다. "좋소!" 그런데 잠시 후 통나무 위에 2마리의 개구리가 남아 있었다. 3마리만 결단을 한 것이다.

"북경에 가겠다!"고 결단을 내렸으면 즉시 여행사에 연락해서 비행기 표를 예약해야 한다. 그것이 결단력이다. 말씀을 이해하고 받아들였으면 결단을 내려야 한다. 종종 우리는 결단 앞에서 무릎을 꿇고 만다. 통나무에서 뛰어내리는 일이 어찌 그렇게 어려운가?

4단계 : 나는 그것을 선포하겠다!

결단을 했으면 선포하는 것이 중요하다. 나는 북경이나 일본에 가겠다고 결정을 하고 만나는 사람마다 그렇게 선포했다. "저 북경에 갑니다! 초청 강연을 받아서 갑니다! 저를 위해 기도해 주세요!"

선포는 행동을 낳는다. 내 스스로 그렇게 코가 꿰게 하는 것이다. 내가 결단한 것을 여러 사람들에게 선포하면 그 말이 씨가 되어 결정이 확실하게 다져지는 것이다. 그것은 말로 KO 펀치를 날리는 것이다.

다시 번복하지 못하게 대못을 박는 것이다. 나의 경험으로 보면 나중에 내가 말한 것이 미안해서라도 가게 되어 있다.

믿음 개발 원리 4

당신의 마음속에 하나님의 뜻에 합당한 것을 생각하고 항상 사모하라.

하나님은 '사람이 살아야 할 이유'를 성경에 잘 나타내셨다. 하나님은 사람이 살아야 할 인생 방정식을 만들어 놓으신 것이다.

> [하나님이 만드신 삶의 인생 방정식]
>
> =[모델 1]×[모델 2]×[모델 3]×[모델 4]×[모델 5]
>
> [인생 목적 모델 1] : 나는 하나님께 기쁨을 드리기 위해 살겠다.
>
> (예배 드리는 삶)
>
> [인생 목적 모델 2] : 나는 예수님의 인생 모델을 닮아가는 삶을
>
> 살겠다.(성화의 삶)
>
> [인생 목적 모델 3] : 나는 이웃과 나눔의 삶을 살겠다.(나눔의 삶)
>
> [인생 목적 모델 4] : 나는 하나님을 섬기기 위해 살겠다.(섬김의 삶)
>
> [인생 목적 모델 5] : 나는 이 땅에서 달란트를 활용하겠다.
>
> (사명자의 삶)

하나님의 뜻에 합당한지 아닌지는 하나님이 우리를 살게 하신 목적을 알면 쉽게 구별할 수 있다(목적이 이끄는 삶, 릭와렌). 나는 종종 내 생각과 일을 이런 모델에 적용시켜서 내 삶의 큰 힘을 얻고 있다.

우리의 믿음은 일과 문제를 통해 성장하고 개발되고 살찐다. 사람은 무한한 재능을 가지고 있다. 켄터키에 있는 맘모스 동굴에는 에코 강이 흐르고 있는데 소경 딱정벌레, 소경 가재, 눈 없는 물고기 등 기

괴한 생물들이 서식하고 있다고 한다. 왜 그들은 보지 못할까? 그 이유는 동굴 안이 어둡기 때문에 하나님이 태초에 그들에게 준 눈을 사용하지 않았기 때문이다. 우리 몸속에 있는 재능은 사용하지 않으면 녹슬거나 퇴보된다.

우리의 믿음도 끝없이 갈고 닦아야 한다. 이 모양 저 모양 여러 방법으로 접근해 보고 끝없이 혁신시키고, 응용시키고, 적용시켜야 한다. 믿음은 개발하기도 힘들고 지키기도 힘든 것이다.

> 안드레는 '가능성의 문'을 노크했고, 빌립은 '불가능의 문'을 노크했다.
> 안드레는 '기적'을 믿었고, 빌립은 '경험'을 믿었다.
> 안드레는 '가슴'으로 믿었고, 빌립은 똑똑한 그의 '머리'를 믿었다.
> 안드레는 주님을 신뢰하는 '믿음(Faith)'을 가졌고,
> 빌립은 자신을 믿는 '신념(Belief)'을 가졌다.
> 안드레는 '할 수 있어'라고 말했고, 빌립은 '할 수 없어'라고 말했다.
> 안드레는 '창조 능력'을 믿었고, 빌립은 '세상 법칙'을 믿었다.
> 안드레는 '4차원 영의 세계'를 바라보았고, 빌립은 '3차원 인간 세계'를 바라보았다.
> 안드레는 '긍정의 입술'을 가졌고, 빌립은 '부정의 입술'을 가졌다.
>
> – J. Kwak

더 단순한 인생을 위하여

◆ 믿음 개발 전략

내가 믿음을 개발하면, 그 믿음이 나를 더 크게 개발 시킨다.

◆ 적용 말씀

믿음으로 모든 세계가 하나님의 말씀으로 지어진 줄을 우리가 아나니 보이는 것은 나타난 것으로 말미암아 된 것이 아니니라. (히브리서 11:3)

◆ 4차원 인생을 위한 나의 질문

나는 안드레형인가? 빌립형인가?
안드레형 인생이 되기 위해 이제 우리는 어떻게 살아야 하는가?

4. 나는 5단계 믿음 법칙을 내 인생에 적용하여 살겠다

[바라봄의 법칙] : 나는 내가 바라보는 실체를 마음속에
구체적으로 그리겠다!
[의존의 법칙] : 나는 말씀의 능력, 보혈의 능력,
기름부음의 능력을 간구하고 의지하겠다!
[선포의 법칙] : 나는 가슴에 품은 믿음을 말로 선포하겠다!
[전진의 법칙] : 나는 믿음을 방해하는 요소를 끝까지 물리치겠다!
[승리의 법칙] : 나는 믿음으로 행동하고 성취될 때까지 끝까지 뛰어가겠다!

2006년 8월 안양제일교회 전교인 수련회에서 세미나를 인도한 적이 있다. 그때 성도들에게 한 말이 기억난다.

"믿음은 종종 우리에게 싸움을 걸어 오는데, 내가 이기지 못하면 믿음을 가져올 수 없습니다. 싸우다 보면 믿음이 내 품에 한 마리 새처럼 안겨 있을 것입니다."

믿음은 '알고 있는 것 – 노잉(knowing)'을 '내 삶 속의 행동 – 두잉(doing)'을 통해서 힘겹게 얻는, 인생에 있어서의 최대 자산이다. 나는 이것을 '노잉두잉(knowing-doing) 믿음'이라고 부른다. 노잉두잉 믿음은 언제나 나 자신과 싸움을 걸고, 항상 대기 중에 있는 현재형이다. 마치 권투선수가 3분간 싸우고 1분간 휴식하면서 다음 라운드의 싸움을 준비하고 있는 것처럼……. 나는 믿음 생활을 할 때 종종 이런 생각을 했다.

"성경에 있는 말씀을 그냥 믿으면 되지? 믿음도 개발해야 되나?"

"믿음이란 주님이 주시는 것이지 내가 개발한다고 되는 것인가?"

믿음(Faith)이냐 신념(Belief)이냐? 믿음은 하나님을 믿는 것이고, 신념은 내 자신을 믿는 것이다. 나는 24년 동안 신앙 생활을 하면서 이 양쪽 갈림길에서 수없이 갈등했고 지금도 여전히 갈등한다. 그러나 이제는 싸워서 믿음을 가져오려고 부단히 노력하고 있다는 것이 과거와 다른 점이다.

언젠가부터 나는 믿음도 하나의 기술처럼 개발해야 된다는 것을 깨닫게 되었다. 기술 중에서도 가장 고도의 기술이 믿음이라고 생각한다. 사람이 사람을 바꾸고 변화시키는 것이 아니라 사람 안에 형성되는 믿음이 그 사람을 변화시키고, 혁신시키고, 도전시키는 것이다. 믿음을 개발하는 기술 – 더 큰 믿음, 더 강력한 믿음, 더 힘있는 믿음, 더 전진하는 믿음, 더 나은 믿음을 향하여 달려가는 길이 무엇인가?

어떻게 하면 우리가 믿음을 개발할 수 있는가?

[4차원 인생 믿음 방정식]
=[바라봄의 법칙]×[의존의 법칙]×[선포의 법칙]×[전진의 법칙]
　×[승리의 법칙]

나는 특별히 이것을 4차원 인생 믿음 방정식(Faith Equation for 4th Dimensional Life)이라고 부른다. 좀더 구체적으로 보면 다음과 같다.

> [바라봄의 법칙] : 나는 내가 바라보는 실체를 마음속에 구체적으로 그리겠다!
>
> [의존의 법칙] : 나는 말씀의 능력, 보혈의 능력, 기름부음의 능력을 간구하고 의지하겠다!
>
> [선포의 법칙] : 나는 가슴에 품은 믿음을 말로 선포하겠다!
>
> [전진의 법칙] : 나는 믿음을 방해하는 요소를 끝까지 물리치겠다!
>
> [승리의 법칙] : 나는 믿음으로 행동하고 성취될 때까지 끝까지 뛰어가겠다!

바라봄의 법칙 : 나는 내가 바라보는 실체를 마음속에 구체적으로 그리겠다!

1984년 봄, 나는 위장이 아파서 큰 고통에 빠졌다. 소화도 안되고 정말 미칠 지경이었다. 지도 교수의 소개로 병원에 진찰을 받으러 갔다. 가슴에 뭔가 잡히는 게 있었는데 내 생각에는 혹 같았다. 분명 손에 잡혔다. 의사에게 보여 주면서 "이거 혹 아닌가요?" 하고 물었다. 의사는 아무 이상이 없다고 했다. 그렇지만 우선 정밀 조사를 해보자고 했다. 여러 가지 의료 장비로 종일 검사했다. 며칠 후 나는 병원에 갔다. 그런데 의사 왈 "그거는 신장인데, 혹은 아무리 찾아봐도 없어요." 아마도 내 손이 착각을 했었나 보다. 나는 그때 신장을 보고 없어지라고 얼마나 기도했는지 모른다. 그 기도가 응답되었으면 멀쩡한 신장 하나 날릴 뻔했다. 지금 생각하면 바보 같은 기도였다.

그 의사는 그냥 약만 주었다. 그러나 여전히 차도가 없었다. 그 와중에 나는 육군 제3사관학교에 입교하여 장교 훈련을 6개월 동안 받아야 했다. 밥을 먹어야 제대로 훈련을 받을 텐데 하루하루가 엄청난 고난이었다. 위장이 쓰린 정도가 아니라 온몸이 땀에 흠뻑 젖을 정도로 아팠다. 입교 이후 나는 거의 밥을 먹지 못했다. 지금 생각하니 아주 심한 위궤양이었던 것 같다.

나는 위장이 아플 때마다 이렇게 소리쳤다. "나의 위장은 건강하다! 내 위장은 소화를 잘한다!" 좋은 위장을 바라보는 기도를 얼마나 했는지 모른다. 그리고 나는 나의 건강한 위장의 모습을 바라보는 그림을 그렸다. 나는 하루에도 그 말을 수없이 반복했다. 새벽이면 통증으로 잠을 자지 못했다.

내 인생길에 주님께 그렇게 간절하게 매달려 본 적이 없었다. 나는 정말 애절히 간구했다. "주님! 제발 좀 살려 주십시오. 밥을 못 먹게 하는 것은 좋은데 제발 새벽에 통증만은 없게 해 주세요. 둘 중 하나만이라도 없애 주십시오. 주님! 제가 병원 전도를 얼마나 열심히 하다가 훈련소에 들어왔습니까? 주일날 병원 전도를 하러 대구에서 아침 차 타고 서울 올라온 거 알고 계시지요? 추운 겨울에도 한 번도 빠지지 않고 병든 사람들을 위해 얼마나 많이 기도했습니까? 하루에 10명도 넘게 주님을 믿겠다고 결심하게 만든 것도 알고 계시지요? 그렇게 충성을 다해 열심으로 병원 전도를 했습니다. 그런데 이제 내가 고통에 빠져 견디기가 이렇게 힘든데 나 몰라라 하시면 정말 섭섭합니다. 제발 낫게 해 주십시오."

나는 날마다 그렇게 외쳤다. 그러나 차도가 없었다. 그 힘든 와중에도 나는 날마다 이렇게 외쳤다. "나의 위장은 건강하다! 내 위장은 오늘도 소화를 잘한다!" "나는 오늘도 건강한 위장을 바라본다!"

내가 바라는 실상을 날마다 바라보았다. 내가 본 건강한 위장을 시각화하면서 부르짖었다.

"믿음은 바라는 것들의 실상이요 보지 못하는 것들의 증거니 선진들이 이로써 증거를 얻었느니라." (히브리서 11:1~2)

이미 이루어진 것을 바라보고 기도했다. 그 후 어느 날 밤부터 통증이 차츰 없어지기 시작하더니 밥맛이 조금씩 돌아왔다. 6개월 후 제대할 때에는 몸무게가 67kg이 되었으니 주의 은혜가 넘친 것이다. 얼굴에 살이 통통하게 붙어서 제대한 기억이 난다. "할렐루야! 주님 감사합니다!"

나는 고침 받은 건강한 위장을 늘 바라보았다!

일이 생기면 이미 해결된 모습을 바라보라!

말로 그것을 선포하라!

믿음은 내가 병과 한판 싸움을 해서 가져오는 것이다!

아브라함도 먼저 바라보고 믿음을 품었다.

"너는 눈을 들어 너 있는 곳에서 동서남북을 바라보라 보이는 땅을 내가 너와 네 자손에게 주리니 영원히 이르리라." (창 13:14~15)

이미 변화된 모습을 보고, 생각하고, 말하고, 행동하는 것은 믿음을 개발하는 데 아주 중요한 것이다.

의존의 법칙 : 나는 말씀의 능력, 보혈의 능력, 기름부음의 능력을 간구하고 의지하겠다 !

1년 동안 악몽을 꾼 적이 있다. 밤마다 마귀와 싸울 때 나는 이렇게 부르짖었다. "예수 이름으로 명하노니 악몽을 매일 밤 꾸게 하는 귀신아 물러가라!" 나는 1년 동안 그런 기도를 수없이 했다. 내가 영적으로 가위눌렸을 때 세상의 그 어떤 것도 나를 도와 줄 수 없었다. 말씀과 보혈은 나의 연약함, 나의 한계, 나의 부족함을 도와 주었다.

마귀를 쫓아 본 경험이 있으니까 그 뒤로 일이 생기면 마귀와 당당히 맞설 수 있었다. 믿음은 경험 안에서 성장하고 개발되는 것이다.

무슨 일을 앞에 놓고 "한번 해볼까?" 하지 말고
문제가 터지면 "한번 해보겠다!"고 선포하라!
믿음은 "한번 해보겠다"고 말할 때 쑥쑥 자란다!
믿음이 나를 향해 걸어오는 것이 아니라 내가 그를 향해 걸어가야 한다!

1983년 대학원 시절에 척추 허리에 디스크 증상이 와서 잠시도 앉아 있을 수가 없고, 허리를 펴고 잠을 잘 수도 없을 지경이었다. 얼마나 기도했는지 모른다. 차도가 없어 나는 기도원으로 올라갔다. 얼마나 기도했을까? 한참을 기도하는데 갑자기 성령이 임하였다. 내 손이 하늘로 쭉 당겨 올라가면서 매달린 것처럼 되었다. 땀을 뻘뻘 흘리며 이리저리 뒹굴면서 기도한 기억이 난다. 그 뒤로 디스크가 서서히 사라졌는데 나는 그 때 이런 생각이 들었다.
"아! 이렇게 병이 낫기도 하는구나!"
"이야, 믿음의 사람들은 자신의 병을 이렇게 치료받는구나!"
"성경에 나오는 치료받는 이야기들이 가짜가 아니고 진짜구나!"
말씀은 위대한 능력이 있다!
보혈은 병을 치료한다!
성령님은 도와 주신다!
4차원 인생의 믿음은 기적을 준다!

선포의 법칙 : 나는 가슴에 품은 믿음을 말로 선포하겠다!
언젠가 나는 관악산을 바라보면서 이렇게 기도한 적이 있다. "주님,

저 30세 이전에 반드시 결혼합니다. 결혼하면 아들 딸 3명 낳고 재미있게 그리고 행복하게 살겠습니다!" 그러고 나서 나는 주위에 많은 사람들에게 이렇게 선포했다. "나는 30세 이전에 반드시 결혼한다!" 그렇게 1년을 떠들어댔다. 만나는 사람마다 "저 30세 이전에 꼭 결혼합니다. 기도해 주십시오."

그런데 그렇게 계속 선포하고 다니니까 은근히 겁이 났다. 말만 해놓고 정작 결혼을 못하면 어떡하나? 그래서 나는 더욱 열심히 찾았다. 결혼을 하나의 프로젝트라고 생각하고 열심히 찾았다. 그렇게 날마다 선포했는데 나는 29세 되던 해, 그것도 12월 23일에 결혼식을 올렸다. 30세 이전에 결혼하겠다고 선포한 것은 믿음이었다. 나는 29세 되던 해에 이미 이루어진 결혼식을 바라보았고, 자녀들도 3명 바라보았다. 당시 내 주위의 많은 사람들이 결혼식에 와서 이렇게 인사했다. "아이구, 30세 이전에 결혼하신다더니 기도 응답 받아서 좋겠네요." 결혼 축하 인사보다 그 인사가 더 많았다.

당신이 생각한 것을 바라보라!
그리고 마음에 품은 실체를 바라보라!
바라본 실체를 계속해서 선포하라!

전진의 법칙 : 나는 노잉두잉(knowing-doing) 믿음을 방해하는 요소를
끝까지 물리치겠다!

"해와 달이 밝게 아름답게 비치려 하면 구름이 덮어 버린다.
강물이 맑게 되고자 하면 흙모래가 더럽게 해 버린다.
무리지어 무성하게 자라고 있는 난이 향기를 풍기는
꽃을 달고자 하면 추쑹이 불어서 날린다." (文子, 上德)

사람이 무슨 일을 하려고 하면 수없는 방해물들이 몽땅 다 나와서 설치게 된다. 이 시는 우리의 삶에 방해물들이 얼마나 많은지 잘 설명해 주고 있다.

나는 화학을 공부한 사람이지만 1990년부터는 사람을 개발시키는 교육을 개발해 왔다. 이 과정에서 수많은 장애물이 있었다. 그러나 나는 장애물을 방해꾼으로 보지 않고, 늘 도약의 기회로 생각하고 전진 또 전진했다.

"나는 교육을 개발하여 사람들에게 꿈과 목표를 심어 주겠다!"

"나는 인생경영 전문가로 성장하여 많은 사람들의 인생 효율을 300% 끌어올리겠다!"

그렇게 생각하고 전진한 것이 벌써 16년이 되었다. 이 날까지 나를 이끌어온 것은 순전히 나의 '노잉두잉(knowing-doing) 믿음'이었다.

성경은 열정을 다해 끝까지 매달리라고 말한다.

"구하라 그러면 주실 것이요 찾으라 그러면 찾을 것이요 문을 두드리라 그러면 너희에게 열릴 것이니 구하는 이마다 얻을 것이요 찾는 이가 찾을 것이요 두드리는 이에게 열릴 것이니라." (마태복음 7:7~8)

그리고 날마다 부르짖어야 한다. 우는 아이에게 젖 준다는 말이 있다.

"너는 내게 부르짖어라 내가 네게 응답하겠고 네가 알지 못하는 크고 비밀한 일을 네게 보이리라." (예레미야 33:3)

하늘나라 예레미야 전화국에 33국 3번을 돌리라! 그러면 응답이 올 것이다!

나는 교육을 개발하느라 16년을 부르짖었다. 나는 종종 '믿음'은 배짱이라고 표현하기도 한다. 믿음으로 일하는 사람은 가슴으로 일하는 사람이다. 생각으로 사는 인생이 '철판인생'이라면, 믿음으로 사는 사람은 '가마솥인생'이다. 머리와 가슴은 차원이 다르다.

머리는 3차원 보이는 세계에 익숙하고, 가슴은 4차원 영의 세계에 익숙하다. 나는 언제나 가슴으로 일한 사람이었다. 하나의 일에 빠지면 거기에 푹 빠지거나 아니면 아예 안 하거나 둘 중 하나였다.

〈내 인생의 블루오션〉이라는 책이 베스트셀러가 되자 나는 지나간 15년 세월을 생각했다. 한 가지 일에 10년을 매달리면 뭔가 성취된다는 것을 알게 되었다.

언젠가 오마이뉴스에서 나의 책을 소개한 적이 있다. 제목은 이러했다.

"무형의 인생 소프트웨어가 인간 삶의 가치를 바꾼다"

나는 그 때 기자와 인터뷰를 하면서 이런 이야기를 했다.

"컴퓨터에 비유하여, 눈에 보이는 육체가 3차원 하드웨어 시스템이라면, 사람이 가지고 있는 생각이나 꿈 등 보이지 않는 세계는 4차원 소프트웨어 시스템이라고 할 수 있지요. 이런 보이지 않는 소프트웨어 시스템을 우리 몸에 잘 세팅하면 우리 인생이 새롭게 변화될 수 있습니다. 바로 인생 소프트웨어이지요."

2005년 경향신문 인물 코너에서도 큼지막하게 다루어 주었다. 그 당시에 제목을 이렇게 달아 주었다.

"자기계발 키워드 우리 것에서 찾으세요"

토종 자기계발 교육을 개발한 사람이라고 상당한 지면을 할애해 주었는데 나에게 큰 기쁨이었다. 그 외에도 〈내 인생의 블루오션〉 책 소식은 여러 신문이나 인터넷에서 상당한 속도로 퍼져 나갔다. 이 모든 것은 내가 앞만 보고 전진했기 때문에 가능했던 것이다.

"저는 자기를 경외하는 자의 소원을 이루시며 또 저희 부르짖음을 들으사 구원하시리로다." (시편 145:19)

승리의 법칙: 나는 믿음으로 행동하고 성취될 때까지 끝까지 뛰어가겠다!

석유왕 록펠러(John D. Rockefeller)는 고등학교를 마친 후 '나를 위하여, 돈을 위하여' 라는 다짐을 적어 놓고 인생을 살았다. 그러다가 불치의 병에 걸려 주님을 만나고 그의 일생 목표를 '하나님을 위하여, 인류를 위하여' 로 바꾸었다. 금광맥을 파들어 갔으나 찾지 못하고 폐광 직전의 지경에 이르렀을 때 이런 음성을 들었다. "록펠러! 조금만 더 파라! 조금만 더 파라!" 그가 그 음성에 순종하여 금광맥을 좀더 파고 들어갔을 때 갑자기 이상한 물질이 나오기 시작했다. 그것은 석유였다. 그는 석유 회사를 세워 순식간에 거부가 되었다. 그는 거대한 수익금으로 어마어마한 자선 사업을 펼쳤다. 시카고 대학도 그의 기부에 의하여 1892년에 설립된 것이다.

사람은 동물과 달리 무한한 가능성을 가지고 있다. 하나님은 사람을 창조하실 때 몸의 요소 요소마다 최적 상태의 능력을 불어넣었다.

가능성은 모든 사람에게 주어진 선물이다. 내가 온라인 대학에서 '플러스 인생경영' 과 '인생경영 키워드' 과목을 강의할 때 핵심 주제는 언제나 '나는 할 수 있다(It is possible!)' 였다. 14주 동안 강의할 때 언제나 그것을 전면에 내세웠다. 어떤 사람이라도 '가능성(possibility)' 이 있을 때 희망이 있는 것이다. 한번 일에 빠지면 끝까지 뛰어라. '가능성의 문' 이 열릴 것이다.

> *종종 방해꾼은 일을 더 빠르게 촉진시켜 줄 것이다!*
> *방해꾼이 나타나면 그보다 더 빠르게 일을 진행시켜라!*
> *한평생 할 일을 찾은 사람은 이미 행복한 사람이다!*

더 단순한 인생을 위하여

◐ 믿음 개발 전략 – 4차원 인생 믿음 방정식

바라봄 법칙 : 나는 내가 바라보는 실체를 마음속에 구체적으로
그리겠다!

의존의 법칙 : 나는 말씀의 능력, 보혈의 능력, 기름부음의 능력
을 간구하고 의지하겠다!

선포의 법칙 : 나는 가슴에 품은 믿음을 말로 선포하겠다!

전진의 법칙 : 나는 믿음을 방해하는 요소를 끝까지 물리치겠다!

승리의 법칙 : 나는 믿음으로 행동하고 성취될 때까지 끝까지
뛰어가겠다!

◐ 적용 말씀

믿음은 바라는 것들의 실상이요 보지 못하는 것들의 증거니 선
진들이 이로써 증거를 얻었느니라. (히브리서 11:1~2)

◐ 4차원 인생을 위한 나의 질문

나는 스스로 풀어야 할 인생 문제를 놓고 어떻게 기도하고 있는가?
어떻게 그 문제를 믿음으로 해결할 것인가?

5. 나는 긍정의 관점에서 인생을
   경영하겠다

"내게 능력 주시는 자 안에서 내가 모든 것을 할 수 있느니라."

(빌 4:13)

사람은 죽을 때 '4걸'을 후회한다.

– 내가 좀더 행복하게 살 걸…….

– 내가 좀더 베풀 걸…….

– 내가 좀더 참을 걸…….

– 내가 그거 해볼 걸…….

'4걸', 이것은 자신이 아는 것을 행동으로 옮기지 못하는 사람들의 전형적인 푸념일지도 모른다. 사람이 어찌 후회 없이 살 수 있겠는가?

악마들이 인간을 가장 무능하게 하는 것이 무엇인지 알아내기 위해 회의를 했다. 악마

들이 돌아가며 자기 의견을 말했다.

"몸을 아프게 하는 병을 주는 것입니다."

"어떤 일에나 실패하게 만드는 것입니다."

대장 악마는 악마들의 의견이 그럴듯했지만 100% 마음에 들지를 않아 주저하고 있었다. 그때 한 악마가 자신만만하게 이야기했다. 모든 인간들의 가슴에 미루는 마음을 심어 두는 것입니다.

"차차 하자! 내일 하자! 이렇게 미루는 마음이야말로 자신도 모르게 세상에서 가장 무능한 사람으로 만들어 버리니까요."

우스개 같은 이야기지만, 우리는 살면서 실제로 '차차 하지' 라는 말을 얼마나 많이 하는가? 삶을 긍정으로 바라보면 '차차 하지.' 하고 미루는 마음이 사라질 것이다. 두잉 인생(doing life)을 사는 사람은 '차차 하지' 를 모르는 사람이다.

어떤 사람이 행복한 사람인가? '지금 하지' 라고 말하는 사람이다.

아는 것을 행동으로 옮기기가 얼마나 어려운가! 오늘 우리 일과의 95%는 어제와 같다. 한 학생이 나의 인생경영 강의를 들으면서 다음과 같은 글을 남겼다. 그 안에서 그는 끝없이 자신과 갈등하고 있다. 사람들은 아는 것을 행동으로 옮기면 좋다는 것도 알고 있고, 또 그렇게 해야 한다는 것도 알고 있다. 그런데도 왜 행동으로 못 옮기는가? 그것은 동기 부여가 부족하기 때문이다.

어느새 7주차 강의로 접어들고 있다. 매회 강의를 듣고 미니 특강을 접하면서 내가 절실하게 느끼는 것은 결국 실천력의 문제다. 교수님께서 엄선된 인생노하우를 이렇게도 친절히, 한 사발에 꾹꾹 눌러 담아 직접 내 입에 한 숟갈 두 숟갈 떠먹여 주시는데 꼭꼭 씹어서 잘 삼키고 소화시켜야 하는 것은 그 다음에 내게 주어진 과제이다. 그 좋은 영양가를 섭취하고도 반도 채

소화시키지 못한 채 배설하고 만다면 그 얼마나 억울하고 어리석은 일인가.

배우는 것은 그리 어렵지 않다는 생각이다. 그러나 배운 것을 머릿속의 지식으로만 담아 두지 않고 어떻게 삶에 적용시킬 것이냐의 문제로 나는 매번 갈등한다. 아! 오늘도 어제와 같은 하루구나. 그러면 안 되는데…… 안 되는데…….

나는 이 학생의 글을 읽고 다음과 같은 글을 전해 주었다.

자신이 알고 있는 것을 행동으로 옮길 수 있는 사람은 위대한 사람입니다. 갈등을 하고 있는 것만 해도 대단한 발전이고 변화의 시작입니다. 좀더 갈등하시면 조만간에 이전에 경험해 보지 않았던 일을 반드시 하게 될 것입니다. 변화가 시작되면 꼭 연락 주세요. 기다리겠습니다.

2005년 2학기에 한 학생이 내게 메일을 보내 왔다. 마음의 문은 금방 열리지 않는 법이다. 아래의 사례를 보라. 나는 8월 말부터 강의를 시작했는데 약 1개월 정도 'It is possible!'을 거듭 강조하니까 서서히 자신의 마음의 문이 열리고 있다고 고백하고 있다.

It is possible……

사실 저는 평소 이런 말들을 별로 좋아하지 않았습니다. '할 수 있다'라거나 '노력하면 된다'는 등의 말들은 왠지 무책임한 말 같았거든요. 사람들은 누구나 자기가 하고 싶은 일이 있고, 또 나름대로 노력하면서 살고 있습니다. 그러나 모두에게 기회가 돌아가는 것 같진 않았거든요. 하지만, 교수님의 강의를 들으면서 내가 가지고 있던 닫힌 마음이 조금씩 열리려고 하고 있습니다. 너무 오랫동안 닫아 둔 마음의 문이라 녹슨 문처럼 삐그덕 소리를 내면서 아주 어렵게 열리고 있기는 하지만…….

사실은 소소한 실패에 대한 자기 합리화와 위안을 위해서 냉소적으로 It is possible!을 믿지 않은 내 자신을 인정하기 시작했거든요. 강의 도중에 마음에 닿는 말들을 다이어리에 옮겨 적는 내 모습이 조금 간지럽지만, 제게 힘이 되요.

It is possible! 나도 그럴 수 있겠죠?

나는 이 학생에게 이렇게 답변해 주었다.

'할 수 있다'는 믿음은 마음의 자세를 긍정적으로 만들어 주는 하나의 틀입니다. 강물이 강둑을 따라 흘러가듯이 내 마음을 긍정적으로 만들어 줄 때 나의 인생강둑이 점차적으로 강해지는 법입니다. 어떤 강한 물이 흘러와도 튼튼한 강둑은 터지지 않을 것입니다. 오늘부터 강둑을 튼튼하게 만드세요. '나는 할 수 있다!'고 부르짖으면 강둑을 튼튼하게 할 방법과 열정이 솟아날 것입니다.

사람의 마음 속에는 제각기 철대문이 하나씩 달려 있어 자신의 생각과 다른 것이 아무리 노크를 해도 좀처럼 문을 열어 주지 않는다. 이제까지의 내 경험으로 보면, 철대문이 아무리 강해도 '나는 할 수 있다'는 말을 수없이 말해 주고 귀찮게 하면 닫혔던 문을 결국에는 열어 준다는 것이다.

〈내 인생의 블루오션〉 출간 이후에 많은 사람들이 내게 글을 보내 왔다. 2005년 12월에 글을 보내 온 한 중년 신사는 나와 나이가 거의 같은 분이었다. 그 분은 자신의 가슴속 이야기를 남김없이 그 글 속에 털어 놓았는데, 나에게 참 감동적으로 다가왔다.

오늘도 청량리 발 경춘선 첫 열차, 아침 6시 15분 기차에 몸을 싣고 또 다시 반복되는 한 주를 시작하였습니다.

〈내 인생의 블루오션〉 책을 50% 정도 읽고 나서야 교수님께서 학생들에게 뭘 전하고자 하는지 정확히 알게 되었습니다. 불혹의 40대 마지막 꼭대기에 도달한 사람으로서 과연 이 책이 내게 적합한 책인가 몇 번이나 망설이다가 어느 한 부분에서 제가 현재 서 있는 위치를 확인하고는 과거 10년 전에 저 역시 이런 교육을 받았던 기억을 되살리면서 부끄러운 제 자신을 되돌아보는 계기가 된 것 같네요.

죄송한 말씀이지만, 아직도 기독교에 대한 불신감이 깊은 저로서는 처음에 이 책이 신앙을 전도하는 것으로 집중되길래 이게 아닌데… 하는 생각을 하면서 책을 읽기 시작했습니다. 그런데 책을 읽으면서 어려운 가정 환경과 시골에서 자라신 교수님이 저와 비슷한 처지와 연령대를 갖고 계신 것이 마음에 와 닿으며 많은 것을 공감하고 있답니다. 그리고 종교의 힘, 아니 신앙의 힘이 사람들에게 얼마나 많은 힘과 용기를 주는 것인지 조금은 깨우치는 것 같기도 하구요. 저는 이 책을 반드시 대학교에 다니고 있는 제 아들에게 권하기로 하고, 영구히 제 서재에 꽂아 둘 생각입니다. 두고두고 이 책을 볼 때마다 나의 꿈과 목표를 새롭게 다짐하고 또 다짐하는 내 인생의 거울로 삼기로 결정했습니다.

그리고 건설 현장의 관리 책임자로서 어영부영 하루를 마치고 귀가하는 생활을 반복하기보다는 교수님의 책을 인원수 대로 구입하여 현장 작업자들에게 한 권씩 선물로 나누어 주기로 결심했습니다.

교수님, 너무 늦은 감은 있지만 다시 한번 제 꿈과 목표를 재정비해 보도록 하겠습니다. 어제 집에서 제 아내와 이런 이야기를 나누었습니다. 이 책과 관계없는 이야기를 아내와 나누다가 제 혼자 마음으로 교수님께서 강의하시는 내용이 언뜻 마음에 와 닿더군요.

제 아내는 58년 개띠입니다. 하나뿐인 아들의 생활 습관과 아들의 장래 문제, 그와 관련된 집안 문제와 아내의 자기 계발에 대한 이야기를 두루 나누다가 아내가 제게 '10년만 젊었어도' 라는 말을 하더군요. 그래서 제가 이렇게 이야기했습니다. "당신 10년 전인 38세 때에도 '10년만 젊었어도' 라고 했으니까, 이제는 '20년만 젊었어도' 라고 말해야 맞는 말 아닌가?" 그렇습니다. 누구나 쉽게 이렇게 이야기하지요. 아마 제 아내는 지금으로부터 10년 뒤인 58세가 되어서도 '내가 10년만 젊었어도' 라는 말을 하겠죠. 나는 할 수 있다!

나는 이 글을 읽으면서 이런 생각을 했다. "사람이 이렇게도 변할 수 있구나." 사람은 누구나 '가능성(possibility)' 앞에서 마음이 설레이는가 보다. 이제 삶의 3분의 2를 확실하게 마무리지을 나이. 그 나이에도 무언가 가슴속에 꿈틀거리는 것이 있어 새로운 생각, 새로운 미래를 꿈꾼다는 것은 엄청난 변화일 것이다. 사람은 변화 속에서 성장한다. 내가 변화하면 주위에 있는 사람들까지도 변하게 된다. 인생의 변화는 전염성이 있다!

모험적인 사업을 하다 회사에 천만 달러의 손해를 입힌 책임자를 IBM의 설립자 왓슨(T. Waston)이 사무실로 불렀다. 그는 책임자에게 말했다.

"자네와 상의할 일이 있네."

그 말을 들은 책임자는 각오하고 있었다는 듯이 불쑥 말했다.

"제가 회사를 그만두기를 원하시죠."

"말도 안 되는 소리! 자네를 교육시키기 위해 우리는 천만 달러나 들였네."

동일한 사물을 놓고 책임자는 부정적으로 바라보았고, 왓슨 회장은 긍정적으로 바라보았던 것이다.

믿음은 우리가 사는 삶의 현장 요소 요소에 숨어 있다. 일 속에서 믿음을 찾아내야 한다. 이 땅에 사는 한 우리는 늘 일 속에 있다. 일은 행동을 필요로 하고, 행동은 우리의 생각을 필요로 한다.

'생각 – 믿음' 은 우리 인생을 이끄는 쌍두마차와 같다. 미국의 적극적 사고 훈련자 지글러가 뉴욕의 한 지하도를 지나는데 한 거지가 연필을 팔고 있었다. 그는 1달러를 그 거지에게 건네고 연필은 받지 않은 채 걸음을 재촉하였다. 한참을 걷다가 갑자기 방향을 돌려 그 거지에게로 돌아왔다. 그러고는 "아까 제가 1달러를 드린 대가로 연필을 주십시오"라고 말하자 "예, 연필 여기 있습니다." 하고 거지가 연필을 내밀었다. 그때 지글러는 그 거지에게 "당신도 나와 똑같은 사업가입니다"라고 말했다. 그 거지는 그 말에 용기를 얻어 후에 위대한 사업가가 되었다는 것이다.

사물을 언제나 긍정의 관점에서 바라보라. 새로운 인생이 시작될 것이다. 먼저 생각하고, 그것이 마음에 자리잡으면 믿음으로 연결된다.

긍정으로 바라보는 삶

2005년 12월에 금천구에 있는 금산 초등학교 학부모들을 초청해서 저녁 7시에 강연을 한 적이 있다. 낮에는 학부모들이 모이기 힘드니까 일부러 저녁 시간에 강연을 마련한 것이다. 교장 선생님과 여러 선생님들, 금천구 의원 부부도 참석하였는데, 모두들 그렇게 교육에 관심을 가져 주시니 참으로 감사한 일이었다. 90여 명의 학부모들이 모인 강연에서 내가 학부모들에게 강조한 것이 하나 있다.

"부모가 자녀에게 줄 수 있는 최대의 선물은, 어떤 경우에도 부정적으로 생각하지 않고 긍정의 생각과 긍정의 말을 하도록 격려해 주는 것입니다. 그러기 위해서는 부모가 먼저 그렇게 살아야 합니다. 부정적으로 말하는 습관은 전염성이 아주 강해서 한번 붙으면 좀처럼 떠나지를 않습니다. 부정의 환경을 긍정의 환경으로 바라보게 하는 힘을 아이들에게 키워 주십시오."

윈스턴 처칠은 20세기를 살았던 뛰어난 정치가 중 한 사람이다. 그는 중학교 때 3년씩이나 유급을 했는데 영어 시험에 낙제했기 때문이었다. 그런 그가 먼 훗날 옥스퍼드 대학에서 졸업 축사를 하게 되었다. 우레와 같은 박수를 받으면서 위엄 있게 단상에 올라가 그는 천천히 모자를 벗고 청중을 바라보았다. 청중은 숨을 죽이며 그의 말을 기다렸다. "포기하지 말라(Do not give up)." 이것이 그의 첫 마디였다. 그러고는 청중을 둘러보았다. 사람들은 그의 다음 말을 기다렸다. 처칠은 다시 목청을 가다듬고 "포기하지 말라!" 그러고는 위엄에 가득 찬 동작으로 연단에서 내려왔다.

짧은 그의 연설 속에 지나온 그의 인생이 젖어 있다. 무엇을 바라보고 사느냐에 따라 사람의 삶은 완전히 달라진다.

어느 장군이 전쟁에 패하여 부하들을 모두 죽이고 자기도 죽으려고 칼을 집어 드는데 눈앞에 개미 한 마리가 보였다. 그 개미는 자기보다 덩치가 몇 배나 큰 양식을 옮기고 있었는데 밧줄도 매지 않고 그냥 어깨에 둘러메고 가는지라 조금만 비틀했다 하면 엎어지고 넘어졌다. 장군은 그 모습이 하도 신기하여 개미 뒤를 졸졸 따라갔는데 69번 실패하고 70번째에 겨우 개미가 목적지에 도달하는 것을 보고 자신을 크게 뉘우쳤다고 한다. "이제 겨우 한 번 실패하고 죽을 생각을 하다니!" 그 장군은 개미를 보고 지혜를 얻은 멋진 사람이다. 개미 한 마리를 보고 팔자를 고친 사람이다.

> 하나님은 물고기가 가득한 바다를 만드셨지만 고기 잡는 미끼는 사람이 스스로 알아서 만들어야 한다.
> 정상에 있는 사람은 언제나 가능성을 보고 일을 한다!

더 단순한 인생을 위하여

⊙ 믿음 개발 전략 – 긍정의 관점

긍정의 마음을 품어라. 홍수가 와도 인생의 강둑이 터지지 않을 것이다.

-J. Kwak

⊙ 적용 말씀

내게 능력 주시는 자 안에서 내가 모든 것을 할 수 있느니라. (빌립보서 4:13)

⊙ 4차원 인생을 위한 나의 질문

나는 사물을 볼 때 어떤 관점에서 바라보는가?
성공한 경험과 실패한 경험을 적어 보고 평가해 보라.

6. 나는 인생의 열정을 가슴에 품고 살겠다

좋아하는 일에 손을 대라.
그러면 열정이 솟아날 것이다.
좋아하는 일에 최선을 다하라.
그러면 최고의 전문가가 될 것이다.
- J. Kwak

어느 날 한 늑대가 동료 늑대들에게 자기 발이 빠르다는 걸 자랑하고 있었는데, 그때 마침 토끼 한 마리가 어슬렁거렸다. 얼씨구나 하고 뒤를 쫓아갔지만 보기 좋게 놓치고 말았다. 동료 늑대들이 그를 허풍쟁이라고 놀려대기 시작했다. 그러자 점잖게 동료 늑대들에게 일렀다. "이 점을 잊지 마. 토끼는 자기 생명을 구하려고 죽기 살기로 뛰었고, 나는 단지 저녁 한끼 먹겠다고 뛰었던 거야."

"열정을 상실한 인간이야말로 최악의 파산자이다." 아놀드의 말이다. 토끼를 생각해 보라. 잡히면 끝장이다. 그가 얼마나 열정적으로 뛰었겠는가? 미친 듯이 뛰었을 것이다. 나는 종종 위의 이야기를 떠올리면서 눈을 감고 절박한 상황을 상상해 본다. 토끼의 뒷다리에서 움직이는 근육들을 상상해 보라. 상상이 가는가? 있는 힘을 다해 뛰어야 살아남을 수 있다는 그 절박한 생각, 우리 인생에 이런 열정이 날마다 있다면 얼마나 좋을까?

유명한 사상가 에머슨은 말했다. "열정이 없으면 아무것도 성취할 수 없다." 또한 데이비드 서로우가 말했다. "열정을 상실한 인간보다 더 노쇠한 인간은 없을 것이다."

언젠가 모 중학교에서 연락이 왔다. 전교생을 대상으로 중학생들의 진로와 관련하여 강연을 해달라는 것이었다. 나는 흔쾌히 응했다. 내게 강연은 아주 의미 있는 일이고 가치 있는 활동이기 때문이다. 그런데 초청 연락을 해온 교사가 머뭇거리며 학교 규정상 한 시간에 7만원밖에 강사료를 주지 못한다면서 미안하다며 조심스럽게 말을 꺼냈다. 나는 그 선생님께 이렇게 이야기했다.

"아닙니다. 저를 불러 주셔서 감사합니다. 중학생들에게 미래를 이야기해 줄 수 있는 기회를 주신 것만으로도 오히려 제가 감사할 일입니다. 강사료는 주지 않아도 좋습니다. 기꺼이 가겠습니다."

내게 열정이 있었기에 그것이 가능했다. 1500여 명의 학생들에게 꿈과 비전을 심어 줄 수 있었기 때문이다. 내가 좋아하는 일이었고, 내가 일생 동안 해야 할 일이었기 때문에 기꺼이 즐거운 마음으로 강연을 마쳤다. 열정은 언제나 일을 즐겁게 만든다.

나는 그날 특별히 학생들에게 이렇게 당부했다.

"바다에는 물고기가 무수히 많습니다. 그러나 바다에 물고기가 아무리 넘쳐도 물고기가 스스로 여러분의 손으로 들어오지 않습니다. 도구가 있어야 물고기를 잡을 수 있습니다. 여러분의 손에 각자에게 맞는 도구를 준비하시기 바랍니다. 여러분이 학교에서 배우는 것은,

인생의 바다에서 물고기를 낚을 도구를 준비하는 것입니다. 그 도구를 부지런히 준비하시기 바랍니다. 그 도구는 바로 꿈과 비전입니다. 꿈과 비전을 품어야 인생의 바다에서 많은 것을 낚을 수 있습니다."

그날 나는 참 행복했다. 그들에게 내가 경험한 것을 생생하게 전달해 줄 수 있었기 때문이다. 나는 청소년들에게 강연을 많이 하는 편인데, 청소년을 대상으로 하는 강연은 다른 어떤 강연보다도 가장 흥분되고, 마음이 들뜨고, 가기 전에 기대감으로 설렌다.

인생의 열정은 꿈이 있을 때에야 비로소 나온다. 물방울이 모여서 시냇물이 되고, 바닷물이 되는 것이다. 꿈이 있어야 인생의 물방울이 모여서 점점 성장하는 것이다. 성경은 열정의 재료들로 가득하다. 예수님이 말씀하셨다. "할 수 있거든이 무슨 말이냐 믿는 자에게는 능치 못할 일이 없느니라"(막 9:23)

2006년 여름, 우이중앙교회에서 권사님들이 주최하는 저녁집회에 초청되어 간 적이 있다. 그 때 어떤 권사님으로부터 이런 이야기를 들었다.

"처음에 이 교회를 지을 때 벽돌을 이고 지고 날랐습니다. 물도 길어 오고, 교회 구석구석 손이 안 간 데가 없지요. 요즘 젊은 사람들은 어떻게 이 교회를 세웠는지 알지 못해요."

머리가 하얀 그 권사님의 주름살에 젊은 날의 열정이 꽃 피어 있는 듯했다. 그 할머니의 말과 표정 그리고 손짓에서 뿜어져 나오는 삶의 열정, 주님에 대한 열정이 고스란히 내게 전달되었다.

나는 지금까지 살면서 수많은 인생의 열정을 품었다. 공부에 대한 열정, 전도에 대한 열정, 교육개발에 대한 열정, 전 세계를 다니며 배워야 한다는 여행에 대한 열정, 내 분야에서 최고가 되어야 한다는 전문 분야에 대한 열정, 새로운 것을 개발해야 한다는 기술개발의 열정, 강연에 대한 열정 등등 나는 내 인생의 대부분의 영역에서 어떠한 경우에도 삶의 열정을 쏟아 부었다. 나의 인생에서 '열정'은 가장 큰 힘이었다.

나에게 있어 '기독교'는 나 자신을 변화시키는 '초강력 인생 변화 촉진제'였는지도 모르겠다.

미국 3대 대통령 제퍼슨은 사람을 뽑을 때 주의 깊게 세 가지를 살펴보고 채용했다고 한다.

- 정직한가?
- 일을 열심히 하려는 열정을 가졌는가?
- 충실하게 일할 수 있는가?

열심히, 충실히 그리고 열정이 있으면 그 어떤 일이라도 할 수 있다.

2006년 10월 내게 온라인 수업을 받는 한 수강생이 다음과 같은 글을 게시판에 올렸다.

"제가 10년 정도 아는 분인데 연세는 63세로 저보다 12년 위 띠동갑입니다. 40세에 가족을 데리고 영국 런던대학교에 유학 가서 50세에 박사 학위를 취득하고 ○○○연구원 원장까지 역임하신 분인데, 2년여 만에 추석 연휴 전날에 만나 뵙게 되었습니다. 항상 젊게 사시는 분이었지만 그래도 이젠 연세가 있으시니 이전과는 많이 변했을 거라는 생각을 가지고 만났지만, 면바지에 콤비 상의를 걸치신 모습이 완전히 40대였습니다.

그런데 제가 더욱 놀란 것은, 요즈음 자격증을 하나 더 따려고 공부하고 있고, 동시에 앞으로 30년간 일할 계획을 세우고 있다고 말씀하시는 것이었습니다. 단순히 오래 산다는 것이 아니라 당신의 계획대로 30년간 꾸준히 할 수 있는 일을 찾고 있다고 말입니다. 이 말을 듣는 순간 망치로 머리를 한 대 얻어맞은 듯 멍해졌습니다. 아, 이것이 바로 인생의 열정이구나! 그래서 저도 앞으로 30년간 일할 수 있는 것을 찾기 위해 고민하고 있습니다.

미국의 찰스 스왑이 베들레헴 철강 회사의 회장으로 있을 때, 아이비 리라는 회사 고문으로부터 노동 생산성을 증가시켜 줄 수 있다는 계획서 하나를 받았다. 당시 그 회사는 적자 운영을 하고 있었다. 찰스 스왑 회장은 그 제안을 받아들여 회사를 흑자로 전환시켰다.

- 내일 할 일 중에서 가장 중요한 5가지를 적어라(선택하라).
- 그 일들에 우선 순위를 매겨라(우선 순위를 매겨라).
- 아침에 출근하면 제일 먼저 1순위의 일만 바라보라(집중력을 키워라).
- 1순위의 일이 이루어질 때까지 계속하라(인내하라).
- 나머지 일들도 성취될 때까지 그렇게 하라(열정을 가져라).

강철왕 카네기는 "성공에는 어떠한 속임수도 필요 없다. 다만 나에게 주어진 일을 위해 피와 땀을 흘려 일할 따름이다. 그리고 성공하기를 원하거든 다른 사람들이 아직 관심을 두지 않은 미개척 분야의 사업을 개척해야 한다"고 했다. 미개척 분야를 알려면 미래를 보는 눈을 가져야 한다. "지구상에서 가장 개발이 늦은 암흑 지대는 아프리카나 시베리아가 아니라 바로 당신의 모자 밑"이라는 조크가 있다. 머릿속이야말로 가장 개발이 낙후된 지역이다.

〈노인과 바다〉에 나오는 고래는 일천오백 파운드나 나가는 엄청나게 큰 고래였다. 덩치가 크니 밀고 당기는 사투에서 노인의 힘도 엄청나게 소모되었다. 고래가 큰 만큼 마음속에 기대도 컸다. 그러나 항구에 돌아와 보니 상어 떼들이 머리와 꼬리 부분만을 남기고 고기를 다 뜯어 먹은 상태였다. 그런데도 노인은 고래를 다시 잡으리라는 소망을 잃지 않았다. 인내는 연단을, 연단은 다시 우리에게 소망을 불러일으킨다.

"당신의 배짱을 믿어라!" HBO 사의 CEO, 크리스 알브레히트의 말이다. 배짱이 있는 사람은 인생에 열정이 있는 사람이다.

좋아하는 일에 손을 대라!
그러면 열정이 솟아날 것이다.
좋아하는 일에 열정을 쏟아라!
그러면 그 분야에서 최고의 전문가가 될 것이다.

더 단순한 인생을 위하여

◗ 믿음 개발 전략

가장 좋아하는 일을 하라. 그러면 열정이 싹틀 것이다.

가장 신바람 나는 일을 하라. 그러면 날마다 힘이 생길 것이다.

가장 가치 있는 일을 하라. 그러면 일생을 바쳐서 일할 것이다.

-J. Kwak

◗ 적용 말씀

우리는 그의 만드신 바라 그리스도 예수 안에서 선한 일을 위하여 지으심을 받은 자니 이 일은 하나님이 전에 예비하사 우리로 그 가운데서 행하게 하려 하심이니라. (에베소서 2:10)

◗ 4차원 인생을 위한 나의 질문

내가 가장 좋아하는 일은 무엇인가? 3가지만 적어 보라.

7. 나는 믿음이 이끄는
4차원 인생을 살겠다

미래는 주저하면서 다가오고,
현재는 화살처럼 날아가고,
과거는 영원히 정지해 있다.
– 실리

인생의 우선 순위

어느 백발 노인이 시간이 얼마나 중요한가를 두고 이렇게 고백했다.

"내가 울고 웃던 시절에 시간은 기어가는 것처럼 느리게 지나갔고, 내가 꿈을 꾸고 이야기하던 시절에 시간은 걷는 것처럼 지나갔다. 내가 성인이 되었을 때 시간은 뛰어가는 것처럼 지나갔고, 장년에 도달하여 능력을 과시하는 자리에서 활동을 시작했을 때 시간은 구름처럼 날아가 버렸다. 이제 흰머리를 머리에 이고 완전한 노인이 되니 시간이 전부 지나간 것을 알게 되었다."

나는 믿음 생활을 하면서부터 삶의 방향이 분명해졌다. 예수님을 믿고부터 내 인생은 그물을 친 인생이 되어, 자질구레한 작은 것들은 다 빠져나가고 큰 것들만 생각하게 되었다.

내가 믿음을 가지고 살게 되면서 내 인생에서 두 가지가 확실히 개선되었다. 첫째, 복잡했던 인생이 단순해졌다. 이로 인해 일을 추진하는 속도가 남다르게 빨라졌다. 둘째, 한 가지 일에 집중할 수 있게 되었다. 짧은 시간을 일해도 일의 효율이 높아졌다.

그것은 내가 하는 일 모두가 내 삶의 목적에 방향이 맞추어져 있었기 때문일 것이다. 그래서 나는 언제나 일을 해도 즐겁고 행복했다. 지금도 그러하고 장차에도 그러할 것이다.

구글 창업자 세르게이 브린은 2007년 성공 화두를 이렇게 말했다.

"단순함으로 승부를 걸어라!"

무슨 말인가? 단순해야 성공할 수 있다는 것이다. 한곳에 집중하라. 우선 순위를 따라 인생을 살면 하나의 일에 집중할 수 있다!

성경에는 인생의 방향을 분명하게 정해 놓고 있다. 목적 있는 삶을 살 때 삶이 단순해져서 인생에서 허드렛일에 낭비하는 시간을 크게 줄일 수 있다.

"예수께서 가라사대 네 마음을 다하여 목숨을 다하고 뜻을 다하여 주 너의 하나님을 사랑하라 하셨으니 이것이 크고 첫째 되는 계명이고 둘째는 그와 같으니 네 마음을 다하여 네 몸과 같이 사랑하라 하셨으니"(마태복음 22:37~39)

하나님을 사랑하고 이웃을 사랑하면 하나님이 기뻐하신다. 하나님이 기뻐하시는 삶, 그것이 우리 삶의 첫째 목적이다. 그렇게 살면 우리의 삶이 단순해져서 한곳에 집중할 수 있다. 집중하는 사람은 한 가지 일에 손을 댄다. 다윗을 보라. 그가 골리앗과 싸울 때 군인들이 사용하는 칼과 갑옷 대신에 자신이 가장 잘할 수 있는 물매 기술을 이용했다.

2000년 4월, 내가 사업을 시작한 지 얼마 지나지 않았을 때였다. 어떤 건물에 사무실을 임대하여 쓰고 있었는데 불가피하게 사무실을 옮겨야 했다. 나는 여러 가지 방안을 놓고 기도했다.

"주님, 이제 어디로 가야 합니까?"

"가장 합당한 사무실을 주시옵소서!"

생각 끝에 가리봉동 벤처빌딩에 사무실을 분양 받으려고 필요한 서류를 모두 준비하고 다음날 계약하려고 하는데, 그 날 저녁에 잘 아는 장로님 한 분으로부터 전화가 왔다. 누가 구로동 사무실에 분양 계약을 했다가 취소했는데 위치도 좋고 평수도 넓으니 가리봉동으로 가지 말고 구로동 사무실을 계약하라는 것이었다. 구로동 사무실은 3면이 유리로 된 밝은 사무실이었다. 내가 생각한 것보다 2배나 큰 사무실이었다. 나는 그 순간 전날 밤에 꾼 꿈이 생각났다. 예수님을 믿은 이후 처음으로 성령비둘기가 내려오는 것을 꿈에서 보았다. 아내와 함께 산책을 하는데 갑자기 하늘에서 비둘기 모양의 별빛이 내 쪽으로 오는 것이었다. "여보! 여보! 저기 성령비둘기 좀 봐." 그런데 아내는 "어디, 어디?" 하면서 자기 눈에는 보이지 않는다고 했다. 그러고 나서 곧바로 꿈에서 깼는데, 아침에 아내에게 꿈 이야기를 했다. "여보, 오늘은 아무래도 좋은 일이 있을 것 같아. 꿈에 성령의 비둘기가 내 쪽으로 휘황찬란하게 여러 마리가 날아왔거든." 꿈을 꾸고 아내와 대화를 나누었던 생각이 번개처럼 스쳐 가면서 "계약을 하라"는 음성처럼 들려 왔다. 나는 이것저것 재지 않고 바로 계약해 버렸다. 그것은 하나님이 주신 믿음이었다. 지금도 나는 그날 계약한 그 사무실에서 사업을 하고 있다!

종종 믿음은 우리의 생각을 단순화시키고 어떤 일을 쉽게 결정할 수 있게 만들어 준다. 믿음이 우리의 인생길에서 얼마나 많은 시간을 벌어 주는지 모른다. 그 때 내가 만약 이성적이고 합리적으로 생각했다면 결코 그 사무실을 계약하지 못했을 것이다. 왜냐하면 계약금을 주고 곧바로 중도금을 마련해야 했기 때문이다.

하나의 일에 집중할 수 있는 사람은 행복한 사람이다.
당신의 삶을 단순화시키면 일에 더욱 집중할 수 있다!

천국행 승차권

실리는, 시간의 걸음에는 세 가지가 있다고 말했다.
"미래는 주저하면서 다가오고, 현재는 화살처럼 날아가고, 과거는 영원히 정지해 있다."

어느 해엔가 스위스그랜드 호텔에서 열린 연말 송년회에 참석하게 되었다. 예배를 본 후에 초청 강연이 있었는데 거의 모든 참석자들이 기독교인이었다. 그 날 참석자들의 나이층은 어림으로 40대~80대였다. 그 날 나는 이렇게 이야기했다.

"여러분들의 나이에서 20살을 빼고 사십시오. 그러면 생각이 젊어지고 행동도 젊어질 겁니다. 그것이 노잉두잉 인생입니다. 지금은 인생이모작 시대입니다."

이제 과거는 지나갔다. 남아 있는 미래의 시간을 어떻게 쓰느냐가 중요하다. 내가 어떤 생각을 품고 사느냐에 따라 인생은 완전히 달라진다. 인생의 천금 같은 시간을 믿음으로 아껴야 한다.

아래의 7가지 예가 시간의 가치를 잘 보여 주고 있다.

- 1년의 가치를 알려면 시험에 낙방한 학생에게 가서 물어보라.

- 1개월의 가치를 알려면 아이를 1개월 먼저 낳은 출산부에게 가서 물어보라.
- 1주일의 가치를 알려면 매주 발행하는 뉴스위크 지 편집장에게 가서 물어보라.
- 1시간의 가치를 알려면 사랑하는 사람을 기다리는 연인에게 가서 물어보라.
- 1분의 가치를 알려면 기차, 버스, 비행기를 놓친 사람들에게 가서 물어보라.
- 1초의 가치를 알려면 자동차 사고에서 구사일생으로 살아난 사람에게 가서 물어보라.
- 0.1초의 가치를 알려면 올림픽에서 은메달을 받은 사람에게 가서 물어보라.

　모든 사람들의 인생통장에는 하루 24시간이 어김없이 채워진다. 내가 쓰던 안 쓰던 그 시간은 사라진다. 5분의 시간을 황금같이 생각한 청년의 이야기는 감동적이다.

　28세의 한 청년이 내란 음모죄로 형장으로 가게 되었다. 시계를 보니 이 땅에서 살 수 있는 시간이 이제 5분밖에 남지 않았다. 5분의 시간이 천금같이 느껴지는 순간이었다. 그는 남아 있는 5분을 어떻게 쓸까 생각해 보았다. 형장으로 끌려 온 동료들과 인사를 나누는 데 2분을 쓰고, 자신이 오늘까지 살아 온 생활과 생각을 정리하는 데 2분을 쓰기로 하였다. 나머지 1분은 오늘까지 자신이 발을 붙이고 살던 땅과 눈으로 볼 수 있는 자연을 마지막으로 한번 바라보는 데 쓰기로 하였다. 동료와 인사하는 데 2분이 흘러갔다. 이제 자기 삶을 정리하려고 하는데 3분 후에 죽을 것을 생각하니 눈앞이 캄캄해지고 정신이 아찔해졌다. 28년의 세월을 아껴 쓰지 못한 것이 후회되었다. 다시 한 번 인생이 주어진다면 순간 순간을 값지게 살겠건만! 총에 탄환을 끼우는 소리가 들렸다. 그는 죽음의 공포에 온몸을 떨었다. 바로 그때 사형장 안이 떠들썩하더니 한 병사가 소리치며 달려왔다. 황제의 특사령을 가지고 왔던 것이다. 그는 풀려나 유형 생활을 하면서 인생의 문제를 깊이 생각하게 되었다. 마지막 5분을 황금같이 생각했던 그는 시간을 소중하게 아끼며 훗날 〈죄와 벌〉과 같은 불후의 작품을 남겼다. 그가 바로 도스토예프스키다.

어떻게 하면 내 인생의 시간을 알차게 사용할 수 있을까?

영국의 한 신문이 '돈에 대한 정의'를 놓고 현상 모집을 실시하였다. 많은 경쟁자들을 물리치고 당선된 돈의 정의는 이렇다. '돈은 행복을 제외하고 모든 것을 살 수 있는 세계적 도구이며, 하늘나라를 제외하고 어디든 갈 수 있는 승차권이다.'

천국행 승차권을 가진 인생! 그 인생은 진정 자기 삶의 우선 순위를 가진 사람일 것이다.

삶의 우선 순위는 일에 집중하게 해 준다!

정상으로 가는 사람은 삶이 대체로 단순하다!

행복은 단순함에 있다!

인생 여정 지도를 가져라

나는 '곽종운 인생 여정 지도'를 가지고 있다.

내가 해보고 싶은 것 : 43가지(13가지 성취)

내가 가 보고 싶은 강 : 9곳(성취 2곳)

내가 가 보고 싶은 나라 : 34곳(성취 25곳)

내가 가 보고 싶은 산 : 16곳(성취 1곳)

내가 가족과 함께 가서 사진 찍고 싶은 곳 : 6곳(성취 1곳)

내가 수중 세계를 보고 싶은 곳 : 7곳(성취 0곳)

내가 가 보고 싶은 지명 : 17곳(성취 4곳)

A4 용지 6장으로 구성된 '인생 여정' 문서는 나에게 언제나 즐거움을 준다! 나는 종종 인생 여정 지도를 들여다본다. 이제까지 내가 성취했고, 앞으로 내가 해야 할 일들이 거기에 적혀 있다. 행복은 내가 만들어 가는 것이다.

나는 아직도 인생을 잘 모른다. 그러나 한 가지 내가 분명하게 아는 사실은, 믿음 안에서 인생을 살면 항상 모든 일이 합력하여 선을 이룬다는 것이다. 앞일은 알 수 없지만 주님은 내가 비록 철길을 벗어나 걸어갈 때에도 언젠가 다시 그 철길로 안내해 주거나 아니면 내 앞에 새로운 철길을 만들어 준다는 확신, 나는 그런 믿음을 품고 있다.

주 안에서 이미 나는 구원을 받았으니 내 인생의 참된 성공은 이미 끝났다. 이제 내가 할 일은 주 안에서 주님의 뜻을 좇아 매일매일 아름답게 사는 것이다. 나는 오늘도 믿음이 이끄는 인생 여정 지도를 그리며 살기를 원한다. '믿음이 이끄는 인생'을 찾아가는 원칙이 있다. 다음의 4단계를 당신의 삶에 적용해 보라.

1단계: 내가 바라는 분명한 대상과 목표를 정하라!

나는 1990년에 내가 이 땅에 사는 동안 하고 싶은 일들을 적어 놓은 '곽종운의 인생 여정 지도'를 만들었다. 지금도 벽에 붙어 있는데 볼 때마다 긴장하고, 기대감이 넘치고, 생각만 해도 즐겁고 신난다.

화살을 쏘는 이는 허공을 향해 쏘지 않는다. 분명한 과녁을 보고 쏜다. 믿음도 이와 마찬가지다. 내가 바라는 분명한 대상(target)이 있어야 한다.

"그의 믿은 바 하나님은 죽은 자를 살리시며 없는 것을 있는 것같이 부르시는 이시니라." (롬 4:17)

믿음이란 바라는 것들의 '실상'이다. 믿음이란 없는 것을 있는 것같이 생각하는 것이다. 믿음의 법칙에 따르려면 막연히 중언부언하지 말고, 원하는 것이 무엇인지 특정한 대상과 분명한 목표를 가지고 기도해야 한다.

막연한 기도 : 자전거를 갖고 싶다

구체적인 기도 :

– 국산 아니면 외산? 국산 자전거!

– 기어 있는 것 아니면 없는 것? 기어 있는 자전거!

– 기어가 있다면 몇 단까지 되는 것? 10단 자전거!

– 색상은? 파랑색!

"구하라 그리하면 너희에게 주실 것이요 찾으라 그리하면 찾아낼 것이요 문을 두드리라 그리하면 너희에게 열릴 것이니" (마 7:7)

이 말씀은 구하는 것을 '구체화시키라'라는 뜻이다.

가능하면 기도 내용을 구체적으로 적어라. 그러면 구체적인 기도가 나오고 구체적인 기도 응답을 받을 것이다.

2단계 : 간절한 소원을 가져라!

내 경험에 의하면, 적어도 한 가지 일을 품었으면 그 일이 성취될 때까지 적어도 5년 10년은 끈질기게 간절한 마음으로 소원해야 한다. 나는 교육개발을 위해 15년을 간절하게 빌었다.

닭이 알을 품을 때 무슨 마음으로 품겠는가? 반드시 자신의 새끼를 낳겠다는 일념으로 알을 품을 것이다. 믿음의 법칙 1단계가 마음속에 생생한 대상을 품는 것이라면, 믿음의 법칙 2단계는 마음속에 불타는 소원을 가지는 것이다.

"또 여호와를 기뻐하라 저가 네 소원을 이루어 주시리로다." (시편 37:4)

"악인에게는 그의 두려워하는 것이 임하거니와 의인은 그 원하는 것이 이루어지느니라." (잠언 10:24)

이미 성취된 모습을 믿음으로 바라보는 훈련을 쌓아야 한다.

(사례 1)

1958년 처음 목회를 시작했을 때 나의 마음속에는 한국에서 제일 큰 교회를 목회하고 싶다는 불타는 소원이 있었다. 나는 오직 그 생각만 하면서 자고 깨었으며 그 생각에 골몰하면서 걸어 다녔다. 그 결과 우리 교회는 세계에서 가장 큰 교회로 알려지게 되었다.

−David Cho

믿음을 품었으면 구체적으로 적고 기도하라.

첫째, 내가 가지고 싶은 것, 되고 싶은 것, 이루고 싶은 것을 구체적으로 글로 적어라.

둘째, 구체적인 대상이 나왔으면 기도의 성취가 주는 보상 목록을 적어라.

셋째, 보상 목록이 나의 인생을 어떻게 변화시킬 것인지를 생각하라.

넷째, 적어 놓은 것들을 보면서 매일매일 기도하라.

다섯째, 마음속에 확신이 올 때까지 기도하라.

3단계 : 확신을 얻을 때까지 기도하라!

믿음은 바라는 것들의 '실상' 이다. 여기서 '실상' 은 헬라어로 '휘포스타시스' 인데, 이 말은 '권리 증서, 법적 보증서' 또는 '실체, 본질, 확신' 이라는 뜻이다. 그러므로 믿음의 실상, 확신이 올 때까지 기도하라. 확신의 방법을 구체적으로 달라고 하나님께 기도하라. 사람마다 여러 가지 모양으로 나타나겠지만 아래의 실례를 삶에 적용해 보라.

- 레마를 받을 것인지? 아니면 말씀으로 받을 것인지?
- 마음속 깊은 곳에서 나오는 느낌으로 확신을 받을 것인지?
- 목회자를 통해서 간접적으로 확신을 받을 것인지?
- 환상을 통해서? 꿈을 통해서? 예언을 통해서? 기적을 통해서? 구체적으로 어떻게 받을 것인지 정하라.

끝으로 나열한 확신의 방법 중에서 택일하여 집중적으로 기도하라. 구체적인 기도에 주님은 구체적으로 응답하신다.

4단계 : 믿음의 증거를 보여라!

나는 믿음이 생기면 아무에게나 떠벌리기를 좋아했다. 먼저 말로 선포하는 것이다. 먼저 선포하고 그 다음에 행동해도 늦지 않다. 내 경험으로 보면, 먼저 믿고 선포하면 자연적으로 행동이 따라오게 되어 있다. 확신을 가졌으면 믿음의 증거를 보여라.

아브라함은 아들을 얻기 위하여 25년 동안 인내로 기도했다. 마침 내 하나님께서 아들이 태어날 것을 말씀하셨고, 마음속에 확신이 생겼다. 이때 아브람에서 열국의 아비인 '아브라함'으로, 사래는 열국의 어미인 '사라'로 이름을 바꾸어 믿음의 증거를 보여 주었다.

믿음의 언어를 사용하라. 언제부터인가 나는 영문 이름을 'David Kwak'으로 바꾸었다. 인생에서 승리한다는 의미에서 그렇게 바꾸었다. 바라는 것들을 확신이 올 때까지 기도하고, 확신 있는 말로 목표를 정하면 우리 앞에 실상이 나타난다.

끝으로 믿음이 역사하여 성취되면 주님께 감사의 기도를 드려라. 모든 일의 주인은 하나님이시기 때문이다.

더 단순한 인생을 위하여

● 믿음 개발 전략

당신의 삶에 방향을 정하라. 그러면 당신의 삶이 단순해질 것이다.

당신의 삶에 우선 순위를 정하라. 그리하면 허드렛일에 낭비하는 시간이 줄어들 것이다. 날마다 위엣 것을 생각하라. 그러면 당신의 하루는 25시간이 될 것이다.

- J. Kwak

● 적용 말씀

예수께서 가라사대 네 마음을 다하여 목숨을 다하고 뜻을 다하여 주 너의 하나님을 사랑하라 하셨으니 이것이 크고 첫째 되는 계명이고 둘째는 그와 같으니 네 마음을 다하여 네 몸과 같이 사랑하라 하셨으니" (마태복음 22:37~39)

● 4차원 인생을 위한 나의 질문

나의 인생에서 가장 하고 싶은 삶의 우선 순위 3가지는 무엇인가?

Faith Box 1 : 믿음 개발 평가표

본 평가표는 현재 당신이 어느 정도의 '믿음의 힘'을 가지고 있는지 평가해 줄 것이다. 믿음의 소프트웨어가 강해야 인생의 힘이 강해진다. 이 평가표를 5분 안에 완성하라.

질　문	소 ⟷ 대					점수
	1	2	3	4	5	
1. 나는 사물을 보면 항상 긍정적인 측면에서 바라본다.						
2. 나는 내 인생의 우선 순위를 가지고 살아간다.						
3. 나는 자신감 있는 삶을 살기 위해 많은 경험을 쌓으려고 노력한다.						
4. 나는 하나님을 믿으며 믿음을 개발하려고 노력한다.						
5. 나는 긍정의 관점에서 나의 인생을 경영하려고 노력한다.						
6. 나는 기회가 되면 복음을 전하려고 노력한다.						
7. 나는 믿음의 사람을 보면 늘 부럽고 내 자신이 그렇게 되기를 원한다.						
8. 나는 말씀을 듣고 내 삶에 적용하려고 노력한다.						
9. 나는 내게 재능이 있다고 믿으며 나 스스로 그 재능을 찾으려고 노력한다.						
10. 나는 일을 즐기며 자발적으로 일하려고 항상 동기 부여를 찾는다.						
11. 나는 발상이 자유롭고 창의적인 방법을 찾아서 일하는 편이다.						
12. 나는 언제나 긍정적 사고와 낙천적 사고를 가지려고 노력한다.						
13. 나는 학력이나 경력보다 하고자 하는 인생의 열정을 중요하게 생각한다.						
14. 나는 아무리 힘든 일이 있어도 해결할 방법을 동분서주해서 찾아내는 편이다.						
15. 나는 힘들어도 감사하게 생활하며 어려움을 기도로 극복할 수 있다고 믿는다.						
16. 나는 나를 믿는 것이 아니라 내 안에 계신 주를 믿고 의지한다.						
17. 나는 믿음을 성장시키기 위해 목표를 정해 놓고 실천하고 있다.						
18. 나는 날마다 성경을 보고 수요 예배, 주일 성수, 봉사를 하고 있다.						
19. 나는 노력, 열정, 생각을 IQ보다 훨씬 더 중요하게 생각한다.						
20. 나는 한 가지 일을 하면 기도로 무장하고 끝까지 달려간다.						
합　　계						

80-100 : 긍정의 힘이 매우 강한 사람. 믿음 안에서 살려고 노력하는 사람.
60-79 : 조금만 노력하면 강한 믿음의 힘, 긍정의 힘을 발휘할 수 있는 사람.
40-59 : 노력이 좀더 필요한 사람.
20-39 : 노력이 많이 필요한 사람.
0-19 : 긍정의 힘이 크게 결여된 사람.

Faith Box 2 : 믿음의 힘을 키우는 행동 매뉴얼

1단계 학습 개발 원리	1. '나는 할 수 있다' 는 긍정의 태도를 가지겠다. 2. 나는 내 안의 잠재력을 믿겠다. 3. 나는 내 인생의 푯대를 향하여 걸어가겠다. 4. 나는 성경 말씀을 믿음 개발의 기준으로 삼겠다. 5. 나는 나누는 삶을 살겠다.
2단계 학습 믿음 개발	1단계-[바라봄의 법칙] : 나는 내가 바라보는 실체를 마음속에 구체적으로 그리겠다! 예) 아픈 위장이 건강하게 변화된 모습을 상상하고 간구하라. 2단계-[의존의 법칙] : 나는 말씀의 능력, 보혈의 능력, 기름부음의 능력을 의지하겠다! 예) 예수님이 이미 보혈의 능력으로 위장병을 고쳐 주셨다고 시인하라. 3단계-[선포의 법칙] : 나는 가슴에 품은 믿음을 말로 명령하고, 선포하겠다! 예) "위장병은 치료될지어다!"라고 명령하고 치료받았다고 선포하라. 4단계-[전진의 법칙] : 나는 믿음을 방해하는 요소를 끝까지 물리치겠다! 예) "나의 위장병이 치료된 줄로 믿습니다!" 계속 입술로 고백하라. 5단계-[승리의 법칙] : 나는 믿음으로 행동하고 성취될 때까지 끝까지 뛰어가겠다! 예) "나의 위장병을 치료해 주시니 감사합니다"라고 계속 감사하라.

3단계 학습 기도 제목 작성	(1) 기도 제목을 적을 때 대상을 분명하게 정한다.(specific)	작성 예) 배우자 기도 ■ 키: 178cm
	(2) 수치화할 수 있는 것은 다 숫자로 적는다.(measurable)	■ 피부: 황색
	(3) 기도 제목을 적을 때 세 가지 원칙에 따라 적는다. why(왜?), when(언제까지?), what(중요한가?)	■ 전문분야: 환경공학자 ■ 취미: 독서 ■ 몸무게: 70kg
	(4) 기도 제목으로부터 얻는 보상, 장애물, 극복 방법을 적는다.	■ 성취기간: 6개월 이내 ■ 이유: 평생 배필

기도할 때 내가 얻는 보상	성취하는 데 장애물	극복 방법
1. 2. 3. 4. 5.	1. 2. 3. 4. 5.	1. 2. 3. 4. 5.

활용 방법: 1) 기도 제목을 작성해서 가장 잘 보이는 곳에 붙여 둔다.
2) 이 표를 바라보면서 매일 주기적으로 기도한다.

---

1. 내게 능력 주시는 자 안에서 내가 모든 것을 할 수 있느니라. (빌 4:13)
2. 하나님께서 각 사람에게 나눠 주신 믿음의 분량대로 지혜롭게 생각하라. (롬 12:3)
3. 믿음은 바라는 것들의 실상이요 보지 못하는 것들의 증거니. (히 11:1)

제 3 장
꿈의 힘을 키워라

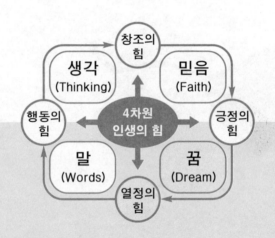

꿈을 품어라!
그러면 마음의 알갱이가 생길 것이다.
당신의 꿈을 경영하라!
알갱이가 자라나 인생의 날개가 될 것이다.

-J. Kwak

1. 나는 '나의 인생'을 경영하는 CEO가 되겠다

"너는 눈을 들어 너 있는 곳에서
동서남북을 바라보라.
보이는 땅을 내가 너와 네 자손에게 주리니
영원히 이르리라." (창 13:14~15)

옛날에 벽돌을 쌓는 장인 셋이 있었다. 지나가는 한 나그네가 그들에게 물었다.

"당신들은 지금 무얼 하고 있습니까?"

한 장인이 소리쳤다.

"보시다시피 벽돌을 쌓고 있습니다."

또 한 장인은 이렇게 말했다.

"한 시간에 두 끼 식사 품삯을 받고 일하는 중입니다."

또 다른 장인은 이렇게 외쳤다.

"저는 성전을 짓고 있습니다. 이 기방에 정신적인 영향을 줄 수 있는, 영원히 남을 성전을 말입니다."

세 장인의 삶을 비교해 보라. 이들은 서로 다른 생각을 가지고 일하고 있다. 사람은 무슨 일을 하든지 간에 비전을 품고 일해야 신바람이 나는 법이다. 단지 생계를 위해서 일하는 것은 재미가 없다. 남이 시켜서 하는 일은 신이 나지 않는다. 꿈을 품고 일해야 인생이 신바람 나는 것이다.

많은 사람들이 왜 드림 상품을 찾는지 아는가? 꿈은 사람들에게 휘청거릴 만큼 상쾌한 기분을 자극하기 때문이다. 사람들은 자신이 꿈꾸는 일에 도움을 준다고 생각하면 그것이 상품이든 사람이든 거기에 몰입하는 것이다. 스타벅스, 할리데이비슨, 클럽메드, 나이키, 아르마니, 포르셰를 생각해 보라.

- 스타벅스는 커피를 팔지 않는다! 그들은 라이프 스타일을 판다.
- 할리데이비슨은 오토바이를 팔지 않는다! 그들은 멋진 경험(꿈)을 판다.
- 클럽메드(Club Med)는 휴가를 팔지 않는다! '내 안의 새로운 나를 창조할 기회'를 판다.

사람들은 의식적으로 또는 무의식적으로 꿈을 생각하면서 살고 있다. 전 세계로 뻗어 나가는 스타벅스가 좋은 사례다. 꿈과 이야기하는 스타벅스의 광고를 보라.

- 나이키: 성능이 뛰어난 장비를 넘어 성능이 뛰어난 삶을 약속한다.
- 아르마니(Armani): 우리는 아르마니를 입는다. 우리는 아르마니가 된다.
- 포르셰(Porsche): 가끔 몰기가 힘들다고? 하지만 무슨 상관이야? 내가 바로 포르셰인 걸······.

이 광고들은 인생의 경험과 꿈을 팔고 있다! 참으로 놀랍고 멋진 광고다! 나는 이 책을 저술하면서 이런 생각을 했다.

이 책은 복잡한 인생 이야기를 팔지 않는다!

이 책은 더 신나는, 더 멋진 인생을 경험하기 위한 인생의 행복 지도를 판다!

수많은 사람들에게 강연을 하면서 나는, '꿈'이라는 단어에 사람들이 쉽게 매혹된다는 것을 느꼈다. 사람들은 '꿈'이라는 단어를 듣자마자 아래와 같은 낱말들의 세계를 머릿속에 그리는 것 같았다.

경험의 세계, 첫눈에 마음에 드는 인생, 오감을 자극하는 성취감, 희열, 기쁨, 성공, 어릴 때 하고 싶었던 것들, 말초 신경을 건드리는 긴장감, 환상, 되고 싶었던 것, 드림의 세계, 감성, 열정, 흥미, 관심, 소원, 희망, 기대감, 황홀감, 미지의 세계, 푸른 세계, 초원, 푸른 하늘…….

이 낱말들이 얼마나 사람들을 자극하는가! 나는 이 낱말들을 듣기만 해도 즐겁고, 유쾌하고, 신난다. 사람들에게 꿈을 심어 주면 신바람이 나고, 열정이 샘솟고, 생기가 넘치게 된다.

스스로 경험할 수 없는 꿈은 맥빠진 꿈이다. 꿈 하면 제일 먼저 내게 떠오르는 것은 '이전에 보지 못한 경험의 세계!'이다. 이것이 가장 나를 즐겁게 한다. 경험해 본다는 것, 이보다 더 기쁘고 즐거운 일이 어디 있을까?

인생의 블루오션, 꿈

나는 2003년부터 한국싸이버대학교와 서울디지털대학교에서 '플러스 인생 경영'이라는 과목을 개설하고 온라인 강의를 한 적이 있다.

학기가 시작되면 어김없이 공지 사항에 가장 먼저 소개하는 글이 하나 있는데 여기에 소개한다.

제목 : 꿈이 당신을 만든다!

수강생 여러분! 1940년대에 에드먼드 힐러리라는 뉴질랜드 청년은 세계에서 가장 높은 산인 에베레스트 정복에 나섰다가 실패하였습니다. 그는 하산하는 길에 이런 유명한 말을 남겼습니다.

"산아, 너는 자라나지 못한다. 그러나 나는 자라날 것이다. 내 기술도, 내 힘도, 내 경험도, 내 장비도 자라날 것이다. 나는 다시 돌아온다. 그리고 기어이 너의 정상에 설 것이다."

그로부터 약 10년 후인 1953년 5월 29일, 그는 다른 산악인 2명과 함께 역사상 처음으로 에베레스트 산의 정상을 정복했습니다.

당신의 꿈이 한두 번 좌절되었다고 그 꿈을 포기하지 마십시오. 하나님이 주신 꿈은 반드시 이루어집니다. 실패는 인생에서 겪는 가장 보편적인 경험입니다. 실패를 두려워해서는 안 됩니다. 어떻게 하면 실패를 딛고 일어서서 승리의 미래를 향해 전진하느냐가 중요한 것입니다.

플러스 인생 경영 수강생 여러분!

오색영롱한 여러분의 꿈이 꼭 이루어지기를 바랍니다. 이 땅에 살면서 꿈을 가지고 산다는 것은 참으로 멋진 일입니다. 여러분의 가슴에 꿈을 품으시기 바랍니다. 지금은 여러분들이 그 꿈을 키우지만 먼 훗날에는 그 꿈이 여러분들의 삶을 이끌 것입니다.

It is possible! 곽 종 운

꿈은 소나무처럼 자란다. 거센 비바람에도 혹한의 추위 속에서도 열정을 먹고 자라나는 것이다.

내가 온라인 대학에서 자기 계발 강의를 15주 동안 진행하면서 관심을 두는 것이 수강자들에게 꿈을 파는 것이다. 수강생들은 자신들의 꿈을 찾는 일에 전체 강의의 40%를 투자해야 한다. 리포트 점수가 40점이다. 그만큼 우리의 인생길에서 꿈을 세우고 그 꿈을 성취하기 위해 달려가는 것이 중요하기 때문이다.

제주도에 있는 어느 목사님의 사모가 내 강의를 듣고 있었는데, 그분은 몸이 불편한데도 열정을 다해 학업을 불태웠다. 또한 강의 노트를 잘 작성하여 많은 분들에게 제공하신 분인데, 자신의 꿈과 인생 이야기를 올려 주었다.

어려서부터 음악가가 되는 것이 저의 꿈이었습니다. 회사에 취업하여 3년 동안 열심히 일해서 목돈을 마련하여 그렇게도 원했던 신학대학의 교회음악과에 입학함으로써 어릴 적 꿈을 이루기 위한 발걸음을 힘차게 내딛었습니다.

신학교를 졸업하고 목회를 하는 지금의 남편을 만나 결혼하게 되었고, 남편의 목회 일을 도우면서 두 딸을 낳고 행복하게 신앙 생활을 하던 중 뜻하지 않은 불행이 닥쳤습니다. 류머티스 관절염이라는 무서운 병마가 저를 찾아왔습니다. 통증이 얼마나 심하던지 몸을 움직일 수조차 없었습니다. 그 결과, 그렇게 바라고 노력해서 얻은 피아노 치는 일도 엄두를 내지 못하고 남편 뒷바라지와 아이들 수발 드는 것마저 할 수 없는 처지에 놓이게 되었습니다.

하루하루 힘든 생활을 했지만 하나님께서 저에게 마음의 평안을 허락하셨기에 '무엇인가 할 수 있다'는 믿음만은 잃지 않았습니다. 비록 내가 이제 피아노를 칠 수는 없지만 하나님께서 나를 위해 예비하신 길이 또 있을 것이라는 생각으로 사회복지학부에 입학하였습니다.

병마로 인해 손가락 장애까지 입은 내가 집에서 공부할 수 있다는 것이 얼마나 고마운 일이었는지 눈물이 다 났습니다. 그렇게 다시 공부를 시작해서 이제 졸업을 앞둔 시점에 교수님의 강의를 듣게 되니 정말 감회가 새롭습니다.

　교수님의 강의를 들으면서 나는 다시 한 번 내 꿈을 다지면서 '나도 할 수 있다'는 신념 아래 오늘도 열심히 노력하고 있답니다. 강의 노트를 작성하면서 교수님의 강의를 서너 번 반복해서 들을 수 있으니 이게 복이지 무엇이겠어요? 손가락이 아파서 강의 노트를 훌륭하게 작성하지는 못하지만, 나로 인해서 많은 사람들이 도움을 받을 수 있으니 기분 좋은 일이라고 생각합니다.

　노인들이 남은 삶을 안락하고 행복하게 살아갈 수 있도록 사회 복지관을 설립하는 것이 저의 제2의 꿈이랍니다.

　나는 이 사모님의 글을 읽으면서 감격했다. 그 동안 강의 노트를 자료실에 꾸준히 올려 놓기에 그저 시간이 많은 분이어서 그렇겠거니 생각했었다. 나는 즉시 사모님께 글을 보냈다.

　○○○ 수강생에게

　정말 감격했습니다. 그렇게 힘든 상황에서도 애써 강의 노트를 작성하시고 그것을 자료실에 올려 주시니 감개가 무량합니다. 힘든 가운데 공부하시는 모습이 정말 위대한 인생입니다. 큰일을 성취해야만 위대한 것이 아닙니다. 어려운 삶 속에서 누구도 쉽게 할 수 없는 일을 하신다는 것, 그것은 위대한 것입니다. 그리고 내가 애써서 만든 것을 다른 사람들에게 나누어 주는 그 마음, 그것이 또한 위대합니다.

　힘든 상황을 긍정적으로 바라보시고, 주어진 현실에서 새로운 삶을 희망으로 개척하는 그 적극적인 태도로 말미암아 먼 훗날 더 멋있고, 아름답고, 가치 있는 인생이 될 것입니다. 졸업을 하시더라도 오늘 쓰신 글처럼 '나는 할 수 있다!'를 늘 외치면서 인생에서 많은 것을 성취하시기를 바랍니다. 감사합니다.

　2006. 10. 곽종운

꿈이 있는 사람은 어려운 현실에 절망하지 않고, 밝은 미래를 바라보는 사람이다. 나는 그 사모님에게 전화를 걸었다. 북제주에 사시는 분인데 핸드폰으로 전화를 했더니 남편 분인 목사님이 받았다. 나는 또 한번 놀랐다. 그 사모님은 공피증에 걸려 피부가 굳어지고, 내장도 굳고, 뼈까지 굳는 고통에 시달렸는데, 이제 거의 나았다는 것이었다. 목사님의 목소리가 희망적이었고 힘찼다. 사모님과도 통화를 했는데 생각보다 목소리가 밝아서 좋았다. 어려운 환경을 극복하고 있는 밝은 자화상을 보고 나서 나 자신이 도전을 받았다.

바람개비 인생도 행복하더라

2006년 초, 오후 5시에 모 기자가 나를 취재하러 사무실로 오기로 했는데, 3시간을 기다려도 오지 않았다. 못 오면 못 온다고 말이라도 해야 하는데, 도무지 연락 두절이었다. 이튿날이 되어도 연락이 오지 않았다. 전화도 아예 받지 않았다. 4일이 지나서야 겨우 연락이 되었는데, 그 기자는 처음부터 끝까지 미안하다는 말만 되뇌었다.

며칠 후에 다시 날을 잡아 인터뷰를 하게 되었는데, 나는 그 기자로부터 너무 놀라운 이야기를 들었다. 나와 만나기로 약속했던 날, 그 기자는 자살을 하려고 목을 맸다는 것이다. 회사에서 빠져나와 집으로 가서 죽으려고 옷장걸이에 목을 맨 채 한참을 매달려 있었는데, 비몽사몽 깨어나 보니 옷장이 넘어져 있더란다.

결혼한 지 겨우 두 달. 얼마나 힘들었으면 죽으려고까지 했을까? 나는 그녀와 한참을 대화하면서 그녀를 도와 주어야겠다고 생각했다.

그것은 그녀의 마음속에 꿈을 심어 주는 일이었다. 다행히도 그 기자는 나를 만나러 오기 전에 내 책을 거의 다 읽고 왔다. 〈내 인생의 블루오션〉 책을 읽고 그녀는 많은 것을 깨달았다고 했다. 자신이 왜 살아야 하는지? 자신의 꿈이 무엇인지? 삶의 목적이 무엇인지? 그녀에게도 한때 꿈이 있었다고 했다. 그런데 어느 날 보니 꿈이 사라지고 없다고 했다. 분명 살아가고는 있는데 자신이 무엇을 붙들고 사는지 도대체 알 수가 없었다고 했다.

그 날 취재는 약식으로 정리하고, 우리는 꿈을 주제로 1시간 반 동안 긴 이야기를 나누었다. 나로서는 한 사람의 인생을 살리는 것이 인터뷰하는 것보다 더 중요하다고 생각했기 때문이다. '사람은 꿈을 가져야 일평생 일을 할 수 있다'고 수차 강조했다. 나는 아내가 애써 만들어 준 비즈 십자가를 그 기자에게 선물로 주었다. 그녀는 돌아가자마자 내 핸드폰에 이런 메시지를 보내 왔다.

"십자가를 볼 때마다 선생님을 떠올리면 힘이 날 것 같아요. 감사합니다."

그 메시지를 보고 나는 안도의 한숨을 내쉬었다. 왜 살아야 하는지? 인생이란 그것을 알아 가는 과정이 아닐까? 2006년 12월에 나는 그녀에게 전화를 걸었다. 전화 목소리를 들으니 명랑하고 삶의 생기가 느껴졌다. 다행이었다. 거기다 예쁜 딸까지 낳아 행복하게 살고 있었다. 자살을 시도했을 당시 이미 뱃속에 아이가 자라고 있었다는 이야기를 듣고 나는 다시 한번 가슴을 쓸어 내렸다.

사람에게는 인생을 이끌고 갈 '꿈의 기관차'가 필요하다. 인생에 힘을 줄 수 있는 것은 꿈이다. 꿈이 있어야 삶의 목표가 나오고 계획이 나온다. 꿈은 힘을 주고, 목표는 집중력을 준다! 나라에 헌법이 있어야 하위법들이 생겨나는 것처럼 우리의 인생도 그렇다.

2006년 가을에 한 직장인이 내 강의를 들으면서 자신의 인생 경험담을 적었는데 너무 감동적이어서 모든 학생들이 읽으면 좋겠다 싶어 공지 사항에 올린 적이 있다. 자신의 파란만장한 삶을 적은 그 글을 읽으면서 나는 깨달았다. '나는 할 수 있다'는 삶의 자세가 사람을 성장시킨다는 것을! 그녀의 꿈에서 그녀의 도전적인 삶의 자세가 태어났다.

나는 태어나면서부터 몸이 좋지 않았다. 집보다 병원이 익숙해졌을 즈음 4살의 어린 나이에 대수술을 받아야 했고, 그 후로도 5년마다 병원 신세를 져야 했다. 꿈! 물론 나에게도 꿈은 있었다. 나는 아동 심리학자를 꿈꾸었다. 하지만 내 꿈을 실현하고자 생각하니 아득했고 장애물이 너무 많았다.

결국 나는 직원이 4명이고 사장님까지 합해 총 5명인 규모가 작은 사업체에 취직하게 되었다. 밤늦도록 정리한 장부나 재고일지를 들고 사장실에 들어가면 호통과 함께 바닥에 내동댕이쳐지는 서류를 주섬주섬 주어 나오기 일쑤였고, 결재 사인이 떨어질 때까지 "다시 해 갖고 와"라는 한마디에 부들부들 떨었다.

눈물도 많이 흘렸고 술도 배웠다. 내 삶이 서글프기도 하고 우리 집이 부잣집이 아닌 것에 대해 원망도 많이 했다. 무엇보다도 내 자신에게 화가 났다. 덧셈, 곱셈도 제대로 못하고 서류 정리도 깨끗이 못해서 야단을 맞고 있는 내 자신에게 화가 났다. 나 바보 아닌데……. 한동안을 그러다가 문득 이렇게 결심했다. 그까짓 거 어렵게 생각할 게 뭐 있어! 그때부터 나는 컴퓨터와 엑셀 프로그램을 배워 전산 작업을 시도하였다. 그런 식으로 회사 업무를 점점 내 것으로 만들어 가기 시작하니까 성취감이 느껴졌다. 그때부터 모든 일이 쉬워졌다. 월급 65만 원이 70만 원이 되고 상여금까지 붙었을 즈음 이미 나는 보조가 아니었다. 함께 일하던 여자 과장님의 소개로 직장을 옮겼다. 경력이 인정되어 140만 원의 월급을 받기로 하고 들어간 새 회사는, 사장님께 결재판을 직접 들고 가지 않아도 되는 곳이었다. 여러 부서로 나뉘어 있었으며, 모든 직원들이 각자의 컴퓨터로 업무를 처리했다.

"나는 뭐든지 마음만 먹으면 할 수 있으니까 내 일에 최선을 다하자!" 나는 늘 이런 마음가짐으로 살았다. 그러던 어느 날 전체 회식 자리가 끝날 무렵 내 맞은편에 앉으셨던 본부장님이 불쑥 나에게 이렇게 말씀하셨다. "자네는 학벌만 좀 있었으면 좋겠는데…." 나중에 들으니 고졸 사원은 승진이 되지 않는다고 했다. 워낙 그런 것을 많이 따지는 회사라나 뭐라나? 그 사실에 불쑥 화가 나기도 했지만 현실을 스스로 인정할 수밖에 없었다.

그때가 7월이었는데 11월까지 대학 진학 여부를 놓고 끊임없이 고민하였다. 늦은 나이에 대학 생활을 시작한다는 것이 쉬운 선택이 아니었고, 더군다나 대학에 가게 되면 회사를 그만두어야 했다. 하지만 늘 대학 생활을 꿈꾸었던 나는 이미 누구를 위해서라기보다 나 스스로가 꼭 대학 생활을 해보고 싶어졌다. 그리하여 12월에 정원에 미달된 학과에 입학을 했고, 그렇게나 원했던 대학 생활을 시작하였다.

얼마 전 나는 다시 병원에 입원하였다. 다행히 입원 기간이 짧아 일주일이었다. 그렇지만 이제 몸이 아픈 건 두렵지 않다. 나는 지금 내가 하고 싶은 것을 하고 있기 때문에 행복하다. 그것을 위해 나는 최선을 다할 것이다. 다른 사람들보다 회복이 빨라 추석 연휴가 지나면 정상적으로 학교에 다닐 수 있을 것 같다. 두드리면 열릴 것이라는 성경 말씀을 믿는다. 몸으로 직접 경험해 보았기 때문에 앞으로도 희망이 있다고 생각한다. 마음속의 두려움을 걷어 내고, 할 수 있다는 자신감을 가지고 노력하다 보면 자신의 꿈이 언젠가는 이루어진다는 것은 진실인 것 같다.

나는 이 글을 읽으면서 깊은 감동을 받았다. 이 학생은 어려운 상황이 닥칠 때마다 그것을 새로운 도전의 기회로 보고, 앞으로 계속 전진했기 때문이다. 위기가 왔을 때 더 나은 길을 찾아보고 준비해서 선택

했다. 나는 마음속으로 이 학생이 품은 비전이 꼭 이루어지기를 바랐다. 나는 그에게 아래와 같이 답해 주었다.

○○○ 수강생에게

이제까지 걸어온 삶의 족적을 솔직하게 적은 것을 보고 참 많은 감동을 받았습니다. 어려운 환경을 도전의 기회로 삼고 삶의 가치를 향하여 꿋꿋이 달려가시는 모습이 참 아름답고 좋습니다. 지금은 당신이 꿈을 향해 달려가지만 먼 훗날 그 꿈이 당신을 세울 것입니다. 젊은 시절에 경험한 삶의 아픔들이 먼 훗날 기름지고 풍요로운 인생을 살아가는 데 귀한 밑거름으로 쓰일 것입니다. 어릴 때의 어두운 자화상을 극복하신 것만으로도 인생에서 큰 성공을 하셨습니다. 저도 어릴 때 어려운 가운데 공부를 했고, 파란만장하게 힘든 일을 했습니다. 언젠가 저는 내 삶을 되돌아보며 조그마한 수첩에 이런 말을 남겼습니다.

"바람이 불어야 바람개비가 돌아간다. 고난이 있어야 인생의 날개가 돌아간다. 내 인생은 고난의 바람개비 인생!"

저는 언젠가 연탄 가스에 질식되어 죽을 뻔한 적이 있습니다. 벽돌 공장에 딸린 가건물에서 살았는데 좁은 방에서 여섯 식구가 먹고 자고 했습니다. 어느 추운 겨울날, 새벽에 눈을 뜨고 일어나려는데 비틀거리면서 완전히 의식을 잃었습니다. 얼마의 시간이 지났는지 모르지만, 깨어 보니 누군가가 내 뺨을 마구 때리고 있었습니다. 나중에 보니 내가 영 안 일어나니까 모친이 그렇게 했나 봅니다. 눈을 떠 보니 벽돌 공장에 쌓아 둔 모래 위에 비스듬히 제가 누워 있었습니다. 입 안에는 김치 냄새가 가득했습니다. 어디서 들으셨는지 김칫국물을 먹이면 빨리 깨어난다고 모친께서 그렇게 하셨던 것 같습니다. 제 모친은 의식을 잃고 쓰러져 있는 제 앞에 앉아 안절부절못하고 있었습니다. 지금 생각해도 아찔합니다. 추운 겨울밤 새벽, 저는 그렇게 죽을 뻔했습니다. 그 후로도 2번이나 더 그렇게 연탄 가스를 마셔 죽을 고비를 넘겼습니다. 그때 참 용케도 살아났습니다.

되돌아보니 그 모든 것들은 가난이 내게 준 귀한 경험이었습니다. 가난은 종종 인생에서 힘을 줍니다. 못 배운 한도 종종 그것이 동기가 되어 더 큰 일을 하게 만듭니다. 선생님도 그런 것 같습니다. 특히 경험을 통해 얻은 '자신감' 이 앞으로의 인생길에 큰 인생 자원이 될 것입니다. 더욱 열심히 노력하셔서 삶의 금자탑을 세우시기를 간절히 바랍니다. 끝으로 이 말을 드리고 싶습니다.

"심은 만큼 거둔다!"

"나는 할 수 있다!"

"나는 꿈을 만들고, 꿈은 나를 만든다!"

감사합니다. It is possible!

2006. 10. 26. 곽종운

나는 이 글을 공지 사항에도 올려 놓았다. 그랬더니 많은 수강생들이 다음과 같은 댓글들을 달아 주었다.

"저도 읽었습니다. 열심히 생활하다 보면 병마도 놀라서 도망갈 것 같습니다. 하고자 하는 의지가 중요함을 다시금 느끼게 하는 글이었습니다."

"정말 힘이 나고 용기가 생기는 자서전이군요. 그에 비하면 저는 평온한 삶을 살아온 것 같습니다. 평범한 삶이 어렵다고 합니다. 매사에 감사할 따름입니다."

"정말로 힘든 길을 열심히 살아오셨군요. 힘찬 박수를 보냅니다. 짝짝짝!!!"

"제가 느낀 감동을 뭐라고 표현해야 할지……."

"당신의 글을 읽으면서 '나도 할 수 있다' 는 자신감이 생겼습니다. 당신과 같은 수업을 듣고 있다는 것이 영광스럽네요. 앞으로 원하시는 바를 꼭 이루시고 건강하게 지내시기 바랍니다."

"가슴이 찡합니다. 사람들은 눈에 보이는 것만 가지고 단정하지만, 보이지 않는 숨은 노력과 고통, 인내가 진심으로 훌륭하다고 생각합니다. 멋진 학우님께 힘찬 격려와 희망의 세레모니를 대전에서 날려 드립니다. 파이팅!"

어떤 분은 자신의 경험담을 올려 주었는데, 그 글을 읽으면서 눈물이 핑 돌았다.

○○○님의 글을 읽었습니다. 정말 소름이 돋을 정도로 감동을 받았습니다. 선생님만큼 크게 해낸 일은 없지만 그래도 내가 지금까지 살아오면서 해낸 일 중 가장 큰 일이기에 이렇게 올려 봅니다.

1학년을 마치고 다들 군대에 간다기에 나도 가야겠구나 해서 군에 입대하게 되었습니다. 입대하기 전에는 몰랐는데 전역할 때쯤 되고 보니 사회에 나가서 무엇을 할 것이며, 학교를 마치면 무슨 일을 해서 돈을 벌고, 진정으로 내가 하고 싶은 일은 무엇인지 고민하게 되었습니다.

당시 저희 집은 2남 1녀로 모두 연년생이라 대학생만 3명이었습니다. 다행히 제가 복학할 때에는 동생이 졸업하게 되어 두 명으로 줄긴 했지만, 한 명 등록금만 해도 300만 원, 둘이 합치면 600만 원, 거기다 동생은 학교가 멀어서 기숙사 비용까지 정말 많은 돈이 필요했습니다.

생각 끝에 먼저 전역한 친구를 찾아갔습니다. 그는 노가다 현장에서 하루 일당 7만 원을 받으며 쉬는 날도 없이 일하고 있었습니다. 저 역시 이제 막 전역한 상태라 힘든 일이든 쉬운 일이든 뭐든지 할 수 있다는 열정이 있었기에 바로 다음날부터 일을 시작하였습니다.

약 두 달 정도 일을 해서 400만 원이 넘는 돈을 벌었습니다. 그 돈을 현금으로 받는 순간 정말 눈물이 날 것 같았습니다. 어머니께 그 돈을 드리면서 "이 돈으로 제 등록금 내 주세요"라고 말할 때 제 자신이 얼마나 자랑스럽고 뿌듯했는지 모릅니다. 모든 일에 '나는 할 수 있다'는 자신감과 열정을 가지고 임한다면 하지 못할 일이 없다고 생각합니다.

나는 이 글이 정말 가슴에 와 닿았다. 나 자신도 그런 경험을 했기 때문이다. 열심히 일해서 돈을 벌었다는 사실보다 자신의 힘으로 한번 해보겠다는 강인함, 의지, 인내, 열정이 그대로 내게 전달되었다. 자신이 직접 일해서 번 돈 400만 원! 땀 흘리며 일해서 번 그 돈을 두 손에 쥐는 순간 그가 얼마나 가슴 뿌듯하고, 행복하고, 자신이 자랑스러웠을까!

인생에서는 내가 뭔가 바라보는 것이 있을 때 동기 부여가 생긴다. 위의 사례들을 보라. 한결같이 그들의 마음속에 꿈틀거리는 것이 있지 않은가! 사람들은 동기 부여를 통해 삶에 집중하고, 뭔가 자꾸 성취하려고 하고, 내일을 향해 끊임없이 달려갈 수 있는 것이다.

> 꿈은 경험을 판매하는 '행복주식회사'!
> 우리에게 기쁨도 주고 행복도 준다!

쌍기역 인생

2006년 12월에 대한항공 스포츠단의 배구선수, 탁구선수 들을 대상으로 '내 인생의 블루오션'이라는 주제로 특별 강연을 한 적이 있다. 그 날 내가 가장 강조한 것은 바로 이것이었다.

"여러분은 관중들에게 공을 다루는 기술을 보여 주는 멋진 사람들입니다. 관중들은 여러분의 화려한 기술을 보고 즐거워하고 감탄합니다. 여러분은 공을 다루는 경험을 관중들에게 보여 주고, 관중은 그 대가로 입장료를 지불합니다. 대학은 교육을 팔고, 병원은 건강을 팔고, 운동선수는 공 다루는 경험을 파는 것입니다.

공을 잘 다루려면 어떻게 해야 합니까? 무엇보다도 마음속에 삶의 목적과 꿈을 품어야 합니다. 그 꿈이 무엇입니까? 바로 나누는 삶입니다. 그러면 무엇을 나눕니까? 배구공, 탁구공으로부터 얻은 묘기, 기술, 지식, 경험 등을 관중과 나누는 것입니다. 관중들과 더 많은 것을 나누기 위해서 여러분은 더 많은 연습, 더 힘든 훈련, 더 좋은 기술과 묘기를 개발해야 합니다. 내가 경험한 것을 나눈다고 생각하면 더 강한 열정이 마음속에 생길 것입니다. 될 수 있으면 큰 꿈과 비전, 그리고 큰 생각을 품으시기 바랍니다."

인생은 남과 나눌 것이 있을 때 힘이 나고 열정이 생기는 법이다. 남과 나누기 위해서 공부하는 것과 나 혼자 독차지하기 위해서 공부하는 것은 차원이 다르다.

최근 삼성경제연구소의 임원급 대상 유료 정보 사이트인 SERI CEO에서 회원 549명을 대상으로 '경영자를 꿈꾸는 후배들에게 성공을 위한 최고 덕목으로 추천할 가치'에 대해 설문 조사를 실시했는데 다음과 같은 결과가 나왔다.

첫 번째, 꿈(Dream) ·············· 57.7%

두 번째, 깡(Strength) ············· 24.8%

세 번째, 끼(Talent) ·············· 10.0%

네 번째, 끈(Network) ············· 3.1%

다섯 번째, 꾀(Brightness)··········· 2.9%

여섯 번째, 꼴(Form) ················ 1.5%

일곱 번째, 꾼(Specific) 전문성

여덟 번째, 끈(Endurance) 인내성

아홉 번째, 깔(Color)

열 번째, 끝(Finishing)

꿈이 57.7%인데 나머지를 모두 합친 것보다도 크다. 그만큼 우리의 삶에 꿈이 필요하다는 것이다. 내 안에 있는 열정, 비전, 꿈이 나의 인생을 만드는 것이다. 우리 인생의 소프트웨어, 즉 꿈을 설치해야 한다. 인생의 힘은 내 안의 꿈에서 나온다.

노아의 블루오션 꿈

물 위에 방주를 짓는 것이 아니라 '땅 위에 방주를 만들라' 는 하나님의 거대한 프로젝트! 축구장만한 크기의 방주를 건조하라는 위대한 말씀, 그것은 하나님이 노아에게 주신 거대한 꿈이었다. 노아가 위대한 꿈을 품고 인생을 살았던 것처럼, 우리도 그렇게 위대한 꿈을 품을 수 있다.

아브라함의 블루오션 꿈

"너는 눈을 들어 너 있는 곳에서 동서남북을 바라보라. 보이는 땅을 내가 너와 네 자손에게 주리니 영원히 이르리라." (창 13:14~15)

이 얼마나 크고 위대하고 거대한 꿈인가! 세계를 향한 꿈을 품어라. 나는 1995년부터 중국어를 배우고 있는데, 언젠가 크게 쓸 날이 올 거라고 확신하고 있다. 이제 좁은 한국 땅만 바라보지 말고 넓은 지구촌이 나의 인생 무대라고 생각하라. 꿈의 크기는 곧 마음의 크기요, 생각의 크기다!

모세의 블루오션 꿈

애굽에서 종살이하던 자기 백성들을 가나안에 입성시켜야 하는 지도자로 발탁되었다. 모세의 꿈은 자기 백성들을 가나안으로 인도하는 것이었다. 광야에서 그 많은 백성들을 일사불란하게 이끌었던 모세의 위대한 지도력, 위대한 사명. 그것은 하나님이 모세에게 주신 꿈이었기에 그리고 그에게 맡겨진 사명이었기에 비로소 가능했다.

여호수아의 블루오션 꿈

모세의 뒤를 이은 여호수아! 모세가 이루려고 했던 그 꿈을 승계받았다. 위대한 꿈은 다음 세대에 승계된다.

"마음을 강하게 하라 담대히 하라. 너는 이 백성으로 내가 그 조상에게 맹세하여 주리라 한 땅을 얻게 하리라." (수 1:6)

사람은 꿈이 있어야 미래가 있고, 비전이 생기고, 도전적인 삶을 살수 있고, 자질구레한 일 앞에서 벌벌 떨지 않게 된다. 여호수아의 도전적인 자세, 긍정의 태도, 담대한 자신감은 우리의 인생길에 갖추어야 할 중요한 인생 무기다.

> 꿈은 '첫 눈에 반하는 인생'을 만들어 준다!
> 꿈은 '놀라 자빠질 만한 세계를 열어 주는 인생 비상키'이다!
> 꿈은 '지겹도록 싫증나는 인생에 생동감을 주는 주스'이다!

새로운 경험의 세계를 향하여

● 꿈 개발 전략

꿈을 품어라. 그러면 마음의 알갱이가 자라날 것이다.
꿈을 향해 전진하라. 그러면 인생의 날개가 솟아날 것이다.

- J. Kwak

● 적용 말씀

"너는 눈을 들어 너 있는 곳에서 동서남북을 바라보라. 보이
는 땅을 내가 너와 네 자손에게 주리니 영원히 이르리라."
(창 13:14~15)

● 4차원 인생을 위한 나의 질문

나는 인생에서 어떤 꿈을 품고 있는가?
꿈의 크기는 어느 정도인가?

● 꿈의 중요성 생각하기

- 꿈은 삶에 분명한 목표를 주어 방향을 잃지 않게 한다.
- 꿈은 '나는 할 수 있다'는 자신감을 주어 자발적
  동기 부여를 준다.
- 꿈은 항상 일을 만들어 내고 그 일에 열정을 쏟게 한다.
- 꿈은 늘 미래를 바라보게 하고 기대감을 준다.
- 꿈은 힘을 주어 생기를 주고, 목표는 우선 순위를 주어
  집중력을 갖게 한다.

2. 나는 내 삶의 목적을 가슴에 품고 살겠다

"내가 하늘로서 내려온 것은 내 뜻을 행하려 함이 아니요
나를 보내신 이의 뜻을 행하려 함이니라
나를 보내신 이의 뜻은 내게 주신 자 중에
내가 하나도 잃어버리지 아니하고
마지막 날에 다시 살리는 이것이니라."
(요한복음 6:38~39)

돼지가 어느 날 암소에게 자기가 사람들에게 얼마나 인기가 없는지를 두고 한탄했다.

돼지가 말했다.

"사람들은 항상 너의 온순함과 친절함을 이야기한다. 너는 사람들에게 우유와 크림을 준다. 그러나 나는 더 많은 것들을 주고 있다. 나는 맛있는 베이컨도 주고 고급 햄도 준다. 털도 주고 심지어 내 발을 소금에 절이기까지 한다. 그런데도 아무도 나를 좋아하지 않는다. 나는 사람들에게 그냥 돼지일 뿐이다. 암소야, 왜 그럴까? 나 너무 속상해."

암소가 한참을 생각하다가 이렇게 말했다.

"글쎄, 아마 나는 살아 있는 동안에도 주기 때문일 거야."

암소같이 날마다 나누어 주는 인생! 참 멋진 인생이라고 생각한다. 나도 한때는 공부 잘해서 잘살고 잘먹고, 결혼해서 자식 낳고, 나 혼자 부귀 영화 맘껏 누리는 것이 내 삶의 목적인 줄로만 알았다. 빨리 공부해서 박사 학위 받고 돈 많이 버는 것이 내 삶의 전부라고 생각했다. 그런데 예수님을 믿게 되면서 내 삶이 위엣 것을 바라보는 삶으로 바뀌었다. 암소 같은 삶, 살아 있을 때에도 남에게 베푸는 삶, 그것이 참 인생이다. 거기에 내 인생의 목적이 있다.

암소같이 주는 인생

예수님은 우리에게 두 가지 인생 헌법을 주셨다. 하나는 하나님을 사랑하는 것이고, 다른 하나는 이웃을 사랑하는 것이다. 하나님은 우리 인생들에게 아주 단순한 법을 주셨다.

"네 마음을 다하고 목숨을 다하고 뜻을 다하여 주 너의 하나님을 사랑하라 하셨으니 이것이 크고 첫째 되는 계명이요, 둘째는 그와 같으니 네 이웃을 네 몸과 같이 사랑하라 하셨으니." (마태복음 22장 37~39)

예수님은 분명한 삶의 목적을 가지고 이 땅에 오셨다.

"내가 하늘로서 내려온 것은 내 뜻을 행하려 함이 아니요 나를 보내신 이의 뜻을 행하려 함이니라 나를 보내신 이의 뜻은 내게 주신 자 중에 내가 하나도 잃어버리지 아니하고 마지막 날에 다시 살리는 이 것이니라. 내 아버지의 뜻은 아들을 보고 믿은 자마다 영생을 얻는 이 것이니 마지막 날에 내가 이를 다시 살리리라." (요한복음 6: 38~40)

예수님은 이 땅을 떠나시면서 마지막으로 또 한번 우리 인생의 목적을 더 구체적으로 선포하셨다. '어떻게 하면 하나님을 사랑하고 이웃을 사랑할 수 있는가?' 이것을 위한 법을 만드셨다. 마치 나라에 헌법이 있고 하위법이 있듯이, 예수님은 지구촌 '인생 헌법'을 만드시고, 그 아래에 '3가지의 인생법'을 만드셨다.

"하늘과 땅의 모든 권세를 내게 주셨으니 그러므로 1) 너희는 가서 모든 족속으로 제자를 삼아 2) 아버지와 아들과 성령의 이름으로 세례를 주고 3) 내가 너희에게 분부한 모든 것을 가르쳐 지키게 하라." (마태복음 28:18~20)

이 3가지 인생법을 지키면 하나님은 기뻐하신다. '하나님이 나를 이 땅에 보내신 뜻'을 알고 인생을 살면 가치 있고, 멋있고, 행복하고, 재미있고, 신바람 나고, 해도 해도 즐겁고 기쁜 일이 충만할 것이다.

다윗도 하나님의 뜻을 좇아 살았다.

"다윗은 당시에 하나님의 뜻을 좇아 섬기다가 잠들어 그 조상들과 함께 묻혀 썩음을 당하였으되 하나님이 살리신 이는 썩음을 당하지 아니하였으니." (행 13:36)

인생의 첫 번째 목적은 무엇일까?

나는 '나를 보내신 이의 뜻'에서 해답을 찾는다. 만약 하나님의 뜻을 이루면 하나님의 기분이 이떠실까? 무엇보다 기뻐하실 것이다. 아들이 열심히 공부를 하려고 하면 그 어느 부모가 기쁘지 않겠는가! 같은 이치라고 생각한다. 보내신 이의 뜻에서 가장 중요한 것은 '신령과 진정으로 드리는 예배'일 것이다.

"아버지께서는 이렇게 자기에게 예배하는 자들을 찾으시느니라." (요 4:23)

"자기를 경외하는 자와 그 인자하심을 바라는 자들을 기뻐하시는도다." (시 147:11)

나는 내 인생의 첫 번째 목적을 이렇게 적어 놓고 매일 바라본다.

"나는 날마다 하나님께 기쁨을 드리는 삶을 살겠다!"

내가 한때 병원 전도를 열심으로 했을 때 하나님은 분명 기뻐하셨을 것이고, 최근에 선교 활동을 나가는 것도 아주 기뻐하고 계실 것이다. 좋으셔서 내 엉덩이를 툭툭 치실 것만 같다. 나는 그것을 믿는다. 아래의 성경 말씀을 보라! 우리가 어떻게 하면 하나님이 기뻐하실까? 그 방법이 성경에 잘 나타나 있다.

"우리 주 하나님이여 영광과 존귀와 권능을 받으시는 것이 합당하오니 주께서 만물을 지으신지라 만물이 주의 뜻대로 있었고 또 지으심을 받았나이다." (계 4:11)

인생의 두 번째 목적은 무엇일까?

"다 이루었다!"

이 말씀을 좀더 풀어서 보면

"아버지, 이 아들이 성취해야 할 일을 다 마쳤습니다. 아버지가 저를 통해서 이루고자 했던 그 일을 이 아들이 남김없이 다 성취했습니다. 이제 아버지, 제가 할 일을 다 마치고 아버지 품으로 다시 돌아갑니다."

예수님은 철저하게 4차원 인생을 사신 분이다. 분명한 목적을 가지고 이 땅에 오셨다. 세례를 받으실 때 첫 번째 목적을 이루셨고, 십자가에 매달려 "다 이루었다"고 하실 때 두 번째 목적을 이루셨다. 그 마지막 순간에 예수님은 이 말씀을 떠올렸을지도 모르겠다.

"내가 너희에게 분부한 모든 것을 가르쳐 지키게 하라."

나는 여기서 내 삶의 목적 하나를 발견한다. 우리의 인생은 예수님을 삶의 모델로 삼아 흉내내고 닮아 가야 한다는 것이다. 예수님의 족적을 따르는 삶이야말로 우리가 살아가는 목적의 하나가 되어야 한다. 예수님은 어떻게 사셨는가? 첫 번째 과정으로서 예수님은 물로 세례를 받으셨다. 그리고 물 위로 올라오실 때 성령의 세례를 받으셨다. 성경은 이렇게 말한다.

"우리의 형상을 따라 우리의 모양대로 우리가 사람을 만들고"

(창 1:26)

하나님은 '사람이 살아가야 할 가장 좋은 모델'을 하나 만드셨는데, 그분이 바로 예수님이시다. 하나님은 모든 인생들에게 '하나님의 뜻을 좇아 사는 가장 전형적인 삶의 모델'을 예수님을 통해서 보여 주신 것이다.

"너희는 이 세대를 본받지 말고 오직 마음을 새롭게 함으로 변화를 받아 하나님의 선하시고 기뻐하시고 온전하신 뜻이 무엇인지 분별하도록 하라." (롬 12:2)

성경은 여러 번에 걸쳐서 우리가 예수님을 닮으라고 강조하고 있다.

"하나님을 따라 의와 진리의 거룩함으로 지으심을 받은 새 사람을 입으라." (엡 4:24)

"우리가 다 수건을 벗은 얼굴로 거울을 보는 것 같이 주의 영광을 보매 저와 같은 형상으로 화하여 영광으로 이르니 곧 주의 영으로 말미암느니라." (고후 3:18)

그러면 어떻게 예수님을 닮아 갈 수 있을까? 에베소서 4장에 해답이 나와 있다.

1단계 : 옛사람을 벗어 버리는 과정이다. 내 자신의 태도의 문제다.(엡 4:22)

2단계 : 내 자신을 갱신시킬 수 있다고 믿는 과정이다. 긍정적인 사고 방식의 문제다.(엡 4:23)

3단계 : 의, 진리, 거룩함 이 세 가지로 새 사람이 되는 과정이다. 새로운 습관을
　　　　형성하는 문제다.(엡 4:24)

사람이 새로운 습관 하나를 키우는 데 얼마나 힘이 드는지 아는가? 한번 잘못 형성된 습관을 벗겨 내려면 16배나 힘이 든다고 한다. 잘못된 생각의 습관, 행동의 습관, 말의 습관을 벗겨 내려면 상상을 초월할 만큼 힘들고 어렵다. 그러나 불가능하지는 않다.

나는 인생의 두 번째 목적을 이렇게 외쳐 본다.

"나는 예수님 삶의 모델을 닮아 가는 인생을 살겠다!"

인생의 세 번째 목적은 무엇인가?

"내게 주신 자 중에 내가 하나도 잃어버리지 아니하고 마지막 날에 다시 살리는 이것이니라."

"너희는 가서 모든 족속으로 제자를 삼아라."

나는 이 말씀에서 인생의 세 번째 목적을 찾는다. 전도하는 삶, 이것이 우리의 세 번째 삶의 목적이 되어야 한다. 하나님을 섬긴다는 것이 무엇인가? 그분이 좋아하시는 일을 하는 것이다. 그분이 좋아하시는 일을 하기 위해서는 열정이 있는 삶, 건강한 삶, 날마다 배우는 삶, 도전하는 삶, 자신감 넘치는 삶을 살아야 한다. 나는 인생의 세 번째 목적을 이렇게 외쳐 본다!

"나는 인생들에게 예수님을 알리고, 믿게 하고, 구원받게 하는 일을 하겠다!"

이것이 하나님을 섬기는 일이다. 섬김이란 무엇인가? 내가 낮아지는 것이다. 내가 낮아지면 내가 아니라 다른 사람들이 보인다. 내가 낮아지면 나를 필요로 하는 사람들이 보인다. 섬기는 것은 내가 가진 것을 내려놓는 것이다. 낮아지면 내 자신의 위치를 알게 되고, 나 중

심에서 이웃 중심으로 생각하고, 말하고, 행동하게 된다. 그것이 바로 하나님을 섬기는 일이다.

인생의 네 번째 목적은 무엇인가?

하나님은 거대한 프로젝트를 만드셨다. 어느 날 하나님이 아들에게 이렇게 말씀하셨을지도 모르겠다.

"아들아, 네가 땅에 좀 내려갔다 와라."

"아버지, 저 보고 땅에 내려갔다 오라고요? 왜요?"

"네가 인류를 구원하는 일을 좀 해야겠다. 그게 이유다. 내가 만든 백성들이 살고 있는 땅에 내려가서 하나님 나라를 건설해라. 거대한 비전을 품고 가거라. 내가 오랫동안 계획한 것인데 이제 그 일을 할 때가 되었다."

"제가 그걸 어떻게 해요."

"땅에 내려가면 다 알게 될 것이다. 나와 너는 하나이니라. 아무 걱정 하지 말고 내려갈 준비나 해라."

"예, 아버지의 뜻이 그렇다면 내려가겠습니다."

예수님이 이 땅에 오셔서 하실 일은 "내게 주신 자 중에서 하나도 잃지 아니하고 마지막 날에 다시 살리는 것"이었다. 예수님이 떠나시면서 우리에게 남기신 말씀을 보라.

"아버지와 아들과 성령의 이름으로 세례를 주라."

예수님은 '12명을 제자로 삼아서 하나님의 뜻을 이루고자 하셨다.' 요즈음 말로 하면 '팀'을 잘 구성한 것이다. 에베소서 1장 5절에 "그 기쁘신 뜻대로 우리를 예정하사 예수 그리스도로 말미암아 자기의 아들들이 되게 하셨으니"라고 쓰여 있다. 하나님의 아들이 되었다는 생각, 그것이 팀을 하나로 묶은 튼튼한 밧줄이었다. 팀 IQ는 개인의 IQ

보다 훨씬 높다!

나는 선교하러 가서 예수님의 말씀을 이해할 수 있었다. 인생기차를 함께 타고, 함께 생각하고, 함께 행동하고, 함께 사역하고, 함께 먹고 마시는 일이란 얼마나 아름다운 일인가! 예수님이 12제자를 데리고 이리저리 다니시면서 가르쳐 주고, 삶의 진리를 터득하게 해 주시던 그 모습을 상상하면서 살아가는 인생은 얼마나 행복한 삶이겠는가! 성경은 여러 곳에서 그 말씀을 뒷받침하고 있다.

"그가 그 조물 중에 우리로 한 첫 열매가 되게 하시려고 자기의 뜻을 좇아 진리의 말씀으로 우리를 낳으셨느니라." (약 1:18)

"그러므로 네가 이후로는 종이 아니요 아들이니 아들이면 하나님으로 말미암아 유업을 이을 자니라." (갈 4:7)

나는 우리 인생의 네 번째 목적을 이렇게 외쳐 본다.

"나는 교회 안에서 믿음의 교제를 통해 그들과 하나되는 삶을 살아가겠다!"

인생의 다섯 번째 목적은 무엇인가?

사람은 누구나 사명을 가지고 살아간다. 예수님이 만드신 두 가지 지구촌 인생 헌법 중 하나는 "네 이웃을 네 몸과 같이 사랑하라"는 것이다. 어떻게 하면 이웃을 섬길 수 있을까? 내가 가진 달란트를 통해 이웃을 섬기면 된다.

사람에게는 누구나 가정에서의 사명, 직장에서의 사명, 교회 안에서의 사명이 주어진다. 하나님은 각자의 인생에게 한 가지 이상 잘할 수 있는 것, 즉 크고 작은 달란트를 주었다. 요한복음 17장 18절을 보라.

"아버지께서 나를 세상에 보내신 것같이 나도 저희를 세상에 보내었고"

사람은 누구나 할 일이 있다.

일평생 내가 할 일을 찾은 사람은 행복한 사람이다.

일평생 사명을 가지고 해야 할 일이 있다면 그 인생은 멋진 인생이다.

사도행전 20장 24절을 보라. 우리의 사명이 더욱 확실해질 것이다.

"나의 달려갈 길과 주 예수께 받은 사명 곧 하나님의 은혜의 복음 증거하는 일을 마치려 함에는 나의 생명을 조금도 귀한 것으로 여기지 아니하노라."

사람은 누구나 주님이 주신 달란트를 가지고 있다. 모세의 지팡이를 생각해 보라. 그는 지팡이를 항상 가지고 다녔다. 그는 양을 치는 최고의 전문가였다. 어느 날 모세가 양을 돌보는데 갑자기 양들이 낭떠러지 쪽으로 가고 있다. 모세가 그곳까지 뛰어가기에는 이미 늦다. 모세는 순식간에 돌 하나를 집어 던진다.

"휙!"

양떼들은 그 돌멩이에 놀라 더 이상 낭떠러지 쪽으로 걸어가지 않을 것이다. 만약 돌멩이를 던질 때 거리와 방향이 맞지 않았다고 상상해 보라. 또는 돌이 양의 머리에 맞아 상처가 날지도 모른다. 모세는 지팡이를 다루는 솜씨뿐만 아니라 돌멩이 다루는 솜씨도 일품이었을 것이다.

돌을 던지는 거리, 돌이 날아가는 방향, 돌의 속도가 모두 정확해야 한다. 한마디로 전문가가 되어야 한다. 사람마다 자기만이 할 수 있는 일이 있어야 한다. 자기만이 할 수 있는 브랜드가 있어야 한다. 하나님께 기쁨을 드리고 주님의 일을 더 많이 하려면, 지금 자신이 하고 있는 분야에서 최선을 다하여 최고의 전문가가 되어야 한다. 전문적인 일을 통해 우리는 주님의 귀한 사역을 더욱 많이 감당할 수 있다.

"무딘 철 연장 날을 갈지 아니하면 힘이 더 드느니라 오직 지혜는 성공하기에 유익하니라." (전 10:10)

무딘 날을 날마다 갈아야 한다. 나는 어릴 때 낫질을 참 잘했다. 매일 풀을 베다 보니 실력이 쌓인 것이다. 풀을 베러 아침에 집을 나설 때 숫돌을 꼭 챙겨서 갔는데, 날이 무뎌지면 훨씬 더 힘이 들었기 때문이다. 우리는 항상 자신만의 무기를 갈고 닦아야 한다.

내가 개발한 달란트, 하나님께서는 그것을 잊지 아니하시고 언젠가는 사용하신다. 끝없이 자기 계발에 정진하라. 나는 한때 박사 학위를 받고 교수가 되기를 원했다. 그러나 1990년대 초에 하나님은 내가 그 길을 가는 것을 철저하게 막으셨다. 내 뜻대로 되는 것이 아니라는 것을 나중에는 깨달았지만, 당시에 하나님은 내게 그 길을 열어 주지 않으셨다. "내 원대로 마옵시고 아버지의 원대로 되기를 원하나이다." (눅 22:42)

나는 이제 이 말씀을 믿는다. 그 당시에는 괴롭고, 힘들고, 참기가 어려웠지만 세월이 지나서야 주님의 뜻을 알게 되었다. 성경은 말한다. "너희는 먼저 그의 나라와 그의 의를 구하라 그리하면 모든 것을 더하시리라." (마 6:33)

내가 대학에 응용화학 교수로 갔더라면, 나는 사람 연구를 하지 못했을 것이다. 내가 교수의 길을 가지 않고 기업체 연구소로 갔기에 사람 연구를 마음껏 할 수 있었던 것이다. 1990년부터 사람 연구를 하고 그 덕택에 매년 수만 명에게 강의를 하게 되었으니, 그 당시에 하나님이 나를 교수로 만들지 않은 이유를 이제야 알 것 같다. 그때 교수가 되지 않은 것에 대해 지금은 정말 감사하고 있다. 나는 종종 이렇게 기도한다.

"주님, 그때 교수 안 만들어 준 거 진심으로 감사 드리나이다. 그때 주님을 한없이 원망하고 떼썼던 거 정말 죄송합니다. 그때 만약 제가 지방으로 갔더라면 지금쯤 화학 연구는 열심히 하고 있겠지만 사람을 개발시키는 자기 계발 연구는 못했을 겁니다. 이제라도 주님 뜻을 알았으니 감사 드립니다."

그로부터 19년이 지난 지금 나는 한세대학교에서 리더십을 강의하는 정식 교수가 되었는데 감사할 일이다.

나는 마지막으로 인생의 다섯 번째 목적을 이렇게 외쳐 본다!

나는 나의 사명을 위해 나의 일터에서 나의 전문 분야에서 항상 최선을 다하는 사람이 되겠다!

2006년 말에 대한항공 스포츠단 소속 배구선수와 탁구선수 들을 대상으로 했던 강연에서 나는 특별히 이런 말을 했다.

"정상에는 앉을 자리도 많고 설 자리도 많습니다. 그러나 올라가는 길은 매우 길고도 험할지 모릅니다. 그 길을 잘 올라가기 위해 삶의 분명한 목적을 가슴속에 품으시기 바랍니다. 그렇지 않으면 정상으로 가는 길을 잃을지도 모릅니다. 목적이 없으면 비록 정상에 올라갔더라도 금세 하산해야 할지 모릅니다. 정상에 서 있는 인생은 삶의 목적을 가진 인생입니다. 목적 있는 삶이 무엇입니까? 바로 '나누는 삶' 입니다. 나누는 삶은 행복합니다. 여러분들은 공을 다루는 기술과 경험을 관중들과 나누시기 바랍니다. 여러분의 삶의 가치를 바라보면서 관중들은 즐거워할 것입니다."

사람에게는 때가 있다. 준비하면 기회가 오고, 기회가 오면 하나님이 더 큰 문을 열어 주신다.

> 생각이 하나 되면, 마음이 하나 되고, 마음이 하나 되면,
> 행동이 하나 되고, 행동이 하나 되면, 이미지가 하나 된다!

새로운 경험의 세계를 향하여

▶ 꿈 개발 전략

- 나는 하나님께 부르짖어 레마로 오는 꿈을 성령 안에서 찾겠다. (예레미야 33:3)
- 나는 목표를 글로 적어 놓고 매일 3분씩 바라보고 생각하겠다.
- 나는 작은 것부터 성취하겠다. 3주에 1회 나의 꿈을 위하여 자축하겠다.
- 나는 꿈의 동역자를 3사람 이상 만나고, 하루에 3번 이상 교류하고, 1년에 새로운 경험을 3회 이상 쌓겠다.

▶ 적용 말씀

"네 마음을 다하고 목숨을 다하고 뜻을 다하여 주 너의 하나님을 사랑하라 하셨으니 이것이 크고 첫째 되는 계명이요, 둘째는 그와 같으니 네 이웃을 네 몸과 같이 사랑하라 하셨으니 이 두 계명이 온 율법과 선지자의 강령이니라.

(마태복음 22:37~39)

▶ 4차원 인생을 위한 나의 질문

나의 인생 목적은 무엇인가?

3. 나는 인생 이모작을 준비하는 사람이 되겠다

떨나무를 준비하는 사람이 되라.
그러면 불을 쬐는 사람들이 몰릴 것이다.
떨나무를 심는 자는 일류 인생이 되고,
불을 쬐는 자는 삼류 인생이 될 것이다.
                              - J. Kwak

여섯 명의 나그네가 있었다. 그 중에서 첫 번째 사람이 코끼리를 만져 보고 말했다.

"이야, 마치 벽 같은데!"

두 번째 사람이 상아를 만져 보고는 이렇게 말했다.

"아니야, 창 같은데 벽은 무슨 벽이야!"

세 번째 사람이 꿈틀거리는 코를 만져 보고 나서 소리쳤다.

"허허, 이건 뱀과 같아!"

네 번째 사람은 나리를 만져 보고는 말했다.

"말도 안 돼. 이건 나무 같잖아!"

다섯 번째 사람은 귀를 만져 보고 나서 외쳤다.

"이 사람들아, 이게 부채지 나무는 무슨 나무야!"

마지막 사람은 꼬리를 손으로 쥐어 보고는 자신 있게 친구들에게 말했다.

"마치 밧줄 같구나!"

무지개를 보라. 빨주노초파남보, 7가지 색깔이다. 이 7가지 빛깔의 인생 무지개 중에서 어느 한 가지만을 보고 이 세상을 떠난다고 생각해 보라. 얼마나 억울한가! 지금 우리가 살아가고 있는 인생이 아마 이럴지도 모른다. 자기만의 세계에 갇혀서 자기 인생이 최고인 줄로 착각하고 사는지 모른다.

나는 아직도 인생에 관해서 모르는 것이 더 많다. 그러나 한 가지 확실한 것은, 현재 하고 있는 일보다 더 신나고, 더 행복하고, 더 가치 있고, 더 매력적인 일이 어딘가에 있다는 사실을 내가 믿는다는 것이다. 나는 날마다 그것을 향하여 달려가고 있다. 그리고 그것이 간절히 이루어지기를 바라고 있다.

2005년 12월, 힐튼그랜드 호텔에서 이화여대 발전이사회 송년 모임이 열렸는데, 내가 특별 강연 초청을 받아 가게 되었다. 200여 명 정도가 모였는데 얼핏 보아도 거의 모두 인생에서 성공한 분들처럼 보였다. 나이층이 40대에서 80대까지 두루 섞여 있었다. 모인 사람들이 각계 각층이고 학력 수준이 높으면 강연하기가 어렵다. 이런 강연은 정말 너무 힘들다. 부족한 것이 없는 사람들에게 새삼 무슨 교육이 필요하겠는가! 참석자들이 모두 여성이었는데, 사회적으로 상당한 위치에 계셨거나 현재에도 그런 자리에 있는 분들 같았다.

그날 강연의 제목은 '4차원 인생 전략'이었다. 강연을 시작하기 전에 시간이 조금 남아서 이미 인생에서 성공한 그들에게 내가 어떻게 강연을 할 것인지 한참을 생각했다. 내가 미리 준비한 슬라이드를 가지고 어떻게 맛있는 요리를 해서 저들 앞에 내놓을 것인지 골똘히 궁리했다. 그날 강연에서 전할 핵심 메시지 4가지를 내 마음속에 새겼다.

첫째, + 인생 : 여러분들은 일모작 인생에서 성공했으니, 이제 인생 이모작을 준비하라. 4차원 인생은 꿈과 목표를 설정하는 사람이다. 꿈을 찾은 인생은 행복한 인생이다. 지구촌에서 꿈과 목표를 가진 사람은 3% 미만이다.

둘째, − 인생 : 현재 여러분의 나이에서 20살을 빼고 살아라. 창조적이고 긍정적인 생각이 여러분의 남은 인생을 좌우할 것이다.

셋째, × 인생 : 교류의 폭을 넓혀라. 그러면 삶이 더욱 행복해질 것이다.

넷째, ÷ 인생 : 여러분이 현재 가지고 있는 것을 나누려고 노력하라. 시간, 물질, 마음, 지식, 기술 등 그것들이 누군가에게는 절실하게 필요하다.

강연의 초점을 모두 거기에 맞추었다. 강연이 끝나자 그들은 많은 박수를 보내 왔다. 나는 그들에게 '인생 이모작'을 역설했고, 그렇게 살려면 현재 나이에서 20살을 빼라고 주문했다. 내가 그들을 위해 즉석에서 만든 '인생의 가감승제'는 그날의 특산품이었다. 나의 강연에 많은 분들이 고마워했고 격려해 주었다.

나는 그날 강연에서 많은 것을 느꼈다. 일평생 나의 일을 가지고 있다는 것, 그보다 중요한 것이 어디 있겠는가? 인생 일모작 시절에는 인생의 종착역에 이르러서야 성공이 이루어지지 않았던가? 좋은 의술, 좋은 환경, 좋은 음식 덕분에 평균 수명이 길어졌기 때문에 이제는 우리 인생에서 '인생 이모작을 어떻게 펼칠 것인가?'도 매우 중요해졌다. 축구에 비유하면 선반전 뛰고, 후반전을 다시 뛰어야 하는 것이다.

수많은 인생들이 마치 코끼리의 일부분만을 만지작거리다가 이 땅을 떠나고 있는지도 모른다. 인생 망원경으로 더 멀리 바라보아야 한다. 이제 성공의 개념이 완전히 바뀌고 있다. 지금까지 성공이라고 하면 크다, 많다, 길다, 처음이다, 높다 등 대개 양적이거나 질적인 개념이었지만, 이제는 그런 개념을 떠나 일평생 할 일을 가지고 있느냐 없느냐가 성공의 척도가 되고 있다. 인생 이모작에서 무엇을 할 것인가? 그 어느 때보다 나의 꿈을 찾아야 하고, 자신이 일평생 할 일을 찾아야 한다.

찰스 케터링의 이야기는 곱씹어 볼 의미가 있다.

"인간이 발전하려면 그것이 어떤 형식이든 규칙에서 벗어나야 한다. 그렇지 않으면 우리는 새로운 어떤 것도 가질 수 없다."

미국인을 움직이는 거인들의 이야기는 한결같이 꿈 안에서 '내 인생의 최고의 조언'을 하고 있다. GE 전 회장겸 CEO 잭 웰치는 다음과 같이 말했다. "당신 자신이 되라." 이게 무슨 말인가? '나만이 할 수 있는 일을 찾으라'는 것이다. 한마디로 정체성(identity)이 있는 사람이 되라는 것이다. 나만의 인생 브랜드를 창조해야 한다. 꿈이 있는 사람은 정체성 있는 인생을 살아갈 수 있다.

클라우스 클라인멜트 지멘스 CEO는 다음과 같이 조언했다. "미래를 시각화하라." 이것은 '미래를 보는 힘'을 키워야 한다는 말이다. 미래를 보는 힘은 꿈에서 나온다. 미래를 보는 힘을 키우려면 내 안에 꿈을 품고, 꿈을 향해 전진해야 한다.

ABC방송 '나이트라인' 진행자인 테드 카플은 "좋아하는 것을 하라"고 했다. 이것은 '삶의 우선 순위를 정하여 살으라'는 것이다. 우선 순위를 정하고 살면 4차원 인생이 될 것이다. 자신이 좋아하는 일을 계속 찾아라. 끝까지 찾아라. 그래야 인생이 즐겁게 된다. 좋아하는 일은 자신이 만드는 것이다. 가치 있는 꿈을 찾게 되면 내 삶의 우선 순위가 정해질 것이다.

> 더하기 인생을 살면 나의 인생길이 보이고,
> 빼기 인생을 살면 내 안의 나를 찾을 수 있고,
> 곱하기 인생을 살면 더 행복한 인생이 되고,
> 나누기 인생을 살면 인생의 가치가 올라간다.

새로운 경험의 세계를 위하여!

◐ 꿈 개발 전략

땔나무를 준비하는 사람이 되라.

그러면 불을 쬐는 사람들이 몰릴 것이다.

땔나무를 심는 자는 일류 인생이 되고,

불을 쬐는 자는 삼류 인생이 될 것이다.

– J. Kwak

◐ 적용 말씀

그런즉 너희가 어떻게 행할 것을 자세히 주의하여 지혜

없는 자 같이 말고 오직 지혜 있는 자 같이 하여

(에베소서 5:15)

◐ 4차원 인생을 위한 나의 질문

나는 인생을 준비하는 삶을 살고 있는가?

나는 무엇을 준비하고 있는가?

4. 나는 일생 동안 자기 계발을 하면서 살겠다

사람은 두 가지 방법으로 배우며 산다.
하나는 스스로 배우는 것이고, 또 하나는
다른 사람으로부터 배우는 것이다.

한 늙은 스코틀랜드 사람이 작은 배를 노 저으며 승객을 나르고 있었다. 한 손님이 그 노인이 젓고 있는 한쪽 노에 '행동', 다른 한쪽 노에 '믿음'이라고 새겨져 있는 것을 보았다. 그가 노인에게 물었다.

"무슨 뜻입니까?"

그러자 그 노인은 신이 나서

"자! 보십시오!"

그렇게 말하면서 '행동'이라고 적힌 노는 쓰지 않고 '믿음'이라고 적힌 한쪽 노만 열심히 저었다. 그러자 배가 원을 그리며 뱅글뱅글 제자리에서 맴돌기 시작했다. 이번에는 '믿음'이라고 적힌 노를 내려놓고 맞은편의 '행동'이라고 적힌 노만 저었다. 방향만 반대로 되었을 뿐 역시 배가 원을 그리며 제자리에서 맴돌았다. 곧이어 노인이 양쪽 노를 동시에 젓기 시작하자 배는 물살을 가르며 앞으로 나아갔다.

"보십시오. 아는 것을 행동으로 옮겨야 합니다. 우리의 인생은 두 개의 노를 함께 저어야 앞으로 나아갈 수 있습니다."

행동을 해야 비로소 힘이 생긴다. 한때는 '아는 것이 힘이다!'라는 말이 그럭저럭 통했다. 이제는 아니다. 내 삶에서, 내 일터에서, 내 전문 분야에서 아는 것을 써먹어야 그것이 진짜 힘이다. 왜냐하면 지구촌의 지식 공유 속도가 과거 그 어느 때보다 빨라졌기 때문이다. 이제는 미개척 지대에 있는 지식을 개발하여야 한다. 그것은 오직 내가 경험할 때 얻어질 수 있다.

에이본 그룹 회장인 안드레아 정은 2007년 성공 화두를 이렇게 장식했다.

"회사도 개혁을 해야 하지만 당신 자신도 개혁하라!"

알고 있는 것을 행동으로 옮기려면 끝없이 자기 계발을 해야 한다. 사람에게는 중요한 부서가 몇 개 있다. 눈과 귀, 두뇌, 손, 발, 마음. 나는 이것을 인생 5개 부서라고 부른다.

- 마음 : 꿈과 비전을 담고 나머지 모든 부서를 관할하는 총괄 사업부
- 두뇌 : 사물을 바라보고 철저하게 분석, 평가, 판단할 수 있는 최고 사령부
- 눈과 귀 : 온 세계를 바라보고 미래를 바라볼 수 있는 정보 사업부
- 손 : 기회가 주어지면 바로 내 것으로 만들 수 있는 사업 개발부
- 발 : 세운 꿈과 목표를 행동으로 옮길 수 있는 프로젝트 추진 사업부

하나님은 이 5개 부서가 서로 협력해서 일하도록 만들었다. 5개 부서가 서로 협조하고 조화를 이루어야 골고루 성장할 수 있다. 아무리 최첨단 부서가 일을 열심히 해도 손발 부서가 뒷짐을 지고 있으면 그 일은 허사가 된다. 종종 5개 부서 전체를 완전히 새롭게 판을 짜야 할

때도 있다. 5개 부서의 리모델링 작업은 끝없이 일어나야 한다. 쉼없이 수리하고, 갈고, 닦고, 기름 쳐야 한다. 하나님은 사람의 5개 부서를 통해 지금도 일하시고 계시고 앞으로도 그러하실 것이다.

2006년 10월에 부산공무원교육원에서 6급 공무원들을 대상으로 '4차원 인생 전략'을 주제로 4시간 동안 강의한 적이 있다. 그날 나는 '꿈과 목표' 작성표를 사람들에게 나누어 주고 작성해 보는 시간을 가졌는데, 대부분의 사람들이 너무 어려워했다. 그래서 그들에게 이렇게 이야기했다. "자신의 꿈을 작성할 수 없다면 아직까지 자신의 인생을 깊이 생각해 보지 않았기 때문입니다. 꿈을 가지고 있어도 쉽게 적지 못한다면 생각이 구체화되어 있지 않기 때문입니다. 평상시에 생각을 구체화하는 훈련을 많이 하시기 바랍니다." 작성 시간을 가진 후에 이렇게 요청했다. "꿈을 작성하신 분 손 좀 들어 보세요." 3% 미만이었다. 그만큼 우리는 수없이 꿈이라는 단어를 듣고 말하면서도, 정작 자신에게는 꿈이 없거나 있어도 어렴풋하고 막연하다는 것이다.

하나님은 꿈을 가지면 우리 몸이 에너지를 끊임없이 뿜어낼 수 있도록 사람을 만드셨다. 우리 몸 안에 꿈의 소프트웨어를 설치하면 새로운 것에 도전할 수 있고, 미래를 향해 나아갈 수 있다. 하나님은 꿈을 가지면 항상 들뜬 인생을 살 수 있도록 사람을 고안하셨다. 하나님이 주신 꿈이 우리 안에 있을 때 그 힘은 무궁무진하다.

사람들은 꿈을 막연하게 생각하는 경향이 있다. 2005년 9월 언젠가 '꿈과 목표' 작성하기 리포트를 낸 적이 있는데 한 직장인이 이런 글을 올렸다.

중·고등학교 시절에는 그런대로 꿈이 명확했던 것 같습니다. 일정한 직업, 일정한 사회적 위치를 차지하기 위해 앞만 보며 달려가자! 회사에 취직하고 어른이 되면서는 좋은 사람이 되자! 좋은 사원이 되자! 이렇게 생각하면서 막연하게 꿈을 꾼 것 같습니다.

　교수님이 내 주신 과제를 하나하나 작성해 가면서 제가 그 동안 막연한 이상만 쫓으며 살지 않았나 반성해 봅니다.

　생활이 바쁘다는 이유로 꿈조차 꾸지 않고 정신없이 살아 온 것 아닌가? 그런 생각이 드네요. 제 꿈이 무엇인지 다시 한번 고민해 보는 좋은 기회가 되었습니다. 교수님 감사합니다.

　중학교 시절에는 대개 꿈이 명백하다. 내가 앞으로 무엇이 되어서 일평생 무엇을 하겠다는 생각이 그런대로 분명하다. 그러나 세월이 지나면서 상황이 점차 복잡해진다. 그것은 인생의 방해물이 많아지기 때문이다.

　미국의 28대 대통령인 윌슨은 "인간은 꿈을 꿈으로써 성장한다"고 말했다. 한 되짜리 그릇으로 어찌 한 말의 물을 길어 오겠는가? 꿈은 꾸는 만큼 이루어진다. 우물에서 5리터짜리 두레박을 사용하면 5리터의 물을 퍼 올리지만 10리터짜리 두레박을 사용하면 그보다 두 배의 물을 퍼 올릴 수 있다. 논어의 위령공편에 "사람이 멀리 생각하지 않으면 반드시 가까운 곳에 근심이 있다"는 말이 나온다. 멀리 내다보려면 꿈을 가져야 한다.

정상에 있는 사람은 72시간 안에 행동한다

　미국의 한 연구에 따르면, 우리가 어떤 생각이나 계획을 머릿속에 떠올리고 나서 이를 72시간 안에 실행하지 않는다면, 그 생각이나 계획이 실제로 실행되는 경우는 거의 없다고 한다. 나중에라도 실행에 옮기는 경우가 고작 1% 정도밖에 되지 않는다고 한다.

그런 만큼 머릿속에 떠올린 아이디어는 72시간 안에 실행하는 것이 매우 중요하다. 특히 자신이 스스로 선택한 행동 리스트에서 가장 중요한 세 가지 항목은 반드시 72시간 안에 실행해야 한다. 요컨대 책을 읽고 나서 가장 중요한 세 가지 사항을 선별했다면, 이를 72시간 안에 행동으로 옮겨라. 아래의 4가지 사항에 집중하면서 시도해 보라.

- 계획과 전략을 세우고 생각하라, 생각하라, 생각하라.
- 누구에게 도움을 요청할 수 있는가? 대상자를 적어라.
- 행동하는 데 구체적으로 어떤 것이 필요한지 적어라.
- 이와 비슷한 계획을 이전에 성공적으로 실천한 사람이 누구인가?
- 그 사람으로부터 도움을 받을 수 있는가?

반드시 72시간 안에 해야 할 일을 실행하라. 그렇지 않으면 그 일은 당신의 머리에서 연기처럼 사라질 것이다.

자기 계발은 인생의 기초

미국교육협회 통계에 따르면, 평범한 직원의 경우에 매년 자기 계발에 투자하는 시간이 26.3시간이라고 한다. 하루 평균 고작 6분이다. 일 : 훈련 비율이 단순 시간 대비로 대략 100 : 1이다. 정상으로 가려면 끝없이 훈련하고, 개발하고, 배우고, 익혀야 한다.

"일의 우선 순위를 정하라." (마 6:13)

내 삶의 최고 가치는 매년 정월에 2주 정도 단기 봉사를 가는 것이다. 내 삶의 우선 순위를 정하면 삶이 단순해진다. 매년 초에 가장 먼저 계획을 잡는다. 만약 단기 봉사를 가는 것이 후순위로 밀리면 계획 잡기가 아주 복잡해질 것이다. 삶의 우선 순위를 매겨라. 그러면 복잡하던 것들이 단순해질 것이다.

"인생의 목표를 정하고 뛰어라." (빌 3:12~14)

삶의 방향을 정하면 현재의 안전 지대에서 도전 지대로 나아가게 될 것이다. 우리 인생길에는 아직도 미개척 지역이 많다. 양궁 선수가 화살을 쏠 때 가장 높은 정중앙의 과녁을 향하여 쏘는 것처럼, 목표는 인생들에게 집중력을 준다.

"상호 이익을 추구하라." (빌 2:3~4)

윈 – 윈(win – win) 전략을 펼쳐야 한다. 함께 잘되는 길을 찾아야 한다.

"다른 사람으로부터 배워라." (마 7:12, 잠 15:28)

고객은 언제나 옳다. 주위에 있는 모든 인생들이 나의 인생 고객이다. 상대방으로부터 배워야 한다. 평생 공부하는 자세를 가져야 한다.

"더 많은 성과를 위해 팀을 구성하라." (엡 2:22, 잠 15:22)

팀의 IQ는 개인의 IQ보다 언제나 높다. 가능하면 팀을 구성하라. 개미들은 서로 협력하여 큰일을 해낸다.

"항상 자신을 갱신하라." (전 10:10, 고전 9:27)

항상 자신을 갱신하라. 오늘의 내가 어제의 나와 같으면 곤란하다. 또한 내일의 내가 오늘의 나와 같으면 안 된다. 인생의 부가 가치를 올려야 한다. 무딘 연장으로는 일하기가 힘들다.

> 흐르는 물을 거슬러 인생의 두 노를 저어라.
> 한쪽에서는 '믿음'의 노를 젓고
> 맞은편에서는 '행동'의 노를 저어라.
> 인생의 자기 계발은 두 노를 함께 저어 앞으로 전진하는 것이다!

새로운 경험의 세계를 향하여

◑ 꿈 개발 전략

사람은 두 가지 방법으로 배우며 산다. 하나는 스스로 배우는 것이고 또 하나는 다른 사람으로부터 배우는 것이다.

◑ 적용 말씀

철 연장이 무디어졌는데도 날을 갈지 아니하면 힘이 더 드느니라 오직 지혜는 성공하기에 유익하니라.

(전도서 10:10)

◑ 4차원 인생을 위한 나의 질문

나는 자기 계발을 위해서 무엇을 더 학습하고 있는가?

5. 나는 일평생 가치 있는
   꿈을 성취하겠다

"너희 속에 착한 일을 시작하신 이가
그리스도 예수의 날까지 이루실 줄을
우리가 확신하노라." (빌립보서 1:16)

프랑스에 한 눈먼 소녀가 살고 있었다. 하루는 그녀에게 점자로 된 성경책이 우편으로 배달되었다. 그녀는 손끝으로 그 성경을 읽기 시작했다. 그녀는 계속해서 성경을 읽었다. 너무나 열심히 성경을 읽어 그녀의 손끝이 마비되었다. 끝내 그녀는 더 이상 손끝으로 어떤 감각도 느끼지 못하게 되었다. 그러자 그녀는 자신의 손끝을 칼로 베어냈다. 약간의 감각을 다시 얻게 되자 기쁨 마음에 더욱 열심히 성경을 읽었다. 그러나 불행하게도 얼마 후 그 감각마저도 잃게 되었다. 그때 갑자기 그녀에게 놀라운 생각이 떠올랐다.

"아, 나에게는 손끝보다 더 섬세한 입술이 있지!"

그녀는 입술로 성경을 읽기 시작했다.

"오, 하나님 감사합니다."

그녀는 밤새워 성경을 읽으며 더없이 기뻐했다.

하나님이 사람을 만드실 때 '뭔가 열심히 할 수 있는 열정의 힘'을 주신 것 같다. 사람은 자신이 하는 일이 가치 있고 보람된 일이라고 생각하면 그 일에 집중하게 된다. 프랑스의 그 눈먼 소녀가 자신의 인생에서 성경을 읽는 일이 가장 가치 있는 일이라고 생각했던 것처럼……. 이 소녀가 품은 인생의 열정을 우리도 가슴속에 품을 수 있다면 얼마나 행복할까?

꿈은 우리에게 열정을 준다! 하나님은 우리의 머리를 설계하실 때 꿈꾸는 능력을 집어 넣으셨다. 날아다니는 새와 걸어다니는 짐승들에게는 꿈이 없다. 꿈을 품으면 인생이 꿈틀거리기 시작한다. 꿈 강의를 듣고 변해 갔던 아래의 사례를 보라.

중년이라는 나이 탓에 여러 가지 문제로 힘들어하면서 어쩌면 그냥 주저앉고 싶었던 저는, 이 강의를 들으면서 모든 문제가 주변이 아니라 나 자신에게 있다는 것을 깨닫게 되었습니다. 막연한 꿈을 세월 속에 묻으며 되는대로 보냈던 시간이 너무 많았던 것 같습니다. 내 인생을 내가 끌고 가지 않고 주변이나 가족, 직장 등에 마냥 끌려 다니고 있었던 것이지요. 내가 내 인생의 주인이 되어야 함에도 그것조차도 깨닫지 못했던 것입니다.

이제 내 인생을 그냥 버려 두지 않겠습니다. 이 다짐을 나 자신만이 아니라 주변에 있는 모든 분들에게도 선포하겠습니다. 저는 교수님의 강의 내용을 가끔 제 직장 동료들에게 전하고 있습니다. 이 좋은 내용을 나 혼자만 접하는 것이 안타까워 그들과 함께 나누고 있습니다. 이제 인생을 지나가는 세월에 그냥 묻을 것이 아니라 그 세월 속에서 뛰쳐나와 내 스스로 이끌어 가고자 합니다. 새로운 목표를 세우고, 습관을 바꾸고, '하면 된다'는 긍정적인 사고방식을 키우면서, 노력하는 자만이 성공할 수 있다는 불변의 진리를 항상 스스로에게 일깨우면서 살겠습니다. 이 강의가 비록 짧은 시간이었지만 제가 살아온 많은 시간 중에서 가장 알차고 소중한 시간들이었다고 자신 있게 말할 수 있습니다. 가장 힘들 때 교수님을 만나게 되어 너무 좋았습니다. 많이 행복했습니다. 또한 스스로 자신을 사랑하는 법도 배웠습니다.

구하라, 찾으라, 두드리라

나는 원래 글 쓰는 재능이 없었다. 그런데 1984년 영문 책을 번역하면서 다음과 같은 사실을 깨달았다.

"아! 나도 쓰면 되는구나! 문장 표현력도 자꾸 하면 느는구나!"

이 한 번의 경험으로 나는 자신감을 가지고 글쓰기에 재미를 붙였다. 그 뒤로 나는 8권의 책을 연이어 집필했다. 내가 만약 1984년도에 책 한 권을 번역하는 일을 경험하지 못했다면 이날까지 단 한 권의 책도 집필하지 못했을 것이다. 재능이 없으면 만들면 되고, 재능이 있으면 그 재능을 더욱 개발하면 된다.

무딘 연장을 갈아 놓으면 언젠가 풀을 벨 날이 올 것이다. 그러니 준비하라. 나는 전공서적 한 권을 집필하기 위해 8년을 공들였다. 〈인생경영 키워드〉라는 한 권의 책을 쓰기 위해 10년을 투자했다. 준비하는 자에게 인생의 기회가 찾아오고, 하나님의 부름을 받을 것이다. 가만히 앉아 있으면 기회는 결코 오지 않는다. 나는 언제나 내 인생에서 기회를 스스로 만들었다.

광활한 지구촌에서 기회는 누구에게나 오게 되어 있다. 성경에도 기회 포착에 대한 말씀이 잘 나와 있는 구절이 있다.

"구하라 그러면 너희에게 주실 것이요 찾으라 그러면 찾을 것이요 문을 두드리라 그러면 너희에게 열릴 것이니." (마가복음 7:7)

여기서 "구하라(seek), 찾으라(find), 두드리라(knock)"는 지속적인 행위를 뜻한다. 그리스 원어로 보면 이 말들은 현재 명령형으로 되어 있다. 기회를 얻을 때까지 계속 구해야 한다. 기회를 발견할 때까지 그리고 기회가 열릴 때까지 계속 두드려야 한다는 것이다.

얼마 전 중학교 교사와 학부모 들을 대상으로 강연을 한 적이 있다. 거기서 나는 이런 이야기를 했다.

"처음에는 여러분이 꿈을 만들지만 세월이 지나면 꿈이 여러분을 이끌고 갈 것입니다. 돛단배를 물에 띄울 때 처음에는 당신의 힘이 필요하지만 일단 띄워 놓으면 바람이 불어 당신의 돛단배를 밀어 줄 것입니다."

나는 많은 사람들에게 '꿈과 목표' 작성표를 나누어 주고 작성하게 하고 있다. 지난번에는 어느 초등학교 강당에서 강연을 했는데 교사와 학부모가 약 200여 명 모였다. 그날 강연을 하면서 특별히 학부모 들에게 몇 가지를 당부했다.

"부모가 자녀들에게 줄 수 있는 최고의 선물은 그들에게 꿈과 목표를 심어 주는 일입니다. 다른 것들은 학교에서 또는 책을 통해 배울 수 있지만 꿈을 만들고 목표를 세우는 일은 부모의 몫입니다. 여러분들이 자녀들에게 오색영롱한 꿈과 비전을 품게 해 줄 수 있다면 그보다 더 좋은 선물은 없습니다. 21세기는 감성과 영성의 시대입니다. 꿈은 감성에서 나옵니다. 정서 훈련을 많이 시키시기 바랍니다."

종종 작성표에 꿈을 적어 보라고 했을 때 혼동하는 사례가 많았는데, 그럴 때마다 나는 다음과 같은 공식을 적용해 보라고 했다.

"만약 나에게 100억 원이 주어진다면 나는 ○○○일을 일평생 하겠다!"

　사람은 누구나 어릴 때부터 막연히 무엇인가 해보고자 하는 마음을 가지고 있다. 자신의 꿈을 구체적으로 적으려면 아래의 매뉴얼에 따라 자기 자신에게 물어 보라. 그러면 꿈을 찾는 것이 좀더 쉬워질 것이다.

– 당신이 최선을 다하고 있는 일은 무엇인가?

– 당신은 무엇을 가장 많이 생각하고 몽상에 잠기는가?

– 당신이 되고 싶은 것, 이루고 싶은 것, 하고 싶은 것, 얻고 싶은 것을 다 적을
　수 있는가?

– 이제까지 당신이 이룬 최고의 업적은 무엇인가?

– 더 공부하고 싶거나 습득하고 싶은 것은 무엇인가?

– 당신의 일 중에서 가장 하고 싶은 것은 무엇인가?

– 당신의 가장 큰 장점 세 가지는 무엇인가?

> 죽은 물고기는 흐르는 물을 따라 내려가지만
> 살아 있는 물고기는 흐르는 물을 거슬러 올라간다.
> 꿈이 있는 사람은 항상 거센 물살을 헤치고 전진한다!

새로운 경험의 세계를 향하여

⊙ 꿈 개발 전략

꿈을 가진 자는 '가장 쉬운 것'을 취하지 않고 '가장
최선의 것'을 취하여 도전하는 사람이다.

— J. Kwak

⊙ 적용 말씀

구하라 그러면 너희에게 주실 것이요 찾으라 그러면 찾을
것이요 문을 두드리라 그러면 너희에게 열릴 것이니. (마
가복음 7:7)

⊙ 4차원 인생을 위한 나의 질문

나는 지금 무엇을 준비하고 있고,
내 인생에서 무엇을 두드리며,
무엇을 간절히 찾고 있는가?

6. 나는 4차원 인생 헌법서를 가지고 살겠다

꿈(dream)은 인생들에게 힘을 주고
목표(goal)는 인생들에게 집중력을 준다!
나라에 헌법이 있을 때 법이 나오는 것처럼
당신의 마음속에 꿈이 있을 때 인생의 목표가 나온다!
— J. Kwak

2006년 2월에 서울공군기지교회에서 부흥성회 초청을 받았다. 대전
중문교회 장경동 목사님, 성락성결교회 지형은 목사님과 함께 3일 릴
레이 부흥성회를 가졌는데, 첫날 나는 "내 인생의 블루오션"을 주제로
말씀을 증거하게 되었다. 많은 청년들이 모였는데 그날 강연에서 나는
이 이야기를 빼놓지 않았다.

"꿈(dream)은 여러분에게 목표(goal)를 줍니다! 꿈은 우리에게 새로운 경
험을 하게 해 줍니다! 꿈은 힘을 주고 목표는 집중력을 줍니다! 나라에 헌법
이 있을 때 법이 나오는 것처럼 당신의 마음속에 꿈이 있을 때 인생의 법과
삶의 목표가 나옵니다! 여러분의 인생에서 하나님이 주시는 꿈을 찾으면 일

평생 들뜬 가운데 지내게 될 것입니다! 꿈이 있으면 일생을 행복하게 보낼 수 있습니다."

한 나라에 헌법이 없다고 상상해 보라. 어떻게 되겠는가? 나라가 어지럽게 될 것이고 질서도 없을 것이다. 모든 법은 헌법 안에서 이루어져 있다. 우리 인생도 마찬가지다. 내 삶의 모든 목표가 꿈 안에서 이루어져야 한다.

1990년부터 사람 연구를 하면서 내가 느낀 것은, 사람을 크게 변화시키는 것이 도서관에 있는 멋진 지식도 아니고, 화려한 연구 결과도 아니고, 빛나는 인생 이야기도 아니라는 것이었다. 물론 그러한 것이 도움은 된다. 그러나 그보다 더 중요한 것이 그들의 마음속에 꿈이라는 소프트웨어를 깔아 주는 일이었다. 그것이 가장 강력한 도구였다.

인생의 변화는 눈에 보이는 것을 바라보게 하는 것이 아니라, 지금은 보이지 않지만 장차에는 보일 미래의 심지를 마음속에 넣고 불을 붙여 주는 것이다.

잘 작성된 인생 헌법서 사례 1과 수정을 요구하는 사례 2를 비교해 보면, 자신의 인생 헌법서를 작성하는 데 도움이 될 것이다.

4차원 인생 헌법서 작성 사례

이제까지 수많은 강연, 세미나, 강의를 하면서 나는, 우리의 인생길에서 '한 장의 글로 쓴 꿈과 목표'를 작성하는 일이 정말 중요하다는 것을 느꼈다. 한 장의 종이를 나누어 주고 작성해 보라고 하면 대부분의 사람들이 끙끙댔다. 그것은 자신이 일평생 할 일을 구체화하지 않았기 때문이다. 여기서는 작성 사례를 중심으로 서로 비교하면서 설명할 것이다.

(1) 나의 꿈 작성 예

예를 들면 다음과 같이 적으면 된다.

"나는 (영어 교사)가 되어 일평생 (영어 교육 활동)을 하겠다."
"나는 (외과 의사)가 되어 일평생 (의료 활동)을 하겠다."

의사나 영어 교사가 되는 것은 단지 목표일 뿐이다. 꿈은 그 이상을 요구하는 것이다. 의사나 영어 교사가 되었으면 더 가치 있는 일을 찾아야 한다. 목표를 성취했으면 내가 일평생 무엇을 하면서 살 것인지를 생각하라.

좀더 구체적으로 적으면 다음과 같다.

A-나는 (   )가 되겠다.

이것은 목표에 해당된다.

B-나는 (   )을 하면서 일평생을 살겠다.

무엇을 할 것인가? 그것을 적어라.

(2) 비전 선언서 작성 예

갑돌이와 갑순이가 결혼을 해서 농사일을 일평생 할 때 그들의 꿈은 무엇인가?

"나는 (농부)가 되어 일평생 (농사일)을 하면서 살겠다."

이것은 그들의 꿈이다.

어느 날 저녁에 갑돌이가 갑순이에게 이런 말을 했다.

"이봐 할멈, 벼농사만 한평생 지었더니 이제 재미가 없어졌네. 우리도 이제 아랫마을 박영감처럼 유기농법으로 토마토 농사 한번 지어 보자구."

"영감이 할 수 있겠수? 이젠 늙어서 힘도 못쓰는데. 기술도 필요하지, 돈도 필요하지, 경험도 있어야지, 필요한 게 한두 가지가 아닐 텐데."

"지금 당장은 아니고. 적금부터 깨자구. 한 5년 계획을 잡아서 하면 되겠지."

비전은 꿈보다 구체적이다. 비전 속에는 갑돌이의 신념, 인생 철학, 포부, 희망, 인생의 가치 같은 것이 포함되어야 한다. 갑돌이는 농사일 속에서 여러 가지 비전을 세울 수 있다.

"나는 10년 후에는 백미 농사를 안 짓고 흑미 농사를 짓겠다."

"나는 지금 황소 한 마리를 키우면서 내 손으로 농사를 짓고 있지만, 5년 후에는 기계로 농사를 짓겠다."

이것들은 모두 갑돌이가 세울 수 있는 비전이다. 그렇다고 갑돌이의 꿈이 바뀐 것은 아니다. 그의 꿈은 일평생 농사를 짓는 것이다. 비전은 수시로 그리고 세월이 지나면서 얼마든지 바뀔 수 있다.

예수님의 일생을 보라!

- 예수님의 삶의 목적 : '나를 보내신 이의 뜻'을 성취하는 것(십자가 위에서 "다 이루었다"고 하심)
- 예수님의 꿈 : 이 땅에서 일평생 사는 동안 하나님의 아들로서 백성들에게 복음을 증거하는 일
- 예수님의 비전 : 우리를 구원하기 위해 하나님의 나라를 이 땅에 건설하는 것

– 예수님의 사명 : 30년은 목수 생활, 3년은 복음 전파와 이웃 사랑(병
　　　　　　　고침 등). 마지막 사명은 십자가에서의 죽음(다 이
　　　　　　　루심 – 구원의 길을 개척)

　베드로와 바울의 비전은 무엇이었는가? 복음의 증인이 되는 것이었다. 베드로는 유대인을 대상으로, 바울은 이방인을 대상으로 복음을 전하는 것이었다.

　사람으로 태어났으면 내가 이 땅에 사는 동안 무엇을 하면서 살 것인지 고민해 볼 가치가 있다.

　비전 선언서는 조금 포괄적이다.

　예 1) 나는 그리스도의 복음 전파를 위해 아프리카 오지에 가서 선교사가 되겠다.
　　　(포괄적이다)
　예 2) 나는 가난한 환자를 돕기 위해 의사가 되겠다.
　　　(포괄적이다. 의사의 종류는 수없이 많다.)

(3) 인생 사명서 작성 예

　인생 사명서는 좀더 구체적이다. 방법과 역할은 수시로 바뀔 수 있다.

　예 1) 나는 아프리카 선교에서 영어로 설교하기 위해서 영문과를 가겠다.
　예 2) 나는 치과 의사가 되어 이웃에게 치과 선교를 하겠다.
　예 3) 나는 인터넷을 통해 청년들이 꿈을 작성하는 일을 돕겠다.

　사람은 누구나 이 땅에서 뭔가 사명감을 가지고 살기를 원한다. 예를 들면 다음과 같이 적을 수 있다. 사명은 제각기 다르다. 이 인생 사명서 역시 꿈의 줄기에서 나오는 것이다.

　나는 말이나 논리보다 실행이 중요하다는 것을 인식하고,

나에게 주어진 시간들을 소중히 여기며,

목적지를 향해 쉼없이 항해하는 배와 같이

항로에서 마주치는 어떠한 장애물에도 굴복하지 않고

원칙을 나침반 삼아 내 주위의 모든 사람들과 더불어

풍요와 사랑이 넘치는 신천지를 향해

매일매일 즐겁고 감사하는 마음으로 살아간다.

또는 다음과 같이 영역을 나누어 적을 수도 있다.

정신적 영역:

나는 내 인생의 주인공, 내 인생은 내가 책임진다.

육체적 영역:

나는 내 육체를 소중한 자산으로 여기며 절제와 성실로 건전하게 가꾼다.

목표 영역:

나는 목표 지점을 향해 달려가며 매일매일 점검한다.

가정 영역:

나는 가족을 소중히 여기며 동반자로서 신뢰와 사랑, 가장으로서 모범이 된다.

일 영역:

나는 충실히 일하며 책임과 열정을 다하고, 내 안에 잠재된 역량을 최대한 발휘한다.

사회 영역:

나는 봉사의 정신으로 사회에 도움을 준다.

　인생 사명서를 적을 때에는 "나는 ……한다" 이런 식으로 적는 것이 좋다. 적고 난 다음에 일인칭으로 외쳐야 더 힘이 난다. 사명은 대개 자신이 가장 잘하는 분야에서 나온다.

(4)～(8) 목표 설정 작성 예

꿈이 설정되고, 비전이 설정되면, 다음 단계는 목표를 세우는 일이다. 목표는 아주 구체화되어 나타난다. 우선 모든 글들이 수치화되어 있어야 한다. 분명한 목표 수치가 있어야 우리가 행동으로 옮길 수 있기 때문이다. 사례 1과 사례 2를 보라. 목표 설정에서 상당한 차이가 있다.

사례 1: 목표 항목들이 두루뭉실하다.

(4) "긍정적으로 생각하기" "두려움 없애기"

(7) "부모님께 효도하기"

(8) "필요한 사람에게 베풀며 살기"

사례 2: 목표 항목들이 수치화(measurable)되어 있다.

(4) 사물을 볼 때마다 "나는 할 수 있다"를 3번 외친다 (긍정적으로 생각하기).

　두려울 때마다 "나는 자신감이 넘치는 사람이다"를 3번 외친다 (두려움 없애기).

(7) 나는 3일에 한 번 고향에 계신 부모님께 전화하겠다 (부모님께 효도하기).

(8) 나는 수입의 5%를 필요한 사람에게 나누어 주며 살겠다

　(필요한 사람에게 베풀며 살기).

수치화하지 않으면 성취력이 뚝뚝 떨어진다. 수치화는 행동할 수 있는 조건을 갖추는 것이다. 그리고 목표는 성취 기한이 꼭 있어야 한다. 기간이 정해지지 않으면 지루할 뿐만 아니라 성취 동기가 떨어진다. 휴가를 가기 전에 우리가 얼마나 열심히 일하는지 한번 생각해 보라. 기간이 정해지면 이렇게 동기 부여가 생기는 법이다.

정신적 영역에서는 다음과 같은 것들이 나올 수 있다. 모두가 수치화되어 있음에 주목하라.

- 나는 자기 계발을 위해 하루에 1시간씩 투자한다.
- 나는 좋은 습관을 분기별로 하나씩 취한다.

– 나는 기록하는 습관을 들이기 위해 하루에 30분씩 투자한다.

– 나는 혁신, 개발, 응용 능력을 키우기 위해 세미나, 모임, 전시회에 분기별로 항상 찾아서 다닌다.

– 나는 인내력을 키우기 위해 월 1회 최고봉 등산을 한다.

직업 영역(사회 영역)에는 다음과 같이 적을 수 있을 것이다.

– 나는 전문 지식과 기술, 실력을 키우기 위해 전문 서적을 한 달에 4권 읽고 이를 요약해서 내 삶에 4가지를 적용한다.

– 나는 중국어(영어) 회화를 1년 안에 마음껏 구사하도록 연습한다.

– 나는 베스트셀러를 월 1회 읽고 내 삶을 업그레이드한다.

– 나는 운전 면허증을 6개월 안에 취득한다.

– 나는 많은 사람들과 월 4회 이상 교류한다.

(9) 목표를 이루었을 때 얻는 보상 목록 작성 예

나는 1998년도에 전문 서적을 출판할 때, 책의 집필을 통해서 내가 얻을 수 있는 것이 무엇일까 생각하면서 다음과 같은 보상 목록을 작성했다.

– 지혜를 주신 주님께 영광이 된다.

– 다른 사람에게 내 경험을 나누어 줄 수 있다.

– 자존심과 자부심이 증가한다.

– 자녀들에게 유산이 될 것이다.

– 친구들에게 자랑거리가 될 수 있다.

– 아내와 가족들이 기뻐할 것이다.

– 인세도 나온다. 이름도 알려진다.

사람은 보상을 바라볼 때 종종 힘이 난다. 지치고 힘들 때마다 보상 목록을 바라보는 것이다. 목표를 정하고 달려가다 보면 얼마나 많은 장애물을 겪게 되는가! 그때마다 그 일이 나에게 줄 보상을 바라보는 것이다. 이것은 굉장한 힘을 준다.

(10) 넘어야 할 장애물 작성 예

나는 오랫동안 많은 사람들에게 인생 헌법서를 작성하도록 했다. 그러다 보니 한 가지 일을 추진할 때 우리가 넘어야 할 장애물들이 수없이 많다는 것을 알게 되었다.

- -1급 장애물 : 아이고 두려워, 실수하면 어쩌나, 그거 위험하지 않아?
- -2급 장애물 : 차차 하지, 내일 하지, 그거 꼭 해야 돼?
- -3급 장애물 : 나 자신 없어, 나는 경험이 없는 걸, 나는 게을러서 안돼.
- -4급 장애물 : 나는 시간이 없어, 나는 잠이 많아, 나는 머리가 나빠.

이것들이 가장 많이 나오고 가장 강력한 장애물들이었다. 사람마다 다소 차이는 있겠지만 거의 대동소이할 것 같다.

(11) 극복하는 방법 작성 예

목표를 세우고 전진하다 보면 울퉁불퉁한 길도 나올 것이다. 그때 어떻게 극복할 것인가? 항목 (9)의 보상 목록을 바라보면 힘이 날 것이다. 극복하는 방법은 구체적으로 적을수록 좋다. 사례 1도 그렇고, 사례 2는 더 추상적이다. 추상적으로 적으면 추상적으로 끝나고 만다.

구체적으로 적지 않고 그냥 '무엇을 하겠다' 라고 적으면 곤란하다. 사례 2의 경우 항목 (11)을 아래와 같이 수정하는 것이 좋다. 구체적으로 적으면 구체적인 행동이 나온다!

1. 신앙 생활 열심히 하기 → 하루에 말씀 20분 보고, 기도 20분 하고,
　　　　　　　　　　　　　　금요 철야에 매주 참석한다.

2. 시간 헛되이 보내지 않기 → 하루 8시간 근무 중 헛된 시간을 5% 이하로 줄이겠다!

3. '체력은 국력' 열심히 운동하기 → 매일 40분 이상 조깅하고, 20분 체조를 하겠다.

4. 영어 공부(두려움 극복) → 매일 단어 30개, 숙어 20개, 문장 5개를 외우겠다!

(12)~(13) 나의 장단점 작성 예

나의 장단점을 적어 놓으면 나 자신을 객관적으로 바라보게 될 것이다. 장점은 더욱 살리고, 단점은 계속 줄이려고 노력할 것이다. 내가 잘하는 것과 장점을 더욱 살리면 단점은 점점 파묻힐 것이다.

(14) 자화상 작성 예

자화상은 여러 가지 모습으로 나타날 수 있다. 이를 테면 다음과 같다.

- 나는 내 전문 분야에서 항상 앞서가는 생각을 하며 자신을 갱신시키며 살겠다.
- 나는 나의 꿈이 성취될 것을 믿고 항상 도전적인 삶을 살겠다.
- 나는 항상 나의 미래 모습을 바라보고 행복하게 살겠다.
- 내게 능력 주시는 자 안에서 모든 것을 할 수 있다.
- 나는 사물을 보고 '나는 할 수 있다'고 말한다.
- 나는 내 안에 엄청난 힘이 있음을 믿는다.
- 나는 항상 긍정의 생각을 품고 살겠다.
- 나는 장애물 앞에서도 미소를 지으면서 해결할 방법을 찾겠다.
- 나는 항상 긍정의 말을 하며, 긍정의 생각을 하며 살겠다.

(15) 다짐 작성 예

운동선수들은 시합을 앞두고 "싸우자, 이기자!" 하면서 다짐을 한다. 자신이 생각한 것을 다짐할수록 힘이 나고 다시 한번 마음을 정리하고 새 출발하는 의미를 되새기게 된다.

- 나는 구름 위의 태양을 바라본다.
- 나는 팽이다. 돌아가는 팽이는 넘어지지 않는다.
- 나는 모든 사람을 나의 인생 고객으로 생각한다.
- 나는 가능하면 다른 사람과 정보를 나눈다.
- 나는 사람들에게 동기 부여를 준다!
- 나는 아침마다 꿈을 생각하고 몽상에 젖는다.
- 나는 쨍하고 해뜰 날을 항상 사모한다.

(16)~(17) 꿈과 목표 어록들

자신이 직접 멋있는 말을 만들어 적어 놓고 종종 크게 외치면 힘을 얻게 되어, 자신이 설정한 꿈과 목표에 더욱 애착심을 가지고 도전하게 될 것이다.

4차원 인생 헌법서 작성 사례 1

성 명	홍길동			작성 일자 : 2007. 3. 15.	
전자메일	갑순이@hanmail.net	전 화		H·P	

(1) 나의 꿈 (dream) = A+B

A : 나는 (드라마 PD) 가 되겠다. (의사, 간호사, 교수, 엔지니어, 소설가, 디자이너, 축구선수, 환경전문가 등)

B : 나는 (일, 사랑, 운동) 을 하면서 일평생 살겠다. (기술개발, 연구, 봉사, 교직/교육 등)

(2) 나의 비전 (vision)

vision 1 (10년 후)   PD가 되기 위해 현장에서 뛰면서 드라마 제작에 대해 배우겠다.

vision 1 (20년 후)   가정의 행복에서 오는 기쁨을 바탕으로 좋은 드라마 작품을 선보이겠다.

vision 1 (30년 후)   한국의 드라마 역사에 남을 멋진 작품을 여러 편 남기는 이름난 PD가 되겠다.

(3) 나의 인생 사명서 (mission statement)	목표 설정(goal)	내 용	성취 일정
지금 취업한 회사에서 드라마 제작 행정에 대해 배우고, 많은 대본과 기획 아이디어들을 접하면서 일의 흐름을 파악할 것이다. 3년 정도 이런 경험을 쌓은 후에, 드라마 제작 현장을 발로 뛰면서 스태프들 속에서 더 많은 것을 배우고, 이를 토대로 20년 안에 내가 기획한 드라마를 실제 공중파 TV에 여러 편 방영함으로써 사람들에게 삶의 즐거움과 애환을 느끼게 해 줄 것이다.	(4) 정신적 영역	1) 안 좋은 일은 웃음으로 넘긴다. 그리고 잊는다.	매 년
		2) 스트레스 제로를 위해 노력한다.	
		3) 스트레스를 받으면 그 자리에서 푼다.	
		4) 주 1회 새로운 것을 생각해 낸다.	
	(5) 사회적 영역	1) 1달에 30명 이상 새로운 사람을 만나겠다.	매 년
		2) 내가 만든 1편의 드라마 기획 제작.	2020년
	(6) 경제적 영역	1) 충동적 소비를 하지 않겠다.	매 년
		2) 매달 새로운 지출 계획을 짤 것이다	
		3) 3억 원 이상의 여윳돈을 모아 놓을 것이다.	2050년
	(7) 가정적 영역	1) 월 1회 이상 온 가족이 모이는 자리를 마련한다.	매 년
		2) 2인 이상의 자녀를 갖는다.	2015년
	(8) 영적 영역	1) 할 수 있다는 굳은 신념과 믿음으로 원하는 목표와 꿈을 하나씩 성취해 나갈 것이다.	매 년

(9) 목표를 이루었을 때 내가 얻는 보상 (compensation)	(10) 목표를 이루는 데 넘어야 할 장애물 (obstacle)	(11) 극복하는 방법 (how to overcome)
1. 정신적인 만족감 2. 꿈을 이루는 기본 틀 완성 3. 대인 관계 향상 4. 경제적 안정 5. 행복한 가정	1. 게으름 2. 부족한 창의력 3. 다혈질 성격 4. 충동적 소비 성향	1. 매일 목표에 대한 동기 부여를 한다. 2. 매일 새로운 것들을 하나 이상 생각해 낸다. 3. 인내와 여유를 가진다. 4. 절약을 생활화하고 불어나는 돈을 보며 기쁨을 느낀다.

(12) 나의 장점 3가지(strength)	[i] 꼼꼼함 [ii] 사람을 편하게 대함 [iii] 강한 책임감
(13) 나의 단점 3가지(weakness)	[i] 다혈질(욱하는 성질) [ii] 심한 낯가림(내성적 성향) [iii] 노는 걸 매우 좋아함

(14) 나의 자화상(self-image) : 행복한 가정을 꾸려서 좋은 아내, 좋은 엄마로서 가정에서 인정받고, 사회에서는 능력있는 PD로 인정받고, 대중에게는 좋은 작품으로 인정받고 싶다.

(15) 나의 다짐 : 내가 인정할 때에는 남도 나를 인정할 수 있어야 한다!

(16) 나의 꿈 어록 : 건강한 모습으로! 열정적으로! 인생을 즐기자!

(17) 나의 목표 어록 : 참자! 웃자! 잊자!

4차원 인생 헌법서 작성 사례 2

성 명	갑순이			작성 일자 : 2007. 3. 15.	
전자메일	갑순이@hanmail.net	전 화		H·P	

(1) 나의 꿈(DREAM) = A+B
A : 나는 (몬테소리의 권위자)가 되겠다.
B : 나는 (교육 및 봉사 활동)을 하면서 일평생 살겠다.

(2) 나의 비전(vision)
vision 1 (10년 후 나의 인생) : 몬테소리 어린이집 원장
vision 2 (20년 후 나의 인생) : 몬테소리 어린이집 원장
vision 3 (30년 후 나의 인생) : 장애인 종합 복지관 설립

사진부착

목표 설정(goal)	내 용	성취 일정
(4) 정신적 영역	i) 긍정적으로 생각하기 ii) 두려움 없애기 iii) 끈기 있게 도전하기	
(5) 사회적 영역	i) 다양한 인간 관계 형성하기 ii) 모든 일에 최선 다하기 iii) 모두에게 인정받기	
(6) 경제적 영역	i) 열심히 벌기 ii) 저축하기와 투자하기 iii) 필요한 사람들에게 베풀며 살기	
(7) 가정적 영역	i) 나의 마음 표현하기 ii) 희노애락 함께 나누기 iii) 부모님께 효도하기	
(8) 영적 영역	i) 하나님 일을 우선으로 생각하고 참여하기 ii) 주님의 일에 앞장서기 iii) 항상 기뻐하며, 쉬지 말고 기도하며, 범사에 감사하기	

(3) 나의 인생 사명서 (mission statement)

나의 도움을 필요로 하는 사람들에게 언제든지 달려갈 준비를 하겠다. 열심히 배우고 노력하여 내 분야에서 최고가 될 것이다. 포기하지 말자! 두려워하지 말자! 주님이 함께 하신다. '아무것도 염려 하지 말라'고 하신 주님의 말씀을 믿고 앞을 향해 달려 나가자! 반드시 이루어 주실 것이다!

성취 일정: 현재부터 내 생애 마지막까지 노력해야 하기 때문에 기간을 설정하긴 어렵다.

기 타

(9) 목표를 이루었을 때 내가 얻는 보상 (compensation)	(10) 목표를 이루는 데 넘어야 할 장애물 (obstacle)	(11) 극복하는 방법 (how to overcome)
1. 하는 일에 대한 보람 2. 자신감 회복 3. 삶의 여유(금전적, 정신적)	1. 현재 하는 일에 대해 인정받기 (원감의 자리에서 실무 행사) 2. 사회복지학부 졸업 3. 1급 자격증 취득 4. 장애인 복지관 취업, 경험 쌓기 5. 투자자 모으기	1. 신앙 생활 열심히 하기 2. 시간 헛되이 보내지 않기 3. 체력은 국력 열심히 운동하기 4. 영어 공부(두려움 극복)

(12) 나의 장점 3가지(strength)	[i] 잘 들어준다. [ii] 배려를 잘한다. [iii] 노래, 율동에 소질이 있다.
(13) 나의 단점 3가지(weakness)	[i] 새로운 것에 대해 망설임이 많다. [ii] 쉽게 포기한다. [iii] 노력이 부족하다.
(14) 나의 자화상(self-image)	지혜롭고 열정적인 선생님(몬테소리의 권위자)
(15) 나의 다짐	목표를 향해 열심히 노력하자!
(16) 나의 꿈 어록	시작은 미약하였으나 끝은 창대하리라!
(17) 나의 목표 어록	아무것도 염려하지 말라! 주님이 너와 함께하신다!

4차원 인생 헌법서를 작성한 사람들의 소감

사람은 자신의 꿈과 목표를 찾으면 삶에서 힘과 생기를 얻게 된다. 사람의 마음을 움직이려면 그들의 마음속에 꿈과 비전을 심어 주어야 한다. 아래의 사례들은 꿈과 목표를 찾은 사람들의 생생한 소감이다. 이를 통해 인생에서 꿈과 목표를 찾는 것이 얼마나 중요한지 알게 될 것이다.

사례 1 : 내 삶의 좌표를 찾게 되었습니다!

그 동안 교수님의 명쾌한 강의를 들으면서 내 인생 목표를 실행하는 방법들을 구체적이고 실무적으로 알게 되었고, 성공 방법의 빠른 지름길을 찾게 되었다. 특히 '나의 꿈 나의 목표' 라는 과제를 수행하면서 앞으로 내가 해야 할 내 인생 목표를 재정립하게 되었다. 지금 내가 서 있는 현재 좌표를 알게 되었고, 내가 나아갈 방향을 정하는 데 많은 도움이 되었다.

강의 내용에서는 자기 진단과 피드백을 통해 자신의 좌표를 알게 하고, 자신의 꿈을 내세우도록 KWAK 모델을 제시하면서 꿈의 방향을 잡아 주는 것이 흥미 있었다.

Where : 내 꿈은 어디로 향하고 있는가?

Why : 나는 왜 이 꿈을 가져야 하는가?

What : 내 꿈에서 중요한 것은 무엇인가?

Who : 이 꿈은 누구를 위해 가져야 하는가?

How : 내 꿈을 어떠한 방법으로 실현시킬 것인가?

When : 내 꿈이 언제 성공할 것인가?

사례 2 : 삶을 구체적으로 설계하게 되었습니다!

지금까지는 내 자신의 인생 목표를 막연하게 설정하고 살아왔는데 교수님의 강의를 듣고 삶의 목표를 보다 구체적으로 설계할 수 있었습니다. 강의 내용을 항상 간직하고 'It's possible!' 사고를 통하여 나 자신의 인생 효율을 300% 이상 업그레이드하여 인생을 보다 파워풀하고 값지게 그리고 역동적으로 살겠습니다. 우리 가족들도 삶의 목표를 정확하게 설정하도록 가르치겠습니다.

사례 3 : 나를 발견할 수 있었습니다!

교수님! 아무래도 나는 바보인가 봅니다. 많은 학생들이 변화되었다고 그야말로 300% 업그레이드되었다고 말하는데, 나는 아직도 나의 사명 선언 하나 제대로 설정하지 못하고 있으니 말입니다. 말로는 쉽지만 목적 있는 삶을 산다는 것이 그리 쉽지는 않은 것 같습니다. 100% 충전이 되었다고 생각하면 어느새 다시 방전이 되고 맙니다. 충전 방전을 거듭하면서 몸에 습관처럼 배어야 하는데 아직까지는 그게 힘이 들어요.

그래도 이 강의를 통해 나를 발견할 수 있었다는 것이 커다란 수확입니다. 지금까지는 나의 사명이 무엇일까 생각하지 않고 살아왔습니다. 목적지가 없는 배처럼 표류하며 살았습니다. 방향을 잃지 않고 여기까지 온 것이 요행입니다. 교수님의 강의를 듣고 나서 지금까지 내가 얼마나 위험한 항해를 해 왔는지 깨닫게 되었습니다. 그래서 이 강의가 끝나더라도 여러 번 강의 내용을 되새기며 나의 인생에서 진정한 전환점을 만들도록 노력하겠습니다.

사례 4 : 삶의 목표를 진지하게 생각하게 되었습니다!

하루하루 교수님의 강의를 들으면서 열정적으로 뭔가를 전달하는 교수님의 메시지를 깊이 생각해 보았습니다. 교수님의 강의는 저의 사회 생활 여러 가지를 진지하게 되돌아볼 수 있는 기회가 되었습니다.

늦게 시작한 공부에 사회 활동도 하면서, 가정에서는 남편이나 아이들과 상의하면서 최선을 다해 인생을 살고 있다고 생각했는데, 이번에 열심히 준비한 교수님의 플러스 인생 경영 강의를 듣고 나서 정말 많은 생각을 하게 되었습니다. 제 삶의 목표를 진지하게 다시 생각해 보게 되었고, 더욱 커다란 의지와 열정을 가지게 되었습니다.

사례 5 : 나를 발견하고 나 자신을 다듬어 가게 되었습니다!

사람이 사람다워지고 사람답게 살려면 끊임없이 노력해야 하고, 더 중요한 것은 좋은 만남을 가져야 아름다운 모습이 되지 않을까 생각해 봅니다. 나를 발견하고 나를 다듬어 가는 모습은 아름답습니다. 작은 화분에 씨앗 하나를 심어 놓고 매일매일 햇빛과 양분과 사랑을 쏟아 마침내 작은 새싹이 살며시 움트고 나올 때 그것을 지켜보는 희열이란 이루 말할 수 없습니다. 이 강의는 마치 그런 기분이었습니다.

내 안에서 무언의 목소리가 들려 오고, "나도 할 수 있다! 도전해 보자!"는 힘이 나도 모르게 불끈불끈 솟았습니다. 이 강의를 초등학교 6학년인 딸아이와 함께 들었습니다. 이를 통해 우리 딸과 사이도 훨씬 좋아졌구요. 이 강의를 남편에게 들어 보라고 권했더니 듣고 와서 어떤 날은 새벽 1시가 훌쩍 넘도록 이런 얘기 저런 얘기를 나누며 서로에게 용기를 주었습니다. 참 행복한 강의였습니다. 이제 몇 번 남지 않은 강의를 기다리면서 아쉬움을 느낍니다. 그러나 이제 제 인생에 멋지게 도전장을 던져 보려고 합니다.

Dream Box 1 : 꿈 개발 평가표

본 평가표는 현재 당신이 어느 정도의 '꿈의 힘'을 가지고 있는지 평가해 줄 것이다.
꿈의 인생 소프트웨어가 강해야 인생의 힘이 강해진다. 이 평가표를 5분 안에 완성하라.

평 가 항 목	소 ⟷ 대					점수
	1	2	3	4	5	
1. 나는 일생 동안 성취해야 할 꿈을 가지고 있다.						
2. 나는 자고 나면 꿈을 위해 최선을 다해 생각하고, 일하고, 뛰고 있다.						
3. 나의 꿈을 방해하는 요소를 분명하게 알고 있다.						
4. 나는 꿈을 생각하면 내 삶이 즐겁고 가슴이 뛴다.						
5. 나는 내가 일하고 있는 분야에서 우선 순위를 가지고 있다.						
6. 나는 나와 내 이웃을 위해 꿈을 설정하고 성취하려 노력한다.						
7. 나는 설정한 꿈을 이루기 위해 과감하게 모험도 한다.						
8. 나는 설정한 꿈이 성취될 때까지 노력하며 힘쓴다.						
9. 나는 나의 장단점을 항상 분석하고 부족한 것을 보충하려고 노력한다.						
10. 나는 기회가 되면 봉사를 하며 나의 시간을 이웃을 위해 사용한다.						
11. 나는 꿈과 목표를 항상 가장 잘 보이는 곳에 붙여 놓고 매일 바라본다.						
12. 나는 나의 꿈을 성취하는 데 걸림돌인 게으름을 극복하려고 노력한다.						
13. 나는 종종 나태와 게으름에 빠지지만 극복하려고 안간힘을 쓴다.						
14. 나는 하나님이 주시는 꿈을 가지려고 애쓰고 있다.						
15. 나는 한번 세운 목표를 분기별로 수정하고 보완한다.						
16. 나는 주위 사람들에게 꿈을 가지라고 권유한다.						
17. 나는 꿈의 동역자를 찾아서 함께 성취하려고 노력한다.						
18. 나는 꿈이 시들어지면 성경 말씀으로 다시 힘을 얻고 일깨우려고 힘쓴다.						
19. 나는 꿈을 성취하기 위해 아주 작은 것에서 출발한다.						
20. 나는 오늘도 꿈속에서 살고, 꿈속에서 자고, 꿈속에서 달리고 있다.						
총　　　　점						

80–100 : 꿈의 힘이 아주 강한 사람. 글로 쓴 꿈과 목표를 매일 바라보고 노력하는 사람.
60–79 : 꿈을 마음속으로만 꾸고 달려가는 사람. 조금만 노력하면 꿈의 힘이 강해질 수 있는 사람.
40–59 : 꿈의 중요성을 알고는 있으나 성취하려고 노력하지 않는 사람.
20–39 : 꿈의 힘이 결여된 사람.
0–19 : 성취하고자 하는 의욕이 전혀 없는 사람.

Dream Box 2 : 꿈의 힘을 키우기 위한 행동 매뉴얼

〈제목 : 꿈 목표 작성표〉

성 명		(한자 :)	작성 일자 :
내 삶의 목적	1) 2) 3)	핵심 말씀	

(1) 나의 블루오션 꿈(dream) = A+B 　A : 나는 (　　　　　)가 되겠다. 　(예) 목회자, 교사, 의사, 간호사, 교수, 엔지니어, 소설가, 디자이너, 축구선수, 환경전문가 등 　B : 나는 (　　　　　)을 하면서 일평생 살겠다. 　(예) 목회 활동, 기술 개발, 연구 활동, 봉사, 교직/교육 등	
(2) 나의 비전 (vision) 　vision 1 (10년 후 나의 인생) : 　vision 2 (20년 후 나의 인생) : 　vision 3 (30년 후 나의 인생) :	사　　　진

(3) 나의 4차원 인생 사명서 (mission statement)	목표 설정 (goal)	내 용	성취 일정
	(4) 정신적 영역	i) ii) iii)	
	(5) 사회적 영역	i) ii) iii)	
	(6) 가정 영역	i) ii) iii)	
	(7) 영적 영역 (종교)	i) ii) iii)	
	(8) 직업 영역	i) ii) iii)	
	기타 :		

(9) 목표를 이루었을 때 내가 얻는 보상 (compensation)	(10) 목표를 이루는 데 넘어야 할 장애물 (obstacle)	(11) 극복하는 방법 (how to overcome)
1) 2) 3) 4) 5)	1) 2) 3) 4) 5)	1) 2) 3) 4) 5)

(12) 나의 장점 3가지(strength)	i)	ii)	iii)
(13) 나의 단점 3가지(weakness)	i)	ii)	iii)

(14) 나의 자화상(self-image) :

(15) 나의 다짐 :

(16) 나의 꿈 어록 :

(17) 나의 목표 어록 :

제 4 장
말의 힘을 키워라

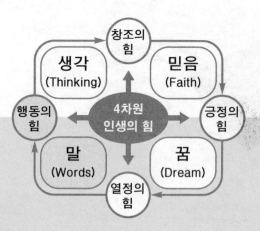

말이 빗나가면 싸움이 일어나고

말이 난폭해지면 인생이 멍들게 된다.

긍정의 말을 하면 창조의 행동이 오고

실패의 말을 하면 난장판 인생이 온다.

격려의 말을 하면 온종일 상대방이 즐겁고

칭찬의 말을 하면 온종일 내 마음이 기뻐진다.

-J. Kwak

1. 나는 긍정의 말로 인생을 경영하겠다

부주의한 말은 *싸움*을 붙이고
잔인한 말은 일생을 망치고
감사의 말은 장애를 극복하고
즐거운 말은 하루를 밝게 하고
때에 맞는 말은 고통을 줄여 주고
사랑의 말은 상처를 치유하고 축복을 준다.

(작자 미상)

어느 아버지가 이웃에 낫을 빌리러 갔다. 그런데 이웃이 낫을 빌려 주지 않았다. 며칠이 지나고 이번에는 그 이웃이 낫을 빌리러 왔다. 아버지는 두말없이 낫을 빌려 주셨다. 이를 보고 있던 아들이 아버지에게 물었다.

"아버지! 저들은 낫을 빌려 주지 않았는데 아버지는 왜 빌려 주시는 거지요?"

그때 아버지가 이렇게 말했다.

"그가 낫을 빌려 주지 않았다고 해서 나도 빌려 주지 않으면 그건 복수라고 한다. 그가 낫을 빌려 주지 않았지만 내가 빌려 준다면 그건 증오라고 한다. 그가 낫을 빌려 줬는지 안 빌려 주었는지를 까맣게 잊고 내가 낫을 빌려 준다면 그건 긍휼이라고 한다."

탈무드에 나오는 말이다. 긍휼 속에 참된 긍정의 생각이 들어 있다. 긍휼의 생각은 언제나 긍정의 생각을 낳는다.

사람은 마지막 순간까지 귀가 열려 있다고 한다. 목회자들을 위한 4차원 영성 강의에서 나겸일 목사님을 뵌 적이 있다. 그때 목사님으로부터 잊을 수 없는 이야기를 들었다. 목사님이 중병으로 병상에 누워 있을 때 이런 일이 있었단다. 위중한 병이었기에 자신이 생각해도 "이제 이렇게 이 땅을 떠나는구나!" 그런 생각이 들었다고 했다. 더 이상 살 가망이 없는 절박한 상황이었는데, 하루는 의사 선생이 오더니 이렇게 말하더란다.

"어, 이거 다 됐잖아?"

아마도 그 의사는 이 환자가 다시는 못 일어나리라 생각하고 무심결에 뱉은 모양인데, 목사님은 그 말을 자신의 귀로 생생하게 들을 수 있었다고 했다. 이 일을 어쩐다, 하나님의 기적으로 목사님이 다시 살아나셨으니…… 목사님은 그 의사가 지금 어디에 있는 줄도 알고 계신다고 했다. 그 후 또 한 번의 강의에서 목사님을 다시 뵈었는데 내가 이런 질문을 했다.

"목사님! 이번 4차원 영성 강의 때에는 왜 그 멘트를 빠뜨렸습니까?"

"무슨 멘트?"

"어, 이거 다 됐잖아!"

그러자 목사님은 웃으시면서 이렇게 말했다.

"이번에는 시간이 짧아서 못했어요."

목사님의 넉넉한 웃음을 보면서 그때 마음속으로 깊이 깨달은 것이 하나 있다.

"아! 정말 말을 조심해야겠구나! 누군가가 잘 때에도, 이제 막 숨을 거둘 때에도, 도저히 상대방이 들을 수 없는 절박한 상황에서도 말을 함부로 해서는 안 되겠구나!"

언젠가 중학교 교사들을 대상으로 강연이 있었는데, 강연 중에 서울시 교육문화위원회 위원장을 만나서 잠깐 대화를 나눈 적이 있다. 그 분은 청소년 교육에 상당한 관심을 가지고 계셨는데, 나는 이렇게 질문했다.

"청소년들에게 가장 조언하고 싶은 말이 무엇인가요?"

"꿈과 비전이지요."

아주 간단했다. 청소년에 대한 그 분의 관심과 교육 철학이 그 말 속에 모두 들어 있는 듯했다. 긍정의 말을 하고 긍정의 태도를 가지기 위해서는 말 속에 꿈과 비전이 있어야 한다. 꿈이 있는 사람은 언제나 창조적인 말을 하게 된다. 또한 생각이 항상 미래 지향적이다. 오늘을 살지만 생각은 이미 먼 훗날의 모습을 바라보고 있기 때문이다.

긍정의 말은 긍정의 행동을 낳는다. 아무리 작은 일이라도 먼저 말하고, 선포하고, 행동으로 옮겨 보라. 하나의 목표를 성취하기 위해 끝없이 생각하고 말하면 그것이 행동으로 연결된다. 아래의 사례를 보라. 긍정의 말은 꿈을 품을 때 비로소 나온다. 꿈을 품어야 희망의 생각, 희망의 말이 나온다.

포춘 지가 5백대 기업의 임원들을 대상으로 조사하였는데, 94%의 사람들이 자신이 성공한 요인 중 '내면적 자세'를 첫째 요인으로 꼽았다. 교육은 태도를 변화시키는 것이다. 변화한다는 것은 기존의 것을 청산하고 새로운 것을 접하고 바라본다는 것이다. 오늘부터 당신의 태도를 긍정적이고 적극적이며 생산적인 것으로 바꾸어 가라. 태도 변화는 생각과 말을 바꾸는 것이다.

하나님은 우리에게 만물을 다스리라고 하셨다.

"하나님이 그들에게 복을 주시며 그들에게 이르시되 생육하고 번성하여 땅에 충만하라 땅을 정복하라 바다의 고기와 공중의 새와 땅에 움직이는 모든 생물을 다스리라 하시니라." (창 1:28)

말의 힘이란 얼마나 큰 것인가? 아래 사례를 보라.

한 사람이 심사평을 하고 있었다.

"세 번째 출연자는 음정이 고르지 못해 듣는 사람에게 가사가 정확하게 전달되지 못했습니다. 발음과 음정 훈련을 좀더 연습한 뒤에 출연하셔야겠습니다."

이런 심사평을 들은 당사자는 얼마나 마음이 아프고 낙담했겠는가? 그러나 이렇게 하지 않고 다음과 같이 말했다고 가정해 보자.

"세 번째 출연하신 분은 노래에 정말 소질이 있군요. 성량도 풍부하고 박자도 정확했습니다. 그런데 오늘 부르신 곡은 자신과 잘 맞지 않는 곡을 선택하신 것 같습니다."

같은 말이라도 이렇게 달라질 수 있다. 전자는 사람을 낙담시키지만, 후자는 잘못된 점을 지적하면서도 격려의 의미가 담겨 있다. 말하는 것은 사람이 가지고 있는 기술 중 최고급 기술에 해당한다.

당신이 상담을 할 경우에는 그저 들어라. 유능한 상담자는 상대방의 이야기를 끝까지 듣고 마지막에 말을 한다. 엘리엇은 이렇게 말했다.

"상담에 특별한 비결은 없다. 그저 상대방의 이야기에 귀기울여 주는 것이 중요하다."

스콧 마이어도 이와 비슷한 말을 남겼다.

"유능한 상담자는 내담자와 상담할 때 결코 처음부터 자기의 견해를 이야기하지 않는다."

효과적으로 말하는 기술을 개발하라. 의도적으로 그렇게 해보라. 이것을 반복하면 훌륭한 말 기술을 개발하게 될 것이다.

첫째, 칭찬-이야기를 듣고 좋은 부분을 먼저 칭찬해 준다.
둘째, 지적-앞부분에서 칭찬하고 이어서 부족한 부분을 지적한다.
셋째, 격려-그 부족한 부분만 보충하면 완벽해질 것이다.

말을 잘하려면 듣기 훈련을 쌓아라. 말 기술에는 듣는 기술도 포함되어 있다. 듣기도 중요하다. 소크라테스는 청년들에게 늘 이렇게 말했다고 한다.

"자네들이 먼저 말해 보게. 나는 그것으로 판단할 테니까."

잭 우드도 이와 비슷한 이야기를 했다.

"어떤 찬사에도 마음의 문을 열지 않는 사람일지라도, 자신의 이야기를 진지하게 들어 주는 사람에게는 마음을 빼앗기게 된다."

긍정의 말을 키우려면 미래의 내 모습을 항상 바라보고 있어야 한다. 꿈을 바라보아야 욕심이 생기는 것이다. 긍정의 말이 긍정의 인생 태도를 낳는다. 그러기 위해서는 평생 학습을 해야 한다. 언젠가 공무원교육원에서 이런 말을 한 적이 있다.

여러분, 과거에는 대학만 나오면 배운 것을 평생 써먹을 수 있었습니다. 지금의 50~60대는 한번 배운 것을 평생 써먹는 시대의 막차를 탄 세대입니다. 그러나 이제부터는 아닙니다. 평생 학습 시대(life-long-learning)가 왔습니다.

사람은 누구든지 현재의 나, 과거의 나, 미래의 나를 가지고 있어요. 분명한 것은 10년 뒤의 내 모습을 현재에 바라볼 수 없다면 10년 뒤에 그 모습이 결국 나타나지 않는다는 것입니다. 결코 나타나지 않아요.

미래의 내가 있기 위해서는 여러분의 가슴속에 오색영롱한 꿈과 목표가 지금 담겨져 있어야 합니다. 꿈과 목표가 있으면 사람은 뭔가 배우게 됩니다. 꿈을 품으면 희망의 말이 나옵니다. 말은 곧 창조적인 행동을 낳습니다.

여러분은 어릴 때부터 꿈과 목표에 대해 수없이 들었을 것입니다. 그런데 중요한 것은 대부분이 현재 그러한 꿈이나 삶의 목표를 가지고 있지 않다는 것입니다. 주위에 물어 보면 사람들이 거의 꿈과 목표를 가지고 있지 않아요. 좌우를 한번 둘러보세요. 지난 해와 거의 같은 삶을 삽니다. 사람이 하는 하루 일과 중 95%가 어제와 똑같습니다.

사람은 어제와 95% 거의 같은 삶을 산다. 어제와 생각 모델도 거의 같고, 행동 모델도 거의 같다. 긍정의 말을 하려면 내 인생의 뿌리부터 손질해야 한다. 그래야 내 입에서 긍정의 말이 나올 것이다.

사람은 언제 변할 수 있는가?

사람이 알고 있는 것을 행동으로 옮기려면 뭔가 먼저 변하는 것이 있어야 한다. 4차원 인생은 변화를 추구하는 인생이다. 공무원 교육원에서 '사람의 변화'에 대해 강의한 적이 있다. 녹취록의 일부를 여기에 게재한다.

여러분들 생각에 사람은 언제 변할 것 같습니까? 사람이 언제 변할 것 같아요? '환경이 변하면' '위기의식을 느낄 때' '충격을 받을 때' 예,

그럴 때 변할 수 있습니다. 굵직굵직한 대답은 다 나온 것 같습니다.

그러면 구체적으로 한번 살펴보겠습니다. 사람은 대개 '생각지 못한 큰 마음의 상처를 받았을 때' 변하게 됩니다. 그럴 때가 언제입니까? 예를 들면 '진급시험에서 떨어졌을 때' '큰 프로젝트에 실패했을 때' 이런 경우가 여기에 해당됩니다. 이럴 때 사람은 깊이 자신을 생각하게 됩니다. 변화의 기회가 되는 것이지요. 그 다음에 '갑작스러운 교통사고를 당했을 때'에도 사람은 변합니다. 교통사고가 났을 때 몸이 다치지 않은 것만 해도 어마어마한 것이지요. 그때 건강에 대해 다시 생각하게 됩니다.

저도 1994년도에 대전에서 올라오다가 차가 한번 아수라장이 된 적이 있습니다. "쾅" 소리 후에 눈을 떠 보니까 문도 안 열리고 온통 다 짜부러져 있더군요. 그래서 겨우겨우 기어나왔는데 경찰관들이 사람이 죽은 줄 알고 들것을 들고 오고 있었습니다. 정말 모든 게 엉망이었습니다. 제 차 보닛 위에 1톤 트럭이 올라가 있고, 뒤에는 5톤 트럭이 뒷좌석까지 밀고 들어왔다가 후진으로 천천히 차를 빼고 있었습니다. 그때 어렵사리 차에서 기어나와서 제가 한 일이 뭔지 아십니까? 손발 움직여 보고 머리 움직여 보고 그게 전부였습니다. 아! 살았다! 제 차와 앞 차는 폐차 지경이 되었는데 다행히 사람은 멀쩡했습니다.

사태를 마무리하고 기차를 타고 집으로 오는데 숨소리가 다 행복하더라고요. 그래서 일부러 숨소리를 크게 내 봤어요. 사람이 일을 당하고 나니까 생각하는 것이 완전히 달라집디다. 완전히.

그렇다고 교통사고를 일부러 내면 큰일 납니다. 그러나 사람은 그런 큰 경험을 했을 때 큰 변화가 옵니다. 그때부터 저는 인생을 덤으로 산다고 생각했습니다. 생각이 그렇게 바뀌더라고요. 주위 사람들에게 더 잘해 주고, 원한 만들지 말고, 미워하지 말고 그렇게 살자고 말입니다.

그 다음에 언제 또 변화할 수 있습니까? '아파서 몸져누울 때' 할 수 있으면 이 범주에는 안 들어가는 것이 좋습니다.

두 번째, 좀더 고차원적인 변화를 생각해 봅시다. '내가 한 것보다 더 많은 보상을 받을 때' 사람은 변할 수가 있습니다. '기대 이상으로 성적이 잘 나올 때' '내가 한 것보다 더 좋은 대접을 받을 때' 사람은 변할 수 있습니다.

예를 들면, 서울시에서 여러분들에게 아무런 이유도 없이 어느 날 갑자기 상여금을 100% 주었다고 생각해 보세요. 여러분 마음속에 어떤 생각이 들겠습니까? 매일 9시 땡 해야 출근하던 사람이 아무 이유 없이 상여금을 100%나 받으면 어떻게 생각하겠습니까? 아마도 이렇게 생각할 겁니다. "오늘은 8시 30분까지 출근해야겠다." 사람이면 그런 마음이 들게 되어 있습니다. "좀더 열심히 일해야지." 아마 그런 생각을 하게 될 겁니다. 하늘에서 천둥 친다고 해서 사람이 변하지 않습니다. 조금 놀랄 수는 있겠지요. 그러나 기대하지 않았던 보상을 받는 경우에 사람은 굉장한 변화를 일으킵니다. 이럴 때 사람은 크게 변합니다.

세 번째 경우가 바로 오늘과 같은 케이스입니다. '누구로부터 기대 이상으로 배울 때' 사람은 변합니다. '좋은 강의나 특강을 들을 때' 또는 '교육을 받을 때' 사람은 변해요. 오늘 여러분은 절호의 찬스를 맞이했습니다. 그러니 변해 주세요.

많은 강연을 다니면서 내가 느끼는 게 바로 이것이다.

"사람은 변하기가 참 어렵구나! 스스로 혼자 변하기는 절대로 어렵구나!"

누군가가 동기 부여를 주거나 아니면 주위 환경이 어쩔 수 없이 변하게 해 주어야 사람은 변할 수 있다. 한번 휜 개꼬리가 바로 펴지는 것이 얼마나 어려운가? 생각과 말이 변해도 그것이 행동으로 가기까지는 여전히 멀다. 행동들이 반복되어 습관화되어야 사람이 비로소 변한다. 사람이 변한다는 것, 인간사 중에서 가장 힘든 프로젝트가 그 것이 아닌가 싶다.

> 정상으로 가는 사람들은 항상 그들의 생각이 발전에 집중
> 되어 있다. 평범한 생각을 하는 사람들은 그들의 생각이
> 현상 유지에 집중되어 있다.

긍정의 말을 위하여

● 3-3-3-3 말 개발 전략

3번 : 나는 창조적이고 성공적인 말을 하겠다.

3번 : 나는 '할 수 있는 사람!' 이라고 외치겠다.

333번 : 나는 하루에 3번 칭찬하고, 3번 격려하고, 3사람에게 전화하겠다.

3번 : 나는 하루에 한 번 권세 있는 말을 하겠다.

● 적용 말씀

여호와의 말씀에 나의 삶을 가리켜 맹세하노라 너희 말이 내 귀에 들린 대로 내가 너희에게 행하리니. (민수기 14:28)

● 4차원 인생을 위한 나의 질문

나는 일하기 전에 먼저 긍정적인 말을 선포하고 말하는가?

2. 나는 오늘부터 '할 수 있다'고 선포하겠다

마음속에 긍정의 말 알갱이를 심어라.
그러면 긍정의 말이 나올 것이다.
4차원 인생은 마음속에 먼저 심는다!
– J. Kwak

"나는 할 수 있다"고 말하는 사람은 "항상 에너지를 공급받는
플러그인(Plug in) 인생!"

"나는 할 수 없다"고 말하는 사람은 "일회용 배터리 인생!"

권세 있는 말을 하는 사람은 "발전기 설비까지 갖춘 전천후 인생!"

모친이 1986년에 소천하시고 다음날부터 나는 악몽을 꾸기 시작했
다. 밤마다 어김없이 찾아오는 악몽은 내가 예수님을 믿은 이후에 겪
은 가장 큰 시련이었다. 나는 예수님을 믿은 이후 처음으로 가장 큰
벽에 부딪히게 되었다. 나의 모친은 소천하시기 3개월 전에 부흥회에
참석하여 가까스로 구원을 받으셨는데, 그것이 빌미가 되어 밤마다
나에게 마귀가 찾아와서 괴롭히기 시작했다. 하루 이틀이면 그 악몽

이 떠날 줄 알았는데 거의 1년 동안이나 나를 괴롭혔다.

예수님을 믿은 이후 내 인생에서 가장 참혹한 나날이 계속되었다. 악몽은 언제나 새벽 3시에 시작되었다. 악몽을 꾸다 일어나면 항상 3시 아니면 3시 30분이었다. 밤이 되면 하숙집에 들어가기가 정말 두려웠다. 전등불을 항상 켜 놓고 잤는데도 마귀는 전혀 개의하지 않고 설치고 다녔다. 어떨 때에는 음악을 틀어 놓기도 하고, 어떨 때에는 방문을 열어 놓고 자기도 했다. 그러나 소용이 없었다.

그 당시 새벽에 악몽에서 깨어나 내가 할 수 있는 일이라고는 오직 한 가지였다. 기도 외에는 붙들 게 아무 것도 없었다. 한참을 기도하면 머릿속에서 뭔가 쑥쑥 빠져나가는 듯한 느낌이 들었다. 가슴에는 두려움이 찼고, 등에는 식은땀이 흘렀다. 그렇게 30분 정도 기도하면 마음이 평온해졌다. 매일 새벽 나홀로 나만의 부흥집회를 열었다. 덕분에 새벽기도 1년을 무사히 잘 마쳤다. 그때의 기도가 지금도 내 귀에 쟁쟁하다.

"마귀야 물러가라, 떠나가라, 예수 이름으로 명하노니 당장 물러가라!"
"나는 너와 상관이 없다. 썩 물러가라! 떠나가라! 이 사탄아!"

매일 새벽 이 기도가 나의 단골 메뉴였다. 방언 기도로, 말씀으로 마귀를 물리쳤다. 기도가 그렇게 강력한 무기인 줄 그때 알았다. 기도하면 우선 섬뜩한 악몽의 장면들이 금방 사라졌기 때문이다. 그렇게 나는 1년 동안 영적 전쟁을 수행하였다. 이듬해 여름이 되어서야 그 악몽에서 벗어날 수 있었다. 우리 모친은 살아 생전에 절에 부지런히 다니셨는데, 막판에 구원을 받는 바람에 마귀가 나에게 발악을 한 것 같다.

"나 여호와가 말하노라 너희를 향한 나의 생각은 내가 아나니 재앙

이 아니라 곧 평안이요 너희 장래에 소망을 주려 하는 생각이라." (예레미야 29:1)

그 고난을 통해서 나는 영적으로 더욱 성숙하는 듯했다. 영적 경험을 통해서 신앙 생활의 자신감이 쑥쑥 자라나게 되었다. 권세 있는 말을 하라. 그러면 전천후 인생이 될 것이다!

긍정의 말-사례

말에는 창조하는 힘이 들어 있다. 하나님이 "빛이 있으라" 하셨을 때 빛이 생겨났다. 마태복음 4장 4절에서도 "사람이 떡으로만 살 것이 아니라 하나님의 입으로 나오는 모든 말씀으로 살 것이라"고 하셨다. 긍정의 말은 삶의 본질이다.

한국싸이버대학교 사회복지학부에 다니는 한 중년 수강생이 나에게 보내 준 다음의 글을 읽어 보라. 그는 단돈 680만 원을 들고 영국에 가서 "나는 할 수 있다!"고 외쳐서 공부를 잘 마치고 지금은 아프리카에서 살고 있다. 긍정의 말을 선포하는 것이 얼마나 위대하고 큰 힘을 주는가!

나는 할 수 있다! 섬마을에서 태어나 자란 나는 큰 꿈을 가졌다. 배가 아닌 비행기를 타고 꼭 하늘을 날아 볼 것이라고…. 그런데 지금 우리 섬마을에서 아마도 내가 제일 많이 비행기를 타고 다닐 것이다. 23살 때 처음 해외로 가는 비행기를 타기 시작해서 지금은 아프리카에 살고 있다.

그리고 난 영어도 잘 못할 줄 알았는데 노력하고 노력한 끝에 영국에서 대학을 다녔고 지금은 아랍어와 불어까지 유창하게 한다. 이 모든 것은 나를 의지하지 않고 나를 지으신 창조자를 의지했기 때문이다. 그리고 '나는 할 수 있다'는 마음을 늘 가지고 노력했다. 내 머릿속에 '나는 할 수 있다'는 믿음을 늘 가졌다. 성경에도 '내게 능력 주시는 자 안에서 무엇이든 할 수 있다'고 되어 있다.

그런데 중요한 것은, 아무에게나 그런 능력을 주는 것이 아니라 하나님의 뜻을 따르는 자에게만 준다는 것이다. 나는 하나님의 뜻을 따르기로 했다. 나는 단돈 680만 원을 들고 영국에 가서 학위를 마치고, 르완다의 전쟁터에서 처절하게 죽어가는 사람들을 도우며 살았다. 돈을 공급하시는 분도 하나님이셨고 가난하게 하시는 분도 하나님이셨다. 돈이 한푼도 없을 때에는 그렇게도 마음이 편할 수가 없었다. 그저 주는 것만 먹으면 되었다. 부할 때에는 여유로움과 감사 그리고 넉넉함으로 다른 사람들을 돌볼 수 있었다. 영국에서는 돈 없이 공부하느라 무척 고생했다. 그런데 그때 돈이 없어도 내게 생명을 주신 예수님이 함께 계셨으므로 늘 즐겁고 밝고 행복하게 살았다.

영국은 비가 많이 온다. 그런데 나는 그 비를 피하지 않고 온몸으로 비를 맞으며 찬양을 했다. 그 결과는 아주 다양하게 나타났다. 많은 사람들이 나에게 미친 행동이라고 말할 때, 루시헬 교수는 나를 보며 감동을 받았다. 그분은 3년이 넘는 학부 과정 동안 학비를 마련해 주셨고, 파트타임 직장도 제공하셔서 나의 먹고 사는 문제를 해결해 주셨다.

나는 할 수 있다! 그것은 내가 잘나서가 아니라 나를 구원하신 그분 때문이다. 한마디로 'it is possible!'이다. 나의 정직한 영을 관리하는 구원자와 함께할 때 모든 것이 이루어질 수 있다. 무엇이든 가능하다. 그분과 함께 이 땅 아프리카에서도 내가 할 수 있는 일이 너무나 많다. 그래서 나는 행복하고 감사하다. 많이 배워서 남 주는 일이 이 땅에서는 행복하다.

"나는 무엇이든지 할 수 있다! 예수님과 함께!"

2006. 10. 24. 아프리카에서

나는 이 글을 읽고 그에게 이렇게 답장해 주었다.

보내 주신 글 너무나 감동적으로 읽었습니다. '나는 할 수 있다!' 하나가 인생을 바꾸어 놓은 것 같습니다. 얼마나 힘들고 어려우셨습니까? 하나님 안에서 날마다 "나는 할 수 있다!"고 부르짖으니 하나님의 믿음의 역사가 나타난 것 같습니다. 마치 제 일처럼 기쁘고 즐거웠습니다. 박 선생님이 긍정의 말을 했을 때 그 말이 인생의 씨앗이 되어 오늘날의 박 선생님을 만든 것 같습니다. 감동의 글 오랫동안 간직하면서 주위 사람들에게 나누도록 하겠습니다. 박 선생님의 생이 마감할 때까지 '주 안에서 나는 할 수 있다!'를 외쳐 주십시오. 기회가 되면 박 선생님이 사는 삶의 현장, 아프리카에 꼭 가고 싶군요. 샬롬.

2006. 10. 곽종운

우리 삶의 최전방 일선에서 일어날 일을 먼저 긍정의 말로 선포하는 것이 얼마나 중요하고 귀한 것인가! 성경은 이렇게 말한다.

"네 입의 말로 얽혔으며 네 입의 말로 인하여 잡히게 되었느니라."
(잠언 6:2)

내 손안에 든 것에서 출발하라

미국의 러셀 콘웰의 '다이아몬드의 토지' 강연은 유명하다. 그는 이 주제로 6,000회 이상의 강연을 했는데 요지는 이렇다.

옛날 인도에 알리 하페드라는 부유한 사람이 다이아몬드 토지를 찾아내리라 결심하고 재산을 몽땅 팔아서 다이아몬드 탐색의 길을 떠난다. 그런데 결국 그런 땅을 찾지 못하고 죽고 말았다. 먼 훗날 그가 처음에 팔아 버린 토지에서 세계 제일의 다이아몬드 광산이 발견되었다는 이야기다.

지금 자신이 가지고 있는 것이 무엇인가? 내가 가지고 있는 잠재 능력이 무엇인가? 종종 사람들은 자신이 추구하는 것을 다른 곳에서 찾고 있다. 내 손안에 든 것에서 출발하라.

나폴레옹의 이야기를 들어 보라. 그의 흥망성쇠는 그의 손에서 결정되었다.

"나의 몰락은 그 누구의 탓도 아니다. 오직 나 자신의 탓이다. 내가 나 자신의 최대의 적이었고 나 자신의 비참한 운명의 원인이었다."

> 긍정의 말은 인생의 영혼에서 시작한다.
> 영혼과 영혼 사이에 오가는 말은 진실하다.

긍정의 말을 위하여

▶ 말 개발 전략

나는 오늘부터 긍정의 말만 하겠다!

나는 긍정의 말을 해서 창조적인 행동을 낳겠다!

▶ 적용 말씀

너희가 내 안에 거하고 내 말이 너희 안에 거하면 무엇이든
지 원하는 대로 구하라 그리하면 이루리라.(요한복음 15:7)

▶ 4차원 인생을 위한 나의 질문

나는 긍정의 말을 하고 있는가?

하루에 몇 번이나 부정의 말을 하고 있는가?

3. 나는 꿈을 성취하는 말을
날마다 하겠다

우리는 말의 바다에 살고 있다.
그러나 물고기가 자신이 물 속에 살고 있다는 것을 모르는 것처럼
우리는 우리가 말 속에서 살고 있다는 것을 깨닫지 못한다.
–스튜어트 체이스

지구 상에서 가장 긴 그림자는 어디에 있을까? 그 그림자의 주인공은 대서양에 있다. 엘 피톤 피크(El Piton Peak)는 대서양 위로 장장 1만 2천 2백 피트나 솟아 있다. 1977년에 보잉 747기가 정면으로 충돌하여 570명의 목숨을 앗아간 역사상 최악의 비행기 사고가 일어났던 곳이다.

내 인생의 높이는 얼마나 될까? 이 땅에 사는 동안 나는 얼마나 높은 곳까지 올라갈 수 있을까? 2006년 9월 경남지방공무원교육원에서 열린 강연에 참석한 공무원들에게 나는 이런 이야기를 한 적이 있다.

여러분들은 지금 한 투포환 선수가 쇠공을 던지는 근사한 슬라이드를 보고 계십니다. 저 쇠공을 어떻게 하면 가장 멀리 던질 수 있을 것 같습니까? 저 선수가 어떻게 하면 저 무거운 쇠공을 멀리 던질 수 있을 것 같아요? 어떻게 하면 최고의 선수가 되겠습니까? 이미 답을 다 알고 계십니까? 어디 답을 한번 말씀해 주시죠. 틀려도 괜찮습니다. '힘', '기술', '방향' 예, 맞습니다. 또 없습니까? 이번에는 저 뒤에 계신 분들이 말씀해 주시면 좋겠습니다. '타이밍', '각도' 예, 다 맞습니다.

수학자들은 45도 각도로 던져야 이론적으로 가장 멀리 나간다고 말합니다. 그런데 제 생각에 저는 지금 코끼리 허벅지 사이즈를 말하고 있는데, 여러분들은 코끼리 목 사이즈까지 도달해 있는 것 같습니다.

좀더 구체적으로 말씀 드리겠습니다. 뭐니뭐니 해도 첫째는 근력입니다. 그 다음에는 이제 감이 잡히시죠? 그 다음에는 뭡니까? 힘은 힘인데 조금 구체화시킨 것입니다. 몸을 돌려야 쇠공이 날아가지 않겠습니까? 그렇습니다. 허리 힘이 굉장히 중요합니다. 보세요. 휙 돌리잖아요. 허리 힘을 두 자로 줄이면 요력입니다. 그 다음에는 무슨 힘이 나올 것 같습니까? 족력(足力)이 나옵니까? 그리고 또 뭐니뭐니해도 지력(知力)! 기술! 머리 힘! 생각의 힘이 있어야지요.

그 다음에 아직도 중요한 힘이 하나 남았습니다. 쇠공이 가속도가 붙기 위해서는 뭐가 필요합니까? 제가 생각할 때 가장 강력한 힘의 근원은 심력 – 열정 – 자신감 – 꿈! 바로 그것입니다.

여러분들은 자신감이 언제 온다고 보십니까? 연습을 많이 할 때, 그리고 내가 아는 것을 행동으로 옮길 때 자신감이 생깁니다. 이제 요약하면 근력, 지력, 심력, 연습, 자신감, 열정입니다. 이것을 하나의 방정식을 만들면 다음과 같습니다.

쇠공의 최대거리 =
근력 + 지력 + 심력 + 연습 + 자신감 + 열정 = 인생의 최대거리 사람을 계발시키는 데에도 위의 요소들이 절대적으로 필요합니다. 연습! 말할 필요도 없죠? 생각, 많이 해야 되죠? 그 다음에 열정이 있어야 되죠? 이 모든 것이 어디에서 나오느냐? 바로 그 사람의 꿈과 목표가 있을 때 나올 수 있는 것입니다. 이 운동선수의 힘의 최대 근원은 바로 꿈입니다. 비전입니다. 삶의 목적이 있느냐 없느냐 그것이 꿈입니다. 꿈은 곧 엔진입니다. 배기량이 높을수록 더 큰 힘이 생기듯이 꿈이 클수록 더 큰 힘이 생깁니다.

꿈이라는 엔진이 있을 때 인생의 최대거리가 나온다. 꿈이 있는 사람은 언제나 긍정의 말을 한다. 마음속에 담긴 꿈의 알갱이가 밖으로 나오는 것이 희망의 선포요, 미래의 선포이다. 우리 인생의 높이와 넓이는 학벌, 환경, IQ가 아니라 마음속 꿈의 크기에 의해 정해지는 것이다.

2006년 7월 여름, 왕십리교회 청년수련회에서 꿈과 목표 작성하기 강의를 한 적이 있다. 나는 열과 성을 다하여 청년들에게 꿈과 비전을 품으라고 역설했다. 그날 나는 그들에게 이렇게 강조했다.

"언제나 꿈과 목표를 적어 놓고 바라보라."

"매일 그것을 큰소리로 외쳐라."

"아는 것을 행동으로 옮기는 사람이 성공한다!"

4시간의 강의가 모두 끝나고, 그들은 짧은 소감을 일일이 적어 다음 날 나에게 건네주었다. 그들의 글 속에서 나는 많은 것을 보고 느꼈다.

"막연했던 저의 비전을 구체화할 수 있는 방법을 이제야 찾았습니다. 노력과 열정, 생각을 좀더 구체화할 수 있는 방법과 동기 부여를 주셔서 감사합니다."

"저는 행동하는 청년이 되고 싶습니다. '할 수 있다'는 긍정적인 생각이 저의 인생을 변화시킬 것입니다. 그리고 교수님의 간증을 통해서 하나님께서 저를 선한 길로 인도해 주시리라는 것을 더 이상 의심하지 않게 되었습니다. 많은 도전을 받았습니다. 늘 하나님과 동행하시는 교수님이 너무 멋지십니다."

"막연한 인생 항해에 도움을 주셔서 감사합니다. 교수님을 통해 저는 많은 용기와 희망을 가졌으며 자신감을 얻었습니다. 감사 드립니다. 저도 4차원 인생을 찾아서 성공하겠습니다."

"나의 꿈과 비전이 무엇일까? 그 동안 참 많이 고민했고 생각했고 기도했습니다. 교수님께서는 이번 강의를 통해서 저에게 좀더 구체적이고 확고한 마음을 주셨습니다. 나의 비전을 발견하고 그와 더불어 행할 수 있는 용기를 발견한 귀한 시간이었습니다. 열정과 행함이 있는 삶을 살겠습니다."

"하나님께서 저에게 주신 꿈과 비전 그리고 목표와 목적에 대해 생각해 볼 수 있어서 너무 좋았습니다. 앞으로 하나님께서 원하시는 모습으로 살도록 노력하겠습니다. 좋은 강의 감사합니다. 축복하고 사랑합니다."

"교수님의 강의를 통해서 제 자신에 대해 다시 한번 생각하게 되었습니다. 이번 강의가 제 인생길에 큰 전환점이 된 거 같아요."

꿈을 품은 사람들은 언제나 희망의 말을 한다. 이 청년들이 꿈과 비전을 품고 하는 말을 자세히 들어 보면, 한결같이 모두가 미래 지향적인 말들이고, 도전적이고, 생산적이고 적극적인 태도들이 엿보인다.

"…기대한다. …바란다. …하겠다. …찾겠다. …외치겠다. …사랑한다. …노력하겠다. …되었다."

이 얼마나 긍정의 말들인가! 헨리 포드의 다음과 같은 말을 들어 보라! 그의 말대로 엔진은 몇 개월 후에 개발되었고, 포드 사는 굴지의 자동차 왕국이 되었다.

"여러분, 여러분의 고충은 잘 알지만 우리에게는 V-8 엔진이 반드시 있어야 합니다. 여러분은 현재의 상황을 잘 이해하지 못하고 계신 것 같은데, 엔진은 거의 완성 단계에 와 있습니다. 여러분들이 조금만 더 박차를 가해 준다면 V-8 엔진을 금년 안에 개발할 수 있습니다."

괴테의 집에는 정치가, 문학가, 군인, 실업가 등 괴테의 문학을 사모하는 사람들이 모여서 언제나 담화를 나누곤 했다. 그런데 가끔 어떤 사람이 타인의 흉을 보거나 음담패설을 하는 경우에, 괴테는 눈을 날카롭게 뜨고 엄하게 말했다.

"여러분, 종이 부스러기나 음식 부스러기를 흘리는 것은 괜찮습니다. 그러나 남의 흉이나 음담패설을 흘리는 것만은 용서할 수 없습니다. 그런 더러운 말들은 모두 주워 가십시오. 그리고 다시는 그런 더러운 말을 제 집에 가져오지 마십시오. 남의 흉을 보는 것은 공기를 더럽히는 것입니다."

비행기를 타고 최초로 하늘을 날았던 라이트가 어느 만찬에 초대받아 갔다가 친구로부터 핀잔을 들었다. 그 만찬에서 어떤 사람이, 처음으로 하늘을 비행한 사람은 라이트 형제가 아니라 랭글리 교수라고 주장했다. 그런데 이에 대해 라이트가 아무런 대꾸도 하지 않자 친구가 핀잔을 한 것이다.

"자네는 입이 너무 무거워서 탈이야. 자네는 자네의 권리를 충분히 주장하지 않고 있어. 앞으로는 자네 자신을 더 많이 선전해야 할 걸세. 이 사람아, 어서 말을 해 봐!"

라이트는 친구의 독촉에 못이겨 조용하게 한마디를 꺼냈다.

"새들 가운데서 말은 가장 잘하지만 가장 날지 못하는 새가 앵무새라네."

> 말은 생명과 환경을 다스린다
> 말은 육체를 다스린다.
> 말은 영적 권세의 통로이다.
> 말은 개인적 조직 변화를 가져온다.

긍정의 말을 위하여!

◑ 꿈 개발 전략

꿈은 힘을 주고, 목표는 집중력을 준다!
생각은 아이디어를 주고, 말은 행동을 준다!

— J. Kwak

◑ 적용 말씀

여호와여, 내 입에 파수꾼을 세우시고 내 입술의 문을
지키소서. (시 141:3)

◑ 4차원 인생을 위한 나의 질문

나는 말하기 전에 생각하는 사람인가?

4. 나는 사물을 보고 행동을 낳는 생산적인 말을 하겠다

여호와의 말씀에 나의 삶을 가리켜 맹세하노라
너희 말이 내 귀에 들린 대로
내가 너희에게 행하리니 (민수기 14:28)

앙리코 카루소가 소년 시절에 성악가가 되고 싶어 성악 레슨을 받게 되었다. 그러나 그의 선생이 이렇게 말했다.

"너는 노래할 수 없다. 너는 좋은 목소리를 가지지 못했다. 네 목소리는 덧문에서 나는 바람소리 같다."

그러나 그의 어머니는 자기 아들의 재능을 믿었다. 비록 가난했지만 아들을 꼭 껴안고 이렇게 말했다.

"아들아, 나는 네가 성악 공부를 할 수 있도록 어떠한 희생도 감수하겠다!"

먼 훗날 앙리코 카루소는 세계에서 가장 훌륭한 성악가가 되었다.

말은 이처럼 위대한 창조 능력이 있다. 언제나 창조적 행동을 낳는 블루오션 말을 하라.

어느 핸가 11월에 면목 중학교에서 강연을 한 적이 있다. 학부모와 선생님들은 강당에서 직접 강연을 듣고, 학생들은 교실에서 영상으로 시청하게 되었는데, 그날 나는 중학생들에게 다음과 같은 말을 수없이 강조했다.

"생각과 말이 여러분의 인생을 만듭니다. 오늘 여러분이 보는 것은 여러분이 어제 생각 속에 심은 것입니다. 위대한 결정은 위대한 생각에서 나옵니다. 여러분의 미래는 반복되는 오늘 생활 속에 숨겨져 있습니다. 마음의 알갱이가 자라서 여러분의 인생이 됩니다. 마음의 알갱이는 무엇입니까? 바로 꿈입니다. 여러분, 꿈을 가지십시오."

최근에 산업은행 평가원에서 어떤 아이템의 기술성과 시장성에 대해 자문을 요청해 온 일이 있다. 적어도 10일 이상은 걸리는 일이었는데, 요청 시한이 너무 촉박했고, 때마침 내가 일본에 가는 일과도 겹쳐서 4일밖에 시간이 없었다. 그런 상황을 알면서도 담당자는 나에게 이렇게 물었다.

"그때까지 가능하겠습니까?"

나는 이렇게 대답했다.

"가능하도록 최선을 다하겠습니다만 하루 이틀 늦어질 수도 있습니다."

그때 내가 만약 이렇게 대답했다면 어떻게 되었을까?

"시간이 모자라서 못할 것 같습니다."

"제가 일본에도 가야 되고 도저히 그때까지는 힘들겠습니다."

"그렇게 촉박하게 시간을 주시면 저로서는 할 수 없습니다."

가능하다고 생각하면 그때부터 사람의 머리는 긍정의 안테나를 작동시킨다. 그러나 부정의 생각을 품고, 부정의 말을 하면 자꾸 안되는 쪽으로 밀고 간다. 잠을 줄이든지 새로운 아이디어를 내든지, 내 생각 속에서 먼저 그렇게 하겠다고 다짐하는 것이 중요하다. 긍정의 생각이 긍정의 말을 만든다. 상대방이 질문을 던지면 언제든지 긍정의 말이 나오도록 하라.

언젠가 학원을 경영하시는 어떤 분이 나에게 이런 글을 보내 왔다.

저는 어려서부터 유치원 선생님이 되는 것이 꿈이었습니다. 고등학교 때부터 주일학교 보조교사를 했고, 지금도 교회에서 교사를 하고 있습니다. 저는 구체적인 꿈을 가지고 살았습니다.

유치원 교사가 되고 나서는 10년 뒤에는 200평쯤 되는 유치원을 경영할 것이라고 입버릇처럼 이야기했습니다. 종이접기 사범 자격도 취득해서 부모 교육에도 활용할 것이라고 말하면서 열심히 배웠습니다. 그리고 기회가 있으면 직접 강의도 해보고 싶다는 생각을 했는데 정말 이 모든 것이 현실로 이루어졌습니다. 그래서 저는 "모든 것이 말하는 대로 이루어진다"는 것을 너무나 놀라울 정도로 느낍니다.

유치원 교사 생활을 10년 하고 나서, 이제 204평짜리 어린이집 원장이 되었습니다. 10년 전에 제 생각에는 200평이 꽤나 넓은 줄 알았어요. 그런데 좁더라고요. 그때 한 3000평쯤이라고 말할 걸 그랬습니다.

생각한 것을 말하면 그것이 행동으로 나타나게 된다. 생각한 것을 계속 말하면 나의 손과 발이 그런 행동을 계속하여 결국에는 그 일이 일어나는 것이다. 성경을 보라.

"여호와의 말씀에 나의 삶을 가리켜 맹세하노라 너희 말이 내 귀에 들린 대로 내가 너희에게 행하리니." (민수기 14:28)

하나님의 귀에 들리는 대로 행하시겠다는 말씀이다. 그러므로 항상 긍정적으로 말하라는 것이다. 여호수아와 갈렙만이 젖과 꿀이 흐르는 땅 가나안으로 들어갔다. 이들이 나머지 10명의 정탐꾼과 다른 점은 무엇인가? 그것은 긍정적인 입과 부정적인 입의 차이였다. 긍정적인 말에는 어마어마한 힘이 들어 있다. 당신의 위대한 혀의 권세를 오늘부터 믿어 보라.

부정의 말도 긍정의 말로 표현하라

언젠가 한북대학교에서 공무원과 기업체 간부들을 대상으로 강연한 적이 있다. 나는 거기서 육군대장을 역임하신 어떤 분을 만났는데 강연 후 20여 분 이야기를 나누었다. 대화 중에 그가 이런 말을 했다.

"정년을 마치고 막상 군에서 나오니 무엇을 해야 할지 모르겠습니다."

"나이가 많은데 무엇을 더 배워야 할지, 아직도 남은 세월을 어떻게 보내야 할지 막막해요."

그때 나는 이렇게 말했다.

"지금부터 10년 계획을 세우셔서 무엇이든 한번 도전해 보십시오."

"이제 인생 이모작 시대입니다. 지나간 인생을 경험삼아 새로운 일에 도전해 보십시오."

"현재 나이에서 20살을 빼고 새로운 일에 도전하시면 남은 여생이 신바람 나고 즐거우실 겁니다. 우선 나이를 잊어야 합니다. 일이 나이를 잊게 해 줄 겁니다. 신나는 일을 찾으시면 나이 드는 속도는 반으로 떨어질 것입니다."

사람은 긍정의 말보다 부정의 말을 더 많이 한다. 오랫동안 쌓여진 습관 때문일 것이다. 아래의 표를 보면서 긍정의 말을 개발하라. 긍정의 말을 잘하려면 훈련밖에는 방법이 없다.

부정의 말들	긍정의 말로 바꾼 사례들
나는 절대로 할 수 없다!	나는 노력해 볼 가치가 있다고 믿는다.
나는 그 일을 성취할 수 없을 것이다!	나는 그 일을 해볼 만한 일이라고 생각한다.
나는 전에 그 일을 해본 적이 없다!	내가 처음으로 해낼 기회를 얻었다.
나는 실패할지 모른다!	나는 시도해 볼 만하다고 생각한다.
	(행동으로 옮겨야 뭔가를 성취할 수 있다!)
나는 가진 돈이 없다!	나는 아이디어를 내어 돈을 모아 보겠다.
나는 전문성도, 실력도 없다!	나는 배우는 사람이다! 실력은 키우면 된다!
나는 이전에 실패한 적이 있다!	나는 실패를 통해서 많이 배웠다!
	나는 경험을 가지고 있다!
나는 문제 해결 능력이 없다!	나는 문제를 잘게 나누겠다!
	문제를 쪼개면 방법이 나온다!

아래의 사례를 보라. 말이 얼마나 사람에게 큰 영향을 주는가! 부정의 말이 반복되면 그것이 쌓여 습관화가 되고, 나중에는 생각도 행동도 그렇게 습관화되어 버린다.

저는 아들이 둘 있습니다. 큰아이가 6학년, 작은아이가 4학년입니다. 저에게는 엄마로서 아주 나쁜 습관이 있습니다. 무조건 작은아이를 편애하는 것입니다. 그래서인지 큰아이가 작은아이를 무척 싫어합니다. 자기 자리를 일찍 빼앗겨서인지 아니면 엄마의 사랑을 제대로 못받은 탓인지 자꾸만 정도가 심해집니다. 모든 것이 제 탓입니다. 둘이 싸우면 저도 모르게 작은아이를 보호하고 감쌉니다. 말도 작은아이에게는 사랑스럽고 다정하게 건네고, 칭찬도 합니다. 그런데 이상하게도 큰아이에게는 윽박지르고 비판하고 부정의 말을 하게 됩니다. 이것이 오랫동안 쌓이다 보니 저와 큰아이 사이에 이상한 거리감이 생겼습니다. 이제 곧 사춘기를 맞을 큰아이가 슬슬 반항하기도 하고 말도 거칠어졌습니다. 엄마로서 맘이 아픕니다. 그래서 요즈음은 반성도 하고 있고 기도도 합니다. 큰아이에게 애정 표현을 하려고 의식적으로 노력하고 있습니다. 우리 큰아이가 저 때문에 마음이 아팠을 것을 생각하니 저 역시 마음이 아픕니다. 어른들은 자식들이 똑같이 예쁘다고 하던데, 저는 그것이 참 어렵습니다.

'가능성' 의 말을 하라

나는 '가능성' 이라는 말을 매우 좋아한다. 사람들은 '가능성' 앞에서 들뜨게 되고, 기대감을 가지고 되고, 미래를 바라보기 때문이다. 가능성은 인생들에게 언제나 행복한 느낌을 준다.

스코틀랜드를 빛낸 위대한 문인 월터 스콧은 임종이 가까웠을 때 하인에게 책을 가져오라고 했다. 서가에 수많은 책이 있어 어느 책을 가져와야 할지 당황하여 하인이 물었다.

"어느 책을 말씀하는지요?"

"세상에 책은 하나밖에 없느니라."

그제야 하인은 얼른 뜻을 알아차리고 스콧에게 성경을 가져다주었다. 성경은 사람들에게 무한한 가능성을 열어 준다! 성경만이 사람에게 무한한 가능성을 제시해 줄 수 있다. 사람에게 어떻게 '가능성' 을 심어 줄 수 있는가? 나의 경험으로 보면 이렇다. 먼저 보게 하고(see), 다음에 행동하게 하고(do), 결과(output)를 내게 하고, 마지막으로 평가하게(evaluate) 하면 된다. 이것을 반복하면 점점 더 '큰 가능성' 을 찾게 될 것이다.

누군가 옆에서 도와 주시는 분이 있으면 당신은 성공할 수 있다.

"사람으로는 할 수 없으되 하나님으로는 그렇지 아니하니 하나님으로서는 다 하실 수 있느니라." (마가복음 10:27)

빌립은 말하기를 "내게 능력 주시는 자 안에서 내가 모든 것을 할 수 있느니라"라고 했다. 이것을 한마디로 말하면 '인생에서 가능하게 만들기(possiblization) 프로젝트'다. 아이젠 하워는 "사람이 자신의 두뇌와 준비된 실력과 기술을 다 바쳐 무슨 일을 한 다음에는 전능하신 하나님의 손에 맡겨야 한다. 그것들을 이루시는 분은 하나님이시기 때문이다"라고 했다.

말의 힘은 위에서 온다

창조적이고 성공적인 말은 미래에 일어날 일을 믿음의 눈으로 바라보는 것이다.

바울은 이렇게 고백했다.

"기록된 바 하나님이 자기를 사랑하는 자들을 위하여 예비하신 모든 것은 눈으로 보지 못하고 귀로도 듣지 못하고 사람의 마음으로도 생각지 못하였다 함과 같으니라 오직 하나님이 성령으로 이것을 우리에게 보이셨으니 성령은 모든 것 곧 하나님의 깊은 것이라도 통달하시느니라." (고린도전서 2:9~10)

모르스(1872~1950)는 전신기를 발명한 사람이다. 화가로서도 유명했던 그는 전자기학에 관심을 가지고 하나님께 이렇게 기도했다.

"하나님, 저에게 특별한 재능을 주셔서 감사합니다. 주님이 창조하신 만물을 보고 묘사할 수 있도록 하여 많은 사람들의 마음을 기쁘게 하심을 감사합니다. 바라옵기는 저에게 전신기를 발명할 수 있는 총명을 허락하여 주시옵소서."

1년 7개월 동안 노력한 끝에 기도의 응답을 받아 마침내 전신기를 발명하게 되었다. 발명 축하식을 거행할 때 모르스는 전신기로 가장 먼저 성경 구절을 발신했다. 그는 전신기 발명에 성공한 후에 다음과 같이 고백했다.

"사람들은 나에게 많은 찬사를 보내지만 나는 찬사를 받을 자격이 없습니다. 내가 다른 사람보다 우수하기 때문이 아니라 하나님이 인류를 위하여 누군가에게 그것을 알리셔야만 했으며 그 대상이 저였을 뿐입니다. 이것은 하나님이 저에게 주신 선물입니다."

참으로 멋진 고백이다.

큰 발명도 작은 발명도 사람의 머리가 중요한 것이 아니라 기도 중에 영감을 받는 것에 불과하다. 여호와를 경외하는 것이 지식의 근본이다. 통계를 보면 이제까지 노벨상을 수상한 사람 중에 60% 이상이 주님을 섬긴 사람들이었다. 긍정의 말은 위에서 내려온다. 성경에는 우리에게 '소망한 내일'을 주는 말씀으로 가득 차 있다.

나는 무한한 잠재력을 가지고 있다!

수족관에서 제일 좋아하는 어류는 상어라고 한다. 상어가 환경에 적응하는 능력이 아주 뛰어나기 때문이다. 새끼 상어를 어항 속에 집어 넣으면, 그 상어는 어항 크기만큼만 자란다고 한다. 어항에서 살던 15cm 크기의 상어를 바다에 풀어 놓으면 원래 크기만큼 자란다는 것이다. 어쩌면 우리는 어항 속에 있는 상어처럼 좁게 살고 있는지 모른다. 내 스스로 만들어 놓은 어항 속에서 일평생 그렇게 살고 그렇게 생을 마감할지 모른다. 얼마든지 바다에 나가면 원래 크기대로 성장할 수 있는데도 말이다! 내 안의 잠재력을 어떻게 꺼내느냐에 따라 사람은 어항 인생이 될 수도 있고 강물 인생, 바다 인생도 될 수 있다.

사람의 뇌는 컴퓨터 1000대, 마이크로필름 카트리지 100억 개, 복사기, 폴라로이드 카메라, 비디오, 와이드 스크린 영사기 전부를 저장할 수 있을 만큼 엄청난 용량을 가지고 있다. 하나님은 우리 인생들에게 가능성(possibility)과 잠재성(potential)을 주셨다.

2006년 가을학기에 한 수강생이 학점을 놓고 심한 고민에 빠졌다. 그 학생은 놀고 또 놀았다. 그러다가 마음속에 '나는 할 수 있다'라는 마음이 생기자 성적이 서서히 올라갔다.

1학년 1학기 초에 처음 대학을 다닌다는 우쭐한 마음에 날마다 놀고 먹고 자고 술 마시는 일상을 반복했습니다. 그러다가 시간이 흐르고 입학이 엊그제 같은데 어느새 중간고사가 코 앞에 닥쳐 있었습니다. "중간고사가 어려우면 얼마나 어렵겠어?" 하면서 대충대충 시험을 치렀습니다. 그리고 나서 또 어영부영 놀면서 시간을 보내다 보니 이번에는 기말고사…… 그러다 여름방학이 왔고 방학 동안에 성적표가 배달되었습니다. 학점은 2점대 중반. 저는 이래서는 안 되겠다고 생각하고 "2학기 때는 학점을 잘 따야지!" 하는 다짐을 했습니다.

어느덧 2학기 개강. 아니나 다를까 또 놀다 보니 중간고사, 기말고사, 또 겨울방학. 그리고 배달된 성적표. 이럴 수가! 이번엔 2점대 초반이었습니다. 하필이면 아버지께서 성적표를 보셨습니다. 저는 엄청 야단을 맞고 다시 한

번 다짐했습니다. 2학년 때에는 잘하자!

겨울방학이 지나고 2학년이 된 저는 아픈 기억을 되새기며 열심히는 아니지만 조금은 공부를 했습니다. 중간고사 느낌이 좋았습니다. 시간이 흐른 뒤 기말고사. 그리고 다시 날아온 성적표. 성적표를 펼치는 손이 수능 성적표 펼치던 때만큼이나 떨렸습니다. 이게 웬일! 학점이 3점대 중반으로 뛰었습니다. 남들 보기에는 하찮은 점수였겠지만 2점대에서 올라온 걸 생각하니 기분이 엄청 좋았습니다. 그때 '나는 할 수 있다'는 것을 느꼈습니다. 2학기에는 4점대 진입을 노리고 있습니다. 나는 할 수 있다!

사람은 누구나 자신의 가능성을 놓고 고민한다. 그러나 한번 해보고 진전이 있으면 자신의 능력을 믿게 되는 것이다. 내 안에 들어 있는 힘과 잠재력, 재능은 나의 일을 통해서 나온다. 우리는 하나님의 형상(image)을 따라 창조되었기 때문에 우리의 머리는 완벽한 것이다. 천하에서 유일하게 사람만큼은 완벽한 존재로 지음을 받아 태어났다. 성경 말씀을 보라.

"우리의 형상을 따라 우리의 모양대로 우리가 사람을 만들고"

(창세기 1:26)

"주께서 내 장부를 지으시며 나의 모태에서 나를 조직하셨나이다. 내가 주께 감사하옴은 나를 지으심이 신묘막측하심이라"

(시편 139:13~14)

사람은 신묘막측한 존재라는 것이다. 너무 신묘막측하니까 사람들이 오히려 그것을 알지 못하는 것이다. 물 속에 들어 있으면 물이 보이지 않는다. 사람은 '신묘막측'하게 만들어졌으니 이를 알지 못하는 것이나. 다른 모든 만물은 하나님이 말씀으로 창조하셨지만 사람만큼은 흙으로 직접 빚어 만드셨기 때문이다.

당신의 말이 당신의 잠재력을 깨운다

오랜 세월 동안 많은 학자들이 잠재력에 대해 연구하여 알아낸 결과는 다음 두 가지다.

첫째, 자신에게 무한한 가능성이 있다는 것을 확고한 신념으로 믿고 자신을 칭찬하고 격려하고 인정해 주면 엄청난 잠재력이 그 힘을 통해서 발휘된다. 빌립은 "너희 안에서 행하시는 이는 하나님이시니 자기의 기쁘신 뜻을 위하여 소원을 두고 행하게 하신다"고 말했다.

둘째, 사람의 두뇌는 쓰면 쓸수록 계발된다. 밤이고 낮이고 두뇌를 사용하라. 인간의 뇌는 쓸수록 닳아서 노화되는 것이 아니라 더욱 빛을 발한다. 철이 철을 날카롭게 하는 것처럼(Iron sharpens iron) 생각은 뇌세포를 더욱 활성화시킨다.

사이제스 박사가 쓴 〈Philistine and Genius〉라는 책을 보면, 잠재 능력은 깊이 잠재하고 있기 때문에 개발해야 나온다고 한다.

"교육의 이상은 결코 시험 점수를 높이는 것이나 수학한 학과 수를 늘리는 것이 아니다. 교육의 이상은 선천적 개성을 발전시키고, 독립적 견해를 획득하고, 독창적인 사상을 양성하는 것이다. 생물학, 생리학, 정신병리학 등의 연구에 의하면 우리들은 태어나면서부터 비상한 능력을 부여받고 있다. 다만 이 능력은 우리들의 표면에 나타나지 않는다. 우리 내부에 깊이 잠재하고 있는 것이다. 나는 이것을 '잠재 능력'이라고 부른다."

당신의 인생을 차별화시켜라

한 사람은 대학 출신이고 다른 한 사람은 학력이 없었는데, 견습을 위해 둘이 똑같은 자리에 배치되었다. 대학 출신 사원이 포드 사장을 찾아갔다.

"저는 최고학부 출신입니다. 그런데 학력도 없는 사람과 똑같은 자리에서 견습을 하는 것은 뭔가 잘못된 거 아닙니까?"

그러자 포드 사장은 이렇게 말했다.

"나는 자네의 능력을 채용한 것이지 이력서를 채용하지 않았네. 자네가 맡은 일에서 자네 실력을 보여 주게."

인생의 차별화는 능력의 발휘에서 오는 것이지 화려한 이력서에서 오는 것이 아니다. 언젠가 보육교사를 대상으로 교육할 기회가 있었는데, 그 당시 나는 이런 말을 했다.

여러분, 피자 안 좋아하시죠? 저도 피자 안 좋아합니다. 40대는 대부분 안 좋아하는 것 같습니다. 30대는 좋아하는데 40대는 안 좋아해요. 여러분도 알다시피 피자헛은 다양성(diversity)으로, 도미노피자는 빠른 배달(faster delivery)로, 리틀지저스는 가격(cheaper price)으로, 파파존스는 맛(good taste)으로 승부를 걸었습니다. 리틀지저스 피자가 강남에 들어가면 장사가 되겠습니까? 안 됩니다. 도미노피자는 학교 근방으로 가야 합니다. 싸고, 배달이 빠르고 그렇지 않나요? 하다못해 피자도 이렇게 차별화 제품을 만들어 경쟁하고 있는데 우리 인생도 마찬가지입니다. 우리 인생도 차별화시켜야 합니다.

"김 선생은 다른 건 몰라도 보고서 작성 하나는 끝내 줘. 우리 유치원에서 그 사람 따라갈 사람이 없어."

"최 선생은 숫자에 약하지만 미술 실력만큼은 모두가 알아 주지!"

여러분, 어느 하나를 선택해야 합니다. 모두 다 잘할 수는 없어요. 두루두루 이것저것 하게 되면 나중에 정말 두루뭉수리 인생이 됩니다. 하나를 똑 부러지게 잘해야 해요. 여러분들의 잠재력이 무엇인지 찾으시기 바랍니다. 어느 곳에서든 그 잠재력을 발휘하면 됩니다.

한 가지 일에 매진하라. 그리고 인생의 차별화는 말의 차별화에서 시작된다. 말부터 먼저 긍정적으로 하고, 당신의 생각을 구체적으로 표현하라. 말이 여러분의 인생을 만들어 갈 것이다. 다음의 사례를 보라. 얼마나 큰 차이인가? 차원이 다른 표현이다.

체력이 아주 좋습니다. → 마라톤 완주 4회 경험이 있습니다.

어학을 아주 잘합니다. → 혼자 무역을 할 정도의 수준입니다.

좋은 정보를 잘 수집합니다. → 고객 정보를 1000회 분석한 경험이 있습니다.

학점이 좋습니다. → 평균 학점이 3.9이고, B과목은 4.3입니다.

표현하는 방법에 따라서 말이 완전히 달라진다. 보다 자극적이고 긍정적이고 도전적인 표현을 사용하라.

"누구든지 그리스도 안에 있으면 새로운 피조물이라 이전 것은 지나갔으니 보라 새것이 되었도다." (고린도전서 5:17)

"너는 두려워 말라 내가 너를 구속하였고 내가 너를 지명하여 불렀나니 너는 내 것이라." (이사야 43:1)

긍정의 말을 위하여!

● 말 개발 전략

하루에 1번씩 소리 내어 크게 외쳐 보라.

당신은 변할 것이다!

– 나는 나의 머리가 무한한 잠재력을 가지고 있다고 믿는다.

– 나는 사물을 바라보고 긍정적인 말을 하고, 창조적인 행동
을 꿈꾼다.

– 나는 없는 것을 있는 것처럼 생각하고 행동한다.

– 나는 '현상 유지' 보다 '인생 발전' 에 나의 '생각' 을 집중한다.

● 적용 말씀

너는 내게 부르짖으라 내가 네게 응답하겠고 네가 알지 못하
는 크고 비밀한 일을 네게 보이리라. (예레미야 33:3)

● 4차원 인생을 위한 나의 질문

나는 지금 내가 간절히 찾고 있는 것을 소리 내어 외치고
있는가?

5. 나는 칭찬과 격려의 말을
   하루에 한 번 하겠다

무릇 더러운 말은 너희 입 밖에도 내지 말고
오직 덕을 세우는 데 소용되는 대로 선한 말을 하여
듣는 자들에게 은혜를 끼치게 하라. (에베소서 4:29)

한 심리학자가 10명에게 퀴즈를 냈다. 두 그룹으로 나누고, 그룹 1
의 5명에게는 정답과 관계없이 "아주 잘했다"고 말하고, 그룹 2의 5
명에게는 역시 정답과 관계없이 "아주 엉망으로 했다"고 말했다. 재
차 똑같은 퀴즈를 내서 두 그룹에게 주었다. 그런데 "아주 잘했다"고
칭찬받은 그룹은 '좋은 결과' 가 나온 반면에, "아주 엉망으로 했다"는
말을 들은 그룹은 '나쁜 결과' 가 나왔다.

그만큼 칭찬은 상대방에게 힘을 준다. 언젠가 성남에 있는 서울공
항 공군기지교회에서 혼성비행단장을 접견한 적이 있다. 인사를 나누
고 그 분에게 내가 저술한 책 한 권을 선물했는데, 내 책을 보더니 처

음부터 끝까지 칭찬만 해 주었다. 지금도 그 칭찬을 잊지 않고 있다.

"그저 교육이 좋아서 강연을 하신다니 참 멋있는 인생입니다."

나는 그 한마디에 어깨가 으쓱할 만큼 기분이 좋아졌고 날아갈 듯했다. 강연 전에 면담을 했기 때문에, 그날 나는 기분이 아주 좋은 상태로 신바람 나게 강연했다. 칭찬 한마디는 그 사람을 오래 기억하게 만든다.

2005년 12월에 사랑의교회 오정현 목사님이 〈내 인생의 블루오션〉 책을 받으시고는 한 장의 편지를 보내 주셨다. 그 편지를 받고 나는 기뻤다. 매우 바쁘신 분임을 잘 알고 있었는데, 목사님이 귀한 시간을 내서 편지로 잘했다고 격려와 칭찬을 아끼지 않으셨기 때문이다. 나는 한동안 그 편지를 내 책상 위에 붙여 놓고 고마워했다. 그때 나는 이런 생각을 했다.

"아! 목사님이 생각이 크신 분이구나! 한 번도 얼굴을 대면한 적이 없는 생면부지의 나에게 이렇게 감동의 편지를 주시다니! 나에게까지 이런 관심을 보여 주시는 걸로 보아 사랑의교회 성도들은 참 행복하겠다!"

신앙 생활 24년 만에 주의 종으로부터 편지를 받아 보기는 처음이었다. 그러니 내가 얼마나 기쁘고 즐거웠겠는가! 목사님께서는 편지 말미에 이런 성경 말씀을 남겨 주셨다.

"날마다 우리 짐을 지시는 주 곧 우리의 구원이신 하나님을 찬송하리로다."

이 한 장의 편지는 나에게 일평생 기억할 일이 되었다.

칭찬할 때 다음과 같은 문구들을 사용해 보라.

"대단하십니다. 잘하실 줄 알고 멀리서 지켜보고 있었습니다."

"당신은 언제 어디에서나 빛을 내는 사람입니다."

"제가 당신을 추천한 것은 능력을 잘 발휘하리라 믿었기 때문입니다."

"그 일은 오직 당신만이 할 수 있는 일이니 잘할 수밖에 없습니다."

"역시 미래를 바라보는 눈이 남다르시군요."

"지금은 조금 부족하지만, 이제까지 하신 걸로 보아 성취는 시간 문제입니다."

"실력이 아직 남아 있는 것 같습니다. 다음에도 또 기대하겠습니다."

당신이 이런 칭찬의 말을 들었다고 한번 상상해 보라. 얼마나 큰 힘이 되겠는가! 언젠가 내가 아는 해설위원에게 위의 말과 비슷하게 칭찬한 적이 있었는데, 그가 나중에 전하기를 그 당시 그 말을 듣고 큰 힘을 얻었다고 했다. 엄청난 격려와 자신감이 생겼다고도 했다. 칭찬과 격려는 사람이 먹고 자라는 영양제이다.

빌리 그레이엄. 그는 20세기가 낳은 세계적 부흥사다. 이 시대에 그런 위대한 부흥사가 살아 있다는 것은 축복이다. 그도 어려서 동네 사람들의 눈살을 찌푸리게 하는 골칫덩이였다고 한다. 사람들은 "쟤가 커서 나중에 뭐가 되려고 저러나!" 하고 머리를 절레절레 흔들었다. 그렇지만 그의 할머니는 달랐다. 개구쟁이 손자의 머리를 쓰다듬으며 "너는 말을 잘하고 사람을 끄는 재주가 있어. 그러니 개성을 잘 살리면 앞으로 크게 될 거야." 이 말 한마디가 그의 인생을 바꾸어 놓았다. 그는 마침내 세계적 부흥사가 되었다.

맥아더. 그도 어려서 말할 수 없이 개구쟁이였다고 한다. 말썽을 피우고, 사고를 치고, 아이들을 몰고 다니며 골목대장 노릇을 했다. 그런 모습을 보며 사람들은 그의 장래를 염려했다. 그러나 맥아더의 할머니는 "너는 군인 기질을 타고났다"고 말했다. 이 말 한마디에 눈이 확 뜨였다고 후에 맥아더는 고백했다. 그래서 그는 결국 위대한 군인이 될 수 있었다. 이처럼 칭찬 한마디가 사람의 일생을 바꾸어 놓는다.

언젠가 내 강의를 듣고 있는 전도사 한 분이 게시판에 이런 글을 올려 주었다. 한 학생이 한마디 말에 수치와 분노를 느껴 투신자살하였다는 가슴 아픈 이야기였다. 분노의 말 한마디가 살인 무기가 된 것이다. 다음 글을 읽어 보라.

저는 전도사로서 아주대학병원에서 2년 반 동안 임종 직전의 환자들을 심방하여 영적, 정신적, 육체적으로 도와 주는 자원봉사를 한 경험이 있습니다. 그 일을 하게 된 동기는 이렇습니다. 33살 때 신학교에 편입하여 3년을 공부한 후 남편의 회사 전근으로 인천에서 수원으로 이사하게 되었습니다. 졸업하던 해에 목회지를 놓고 기도하던 중 아주대병원으로 인도함을 받게 되었지요.

처음에는 수원중앙침례교회 목사님을 모시고 심방을 다녀왔습니다. 그런데 두 번째로 아주대병원에 가는 날, 그날은 주일 새벽이었어요. 자고 있는데 제 앞에 꿈이 아닌 환상이 보였습니다. 하얀 천을 목까지 덮고, 얼굴은 부은 듯하고, 생머리를 짧게 자른 한 사람이 누워 있는 침대가 제 눈앞에 클로즈업되었습니다. 저는 그 순간 꼭 기도를 해야만 할 것 같아 막 기도를 하려는데 갑자기 제 등 뒤에서 어떤 무서운 힘의 존재가 느껴지기 시작했어요. 그리고 어떤 공간 안에 짧은 퍼머 머리를 한 40대 중반의 여자 분이 저에게 도움을 청하는 모습도 클로즈업되었습니다. 저는 너무 신기하고 처음 경험하는 일이라 얼른 자리에서 일어나 그때의 느낌과 모습을 노트에 그림으로 그려 놓았습니다. 그리고 남편을 깨워 "여보, 정말 이상해" 하면서 그 이야기를 해 주었습니다.

그날 아침 10시 30분경 병원에 심방을 갔는데 목사님이 설교를 중간쯤 하셨을 때 뒤에서 갑자기 여자 한 분이 오시더니 목사님을 모시고 중환자실에 갔으면 좋겠다고 말했어요. 이유를 물으니 지금 자기 조카가 죽어간다는 것이었습니다. 그래서 제가 대신 가면 안 되겠느냐고 했더니 나 보고 누구냐고 하더군요. 그 순간 저도 모르게 "전도사인데요"라고 대답했습니다. 그래서 그 분의 안내를 받아 중환자실에 가게 되었는데, 가기 전에 먼저 간절히 기도했습니다.

"주님, 지금까지 저는 한 번도 임종 환자를 만난 적이 없는데 그 사람을 만나면 뭐라고 할까요?"

그때 강력한 한 말씀이 머리에 떠오르며 암송되었습니다.

"살아서 믿는 자는 영원히 죽지 아니 하리라 이것을 네가 믿느냐?"

"주여 그러하외다 주는 그리스도시오 세상에 오시는 하나님의 아들이신 줄 내가 믿나이다."

저는 이 말씀을 전해 주기로 마음먹고 중환자실로 갔습니다. 중환자실에 가 보니 어떤 여고생이 19번 침대에 누워 있었는데, 얼굴이 퉁퉁 부어 눈동자가 보이지 않았고, 입에는 호흡기를 달고 있었습니다. 그리고 흰색 얇은 천을 몸 위에 덮고 있었습니다. 저는 그 학생에게 다가가서 "○○야, 나는 너를 처음 본다. 하지만 너에게 꼭 전해 주고 싶은 말씀이 있다"라고 말하면서 암송되었던 성경 말씀을 전했습니다.

"○○야, 이 말씀이 믿어지면 말은 못하더라도 눈을 깜박여 보렴."

그때 그 학생은 눈을 깜박였습니다. 그래서 그를 위해 간절하게 기도했습니다. 그리고 그 학생은 다음날 새벽에 임종을 했습니다.

나중에 자초지종을 알게 되었는데, 그때 도움을 청했던 여자 분은 그 학생의 사촌고모였고, 그 학생은 모 고등학교 2학년 여학생이었습니다. 평상시 굉장히 착한 학생이었는데 어쩌다 밤에 사복 차림으로 다닌 것이 문제가 되어, 학교 생활지도부 선생님이 품행이 단정하지 않은 학생으로 낙인을 찍고, 그 학생에게 학교에 엄마를 모셔오라고 했답니다.

그 학생은 수치와 분노를 참지 못하고 인근 아파트 14층에서 투신자살을 시도했어요. 그런데 떨어질 때 나무에 걸리는 바람에 즉사하지 않고 충격으로 장 파열과 척추 파열이 일어났습니다. 그때 그 아파트에는 아주대병원 방

사선과 기사가 살고 있었기에, 그 학생을 아주대병원 응급실로 급히 데려오게 되었습니다. 응급 처치를 하였으나 심한 출혈로 생명이 위독하여 의사가 말하기를 그날 밤을 넘기기 어렵다고 했습니다. 이 말을 듣고 사촌고모가 병원에 원목실이 있을 것 같아 수소문했고, 마침 그날 주일 아침 예배가 있다는 소식을 듣고 예배 장소인 2층 회의실로 오신 것입니다.

저는 그 다음 주일 새벽에 또 환상을 보게 되었고, 그런 환상이 여덟 번째로 보였을 때 "하나님이 나에게 이 심부름을 시키시려나 보다"고 생각했습니다. 그 후 새벽에 임종 환자들을 만나 말씀을 전하고 기도해 주고 돌아오는 일이 반복되었습니다. 참 신기한 일이었어요. 그러나 새벽에 환상이 보이는 것만은 힘들어서 기도했습니다.

"하나님, 저에게 환상을 보여 주시지 않더라도 그 심부름을 하겠습니다."

그 이후로는 환상이 보이지 않았고, 이 일을 계속하다 보니 아주대병원 교회 원목실 전도사가 되어 임종 환자와 그 가족들을 섬기게 되었습니다. 이 일을 통해 저는 참으로 멋진 하나님, 오묘하신 하나님을 경험하였습니다.

그로부터 세월은 많이 흘렀고, 그 학생이 살아 있었다면 지금쯤 28살이 되어 있었을 것입니다. 10여 년 전 10월 중순경, 그 학생의 마지막 모습이 아직도 선명하게 떠오릅니다.

2006. 10. 29. 아침 8시에

가슴이 섬뜩하다. 몇 마디 말 때문에 한 인생이 세상을 등진 것이다. 말은 능력이 있고 힘이 있다. 그러나 그것이 잘못 사용되면 총보다 더 위험하다. 서양 속담에 "개구리는 입 때문에 잡아먹힌다"는 말이 있다. "꿩도 울지 않으면 총에 맞지 않는다"는 말도 있다. 개구리는 시끄럽게 울기 때문에 뱀에게 발각되어 잡아먹히고, 꿩은 울지 않으면 사냥꾼에게 발각될 염려가 없으니 총에 맞을 리 없다는 것이다. 짐승도 입을 놀렸다가 잡아먹히는데 하물며 사람이 말을 잘못하면 그 말에 큰 지배를 받게 될 것이다.

사람은 98% 이상 말의 지배를 받으며 살아간다. 말은 뇌세포를 자극하고, 뇌세포는 척추 신경을 자극하고, 척추 신경은 행동을 낳는다. 스마일 박사는 "생각은 행동을, 행동은 습관을, 습관은 성품을, 성품은 삶의 운명을 바꾼다"고 했다.

> 격려의 말을 하면 온종일 상대방이 즐겁고,
> 칭찬의 말을 하면 온종일 내 마음이 기쁘다.
> — J. Kwak

긍정의 말을 위하여!

➡ 말 개선 전략

칭찬은 타는 촛불처럼 사람을 들뜨게 만들어 주고,
격려는 물 위에 배처럼 사람을 기분 좋게 해 준다.

－ J. Kwak

➡ 적용 말씀

아무 일에든지 다툼이나 허영으로 하지 말고 오직 겸손한 마
음으로 각각 자기보다 남을 낮게 여기고 (빌립보서 2:3)

➡ 4차원 인생을 위한 나의 질문

나는 하루에 몇 번 칭찬하고, 몇 번 격려하며 살고 있는가?

6. 나는 긍정의 행동으로
나의 인생을 변화시키겠다

나는 몹시 어둡고 무서웠던 시절을 보냈습니다.
교육을 제대로 받지도 못했습니다.
그러나 세상에서의 성공은 지식보다 태도에 달려 있다고 생각합니다.
-던킨

말은 살아 숨쉰다

에밀리 디킨슨이 말에 관한 시를 하나 지었다.

어떤 이들은 말한다.
말은 입 밖에 나오는 순간 죽는다고.
나는 말한다.
말은 바로 그 날 살기 시작한다고.

어떤 말이든 입술 밖으로 나오는 순간 살아 숨쉰다. 그 말은 자신 또는 다른 사람들에게 영향을 줄 것이다.

2004년도에 나와는 잊지 못할 그리고 보기 드문 인생 교류를 나눈 나이 40의 학생 한 분이 있었다. 그 분은 14주차까지 내 강의를 들은 후 자신의 변화 과정과 성장 과정을 진실되게 그리고 사실적으로 글로 적었다. 나는 이 글을 읽으면서 이런 생각을 했다.

"한 인생이 이렇게 변할 수 있구나!"

"나이가 40이 넘어도 사람은 교육의 힘으로 크게 변할 수 있구나!"

그가 남긴 교류의 글은 나 자신이 다시 배우는 기회가 되었다. 사람은 다른 사람과 교류함으로써 자신의 생각과 마음이 정리되고 구체화되어 인생의 리모델링이 일어나 발전하게 된다. 그는 주차별로 자신이 변화되어 가는 과정을 사실적으로 잘 묘사하고 있다.

1~2주차 : 목표 설정의 기초와 응용

다른 학생들은 다들 좋다고 열광하는 강의인데, 나는 어쩐지 지루하기만 하다. 지루하다기보다는 맥이 빠진다.

3~4주차 : 꿈과 비전의 습관 형성 기초와 모델

계획 없이 시작한 날은 혼돈으로 끝난다. 게시판에도 올렸듯이 나는 그 동안 계획과 실천은 많았지만 목표와 결과가 없는 삶을 살았다. 무엇인가 새로 시작할 때에도 어디 이거 한번 해보자, 앞으로 이게 전망이 있다더라 하면서 막연히 시작했을 뿐, 내가 왜 이걸 꼭 해야 하는지, 이걸 배워서 나중에 무엇을 해야겠다 하는 구체적인 목표가 없었다.

우물을 파더라도 이 우물을 파서 내가 물을 마시려는 건지 빨래를 하려는 건지 무슨 목적을 가지고 파야지, 무엇을 할 건지도 모르는 상태에서 죽자 하고 우물만 파는 것이 대체 무슨 소용이란 말인가? 먼저 목표를 설정하고, 그 목표를 달성하기 위해 계획을 짜고 실전에 옮기는 것이지, 먼저 행동하면서 그 행동에 적합한 목표가 나타나기를 기다리는 일은 미련한 짓이다.

5~6주차 : 인생 성공 방정식과 인생 경영 모델링

성공이라……. 지금까지 살아오면서 나는 이 말을 몇 번이나 해봤을까? 성공에 대해 한 번도 진지하게 생각해 본 적이 없고 관심도 없었던 것 같다. '성공'이라고 하면 가난한 집에서 태어나 격동의 현대사를 겪으며 자수성가하여 대기업 경영자가 된 부자들 이야기 정도로만 생각하고 있었다. 그런데 오늘 강의를 들어 보니 성공이란 스스로 가치 있는 목표를 설정해서 그것을 달성하기 위해 끊임없이 노력하는 거란다. 이런 측면에서 볼 때, 내 인생에서 과연 성공한 것은 무엇일까? 아니, 가치 있는 목표라도 있었나?

가끔은 전철 안에서 자신감이 넘치고 건강한 인상의 사람들을 본다. 그냥 아무 표정 없이 앉아 있는데도 그들의 눈은 생기가 넘치고 싱싱한 에너지를 발산하고 있다. 그들을 훔쳐보다가 차창에 비친, 생기 없고 껍데기만 남은 듯한, 마치 병자 같은 내 얼굴 표정을 보면 부끄러운 생각이 든다. 사람은 40이 되면 자기 얼굴에 책임을 져야 한다는데……. 이 말이 무슨 뜻인지 잘 이해하지 못하겠지만, 아마 그 사람이 열정을 가지고 활기 찬 인생을 살아왔는지 아니면 주어지는 운명에 굴복하면서 마지못해 살아왔는지가 굳이 나타내려 하지 않아도 표정에 나타나기 때문일 것이다. 가치 있는, 구체적인 목표. 어서 그것부터 찾아봐야겠다.

7~8주차 : 자신감 성장 방정식과 'It is possible!'

나는 나 자신의 지능이 항상 의심스러웠다. 회사에서 같은 실수를 반복하고, 한 번 하면 될 일을 두 번, 세 번 하고, 말귀를 잘 못 알아듣고, 멍청한 짓이나 한다고 핀잔을 듣는 내 자신이 너무너무 싫었다. 그런데 오늘 강의 시간에, 어느 학자가 학창 시절에 저능아로 낙인 찍혔고, 사회에 나와서도 저능아 취급을 받으면서 이 직장, 저 직장을 전전하다가 32살 때 자신의 아이큐가 161이라는 말을 듣고는 자신감을 얻어 노력한 끝에 훌륭한 학자가 되었다는 얘기를 들었다. 이 말을 듣고 그야말로 내 머릿속에 '폭풍'이 몰아쳤다.

어쩌면 나도 천재적인 머리를 가지고 있을지 모른다. 계산이 좀 틀리고, 무슨 일이든 한 번에 일사천리로 완벽하게 끝내지 못하고, 아무리 검토하고 검토해도 보고서에 잘못된 부분이 발견되는 등의 일은 누구에게나 있는 실수이다. 가만히 생각해 보면, 실수는 대부분 정신없이 바쁠 때나 부서원간에 의사소통이 안되어 발생하는 것이지 늘 일어나는 것은 아니다. 내가 내 자신을 인정하지 않으면 누가 날 인정해 주겠는가? 항상 실수를 두려워하고 주눅들어 있는데 어떻게 큰 역량을 발휘할 기회가 주어지겠는가? 이제 내 태도를, 생각을 바꾸어야겠다. 나의 두뇌는 내가 인정하고 스스로 만들어 가는 것이다. 누가 뭐라 해도 나는 천재다.

9주차 : 시간 관리

하루 두세 시간만 자고 일하거나 공부하는 것도 하루 이틀이지 나는 체력이 달려서 못 견딘다. 의학 전문가들도 건강을 유지하려면 하루 6~8시간 수면을 취해야 한다고 하지 않는가? 극한 상황에 몰리면 불가능한 일도 가능해진다니까 또 모르지. 이것저것 다 떠나서 1시간만이라도 일찍 일어나 보려고 하는데 그게 잘 되질 않는다. 깼다가 다시 자게 되고, 알람 소리가 듣기 싫어 아예 알람 기능을 끄고 자기도 한다. 역시 실천의 길은 멀고도 힘들다. 최대의 적은 바로 나 자신이라더니 그 말이 딱 맞다. 회사에 일찍 출근할 일이 있거나 그 시간에 안 일어나면 누가 때려서 억지로 일어나게 한다면 몰라도, 혼자서 마음먹고 하는 일이어서 그런지 어려운 것 같다.

10~12주차 : 지식 창출과 교류 능력 향상

지식. 오늘 강의를 들으면서 내가 그 동안 얼마나 지식에 대해 고전적이고 보수적인 생각을 품고 있었는지 깨달았다. 교육철학 시간이나 교육과정 강외에서 시대별 교육 사조를 공부할 때에도 고선석 의미의 지식을 참된 지식이라 생각했고, 하루가 다르게 변화하는 새로운 지식은 경박하게 생각했다. 그런데 오늘 '창조적 지식의 진화'라는 설명을 들으면서 이런 내 생각이 얼마나 편협한 것이었는지를 깨달았다.

이제 나도 지식뿐만 아니라 공부, 인생에 대해 지금까지 품고 있던 생각을 바꿔 좀더 밝고 넓고 융통성 있고 끊임없이 발전하는 삶을 살아야겠다. 처음 플러스 인생 경영 강의를 들을 때에는 강의가 너무 맨송맨송하다고 생각했는데 계속 듣다 보니 청량음료처럼 상쾌하게 마음과 머릿속을 적셔 준다. 나에 대한 새로운-새삼스러운-발견 한 가지. 나는 왜 비판만 하고 칭찬할 줄 모를까? 남들과 전혀 다른 시각으로 사물을 판단하고 비판하는 건 분명 장점임에 틀림없지만, 칭찬에 너무나 인색한 나 자신을 발견했다.

13~14주차 : 리더십 개발과 인생 헌법

오늘 플러스 인생 경영 마지막 강의를 들었다. 짧은 기간 동안 많은 내용을 듣느라 힘들었지만 나 자신에 대해 그리고 지금까지의 삶에 대한 태도, 사고방식, 인생관 등에 대해 깊이 생각해 보고 반성해 볼 수 있는 좋은 시간이었다. 이제 학기가 끝나고 다음 학기가 되고 내년이 되어도 이 강의를 통해 배우고 느끼고 깨달은 것들을 잊지 않고 인생의 밑거름으로 삼아, 나 자신을 발전시키고 인생의 효율을 높일 수 있도록 해야겠다.

이 중년 신사의 이 글을 읽으면서 "사람이 변하기 전에 무수한 갈등을 하는구나! 그리고 변화를 몰라서 못하는 것이 아니구나!" 하는 생각이 들었다. 사람은 변화하기 전에 그 동안 자신이 다져 온 인생의 틀과 다시 새롭게 짜야 할 인생의 틀, 그 중간에서 무수히 번뇌한다. 이 중년 신사는 두 개의 인생 문짝이 삐그덕거리며 계속 부딪혔던 것이다. 그러니 사람을 변화시키는 일이 얼마나 힘든 일인가?

나는 여기서 중요한 것을 또 하나 발견한다. 사람은 자신의 생각을 글로 적는 과정에서 변화의 초점을 찾을 수 있다는 것이다. 자신의 생각을 글로 적어서 누군가에게 준다는 것은 교류의 시작일 뿐 아니라 새로운 인생의 시작을 알리는 신호탄이다. 자신이 도전적으로 변하려면 먼저 자신의 생각을 글로 적어라. 적은 것을 바라보면 변화의 초점이 잡힌다.

한번 형성된 습관은 좀처럼 떼어 내기가 힘들다. 거머리처럼 달라붙는 것이 습관이다. 한번 형성된 생각의 습관, 행동의 습관은 우리가 인생에 종지부를 찍을 때까지 버티기를 좋아한다. 여기 세 사람 인생의 잠재력이 어떻게 살아났는지를 보라. 이들은 모두 2004년 8월에 나의 강의를 듣고 변화의 물꼬를 트기 시작하였다. 그들의 생생한 경험을 소개한다.

제목 : 1그램의 행동이 1톤의 생각보다 낫다

강의가 중반쯤 진행되었을 때 잠깐 회의가 밀려왔습니다. 어쩌면 저는 이 강의에서 마술을 원했는지도 모르겠습니다. 변화가 마술처럼 일어나리라 기대했던 것 같습니다. 이 강의를 들을 필요가 있을까 하는 회의가 느껴졌을 때 강의 듣기를 포기하려고도 했습니다. 더구나 시간이 늘 부족해서 피곤과 싸우고 일과 싸워야 하는 상황이었기에 더욱더 그랬습니다. 그런데 어느 날 저의 변화를 촉발시킨 중요한 말을 듣게 되었습니다.

"나무토막은 흐르는 물을 따라 떠내려가지만 물고기는 헤엄쳐 거슬러 올라갑니다!"

그때에야 저는 나무토막이 되기 싫어서 변화를 원했으면서도 나무토막처럼 물을 따라 떠내려가고 있었던 저를 발견하였습니다. 저는 칠판에 이렇게 썼습니다.

"1그램의 행동이 1톤의 생각보다 낫다!"

이제야 저도 글로 적은 목표를 갖게 된 것입니다. 비로소 저는 행동하기 시작했습니다.

"뿌리는 물을 찾아서 멀리 뻗는다. 물줄기를 찾아서 뿌리를 뻗는다. 성장의 뿌리는 물이 있는 곳을 찾아간다!"

이것은 교수님이 강의에서 하신 말씀입니다. 그래서 저는 전에 관심조차 두지 않았던 모임에도 참가하려고 애썼고, 긍정적인 사람이 되려고 노력했습니다. 부정적인 글을 썼다가는 바로 지우고 긍정적인 글로 고쳐 썼습니다. 사람들에게 기쁨과 희망과 용기를 주는 행동만을 하려고 애썼습니다. 그것이 제가 해야 할 가장 중요한 일이라고 생각했습니다. '내면적 자세'는 달리는 말에 채찍을 가하는 효과를 냈고, 저를 행동하게 만들었습니다.

"교육은 태도를 변화시키는 것입니다. 변화한다는 것은 기존의 것을 청산하고 새로운 것을 접하고 바라본다는 것입니다. 오늘부터 당신의 태도를 긍정적이고 생산적인 것으로 바꾸어 가십시오. 태도를 바꾸려면 생각과 말부터 바꾸어 가면 됩니다."

이 말은 죽을 때까지 저를 일깨워 준 스승이 될 것입니다. 사람은 무한한 재능을 갖고 있다고 하지요. 아마도 저에게 잠재되어 있는 변화에의 열망을 이 말이 일깨워 주었을 것입니다. 그래서 잊지 못할 스승입니다. 믿을 수 없게도 제가 목표를 갖게 되었습니다. 그리고 저의 변화는 물론이고 타인에게도 그 변화를 전하고 싶은 열정을 느꼈습니다.

시간의 가치, 삶의 가치도 알게 되었습니다. 이제 수동적 인간에서 능동적 인간으로 변화된 제 자신을 느낄 수 있습니다. 저의 변화를 주위 사람들의 피드백을 통해 더욱 확실히 알 수 있었습니다. 저는 이제 리더입니다. 한 가정의 리더, 직장의 리더, 제 자신의 리더, 그리고 미지의 세계에서의 리더입니다. 앞에서 이끌면서 봉사하는 삶을 살아갈 것입니다. 많이 웃으며 살아갈 것입니다. 복잡한 삶을 미소로 풀면서 살아갈 것입니다. 사람들에게 많은 사랑과 용기를 주는 사람이 될 것입니다. 그것이 제가 아는 지혜이기 때문입니다. 그것이 제 삶의 가치이기 때문입니다.

제목 : ‘나는 안 돼’ ‘나는 할 수 없어’ ‘나 같은 게 어떻게’

이제는 고지가 보이는 것 같습니다. 이 강의는 모든 사람들이 공감할 수 있는 한편의 인간승리 드라마라고 생각합니다. 이번에 이 강의를 들음으로써, 꿈을 포기할 뻔했던 제가 좌절하지 않고 마침내 꿈을 실현할 수 있는 씨앗을 심게 되었다고 생각합니다. 우리 모두는 꿈을 가지고 있지만 이런저런 이유로 그 꿈을 포기하기도 합니다. 저는 매일같이 치열하고 바쁘게 살아왔습니다. 그래서 지금까지 하루하루 주어지는 일에만 몰두했을 뿐 인생 자체에 대하여 깊이 있게 생각해 볼 기회가 없었습니다. 하지만 이 강의를 듣고 난 후 달라질 것입니다. 아니 이미 달라져 있습니다.

나에게 무궁무진한 잠재력이 있다는 것을 알게 되었습니다. 마음의 소원을 분명하게 확인했고, 총력 투구할 수 있도록 나의 목표를 마음의 소원과 일치시켰고, ‘나는 안 돼’ ‘나는 할 수 없어’ ‘나 같은 게 어떻게’ 라는 부정적인 생각을 버렸습니다. ‘이제 새사람이 되었다’ 라고 자신 있게 말할 수 있는 자신감도 얻었습니다. 일곱 번 넘어져도 여덟 번 다시 일어서는 용기와 신념을 가지고 앞으로는 어떤 어려움이 닥쳐도 쉽게 낙심하거나 포기하지 않을 것입니다. 모든 일에 감사하며, 실패는 실패가 아니라 성공의 밑거름이라고 생각할 것입니다.

제목 : 나누기 위해 공부하겠습니다

배워서 남 주면 아까울까 봐 공부를 안 했던 학창 시절이 이젠 아쉽습니다. 남에게 나누어 줌으로써 나에게 그 이상의 것이 생긴다는 것을 이제야 알았습니다. 앞으로 남은 내 인생에 나태함, 게으름, 부정적 생각, 미움 따위는 없을 것입니다. 내가 이루고자 하는 모든 꿈을 꼭 이루고야 말겠습니다. It is possible!

부정의 생각, 부정의 마음은 부정의 말을 낳는다. 우리의 행동은 생각과 마음의 알갱이가 밖으로 나오는 것이다. 마음의 알갱이는 우리 인생의 씨앗이다.

말을 잘 하려면 은유법을 즐겨라

자신의 생각을 전달하는 과정에서 다른 사물을 은유적으로 설명하는 것은 아주 훌륭한 방법이다. 은유하기를 좋아하는 사람은 몇 가지 특징이 있다.

- 꿈이 크고 담대하다(새를 보고 나는 비행기를 연상한다).
- 상상력이 풍부하다(사물의 관계성을 잘 찾아낸다).
- 호기심이 많고 의문을 많이 가진다.
- 사물을 보면 의구심을 품고 여러 측면에서 생각하기를 좋아한다.
- 논리를 깨기를 좋아하며 오픈 마인드를 가지고 있다.

예수님은 32가지의 은유법으로 메시지를 쉽게 전달하였다.

- 지혜로운 건축자와 미련한 건축자(누가복음 6:43~49)
- 장터의 아이들(마태복음 11:16~19)
- 천국의 재형성에 대한 은유(마태복음 13:3~23)
- 실과 없는 무화과나무(누가복음 13:6~9)
- 부자와 거지(누가복음 17:7~10)
- 포도원과 품꾼(마태복음 20:1~16)
- 혼인잔치(마태복음 22:1~14)
- 열 명의 처녀들(마태복음 25:1~13)

- 양과 염소(마태복음 25:31~46)
- 혼인잔치의 자리(누가복음 14:7~11)

은유법으로 설명하면 상대방이 쉽게 이해할 수 있고 기억하기에도 좋다. 비유는 모든 사람들에게 호소력을 가진다. 자신의 생각을 쉽게 표현하려면 주위의 사물과 자신의 생각을 연결시켜라. 그렇게 하면 당신의 메시지가 상대방의 머릿속에 대못처럼 박힐 것이다.

팔리는 나가 되라

나는 강의할 때마다 빼놓지 않는 것이 하나 있다. 학생들에게 교류 능력을 키우라고 말하는 것이다. 말은 교류의 수단이다. 어느 경영대학원에서 강의했던 강의 노트를 여기에 옮긴다.

저는 대학에서 강의할 때 학생들한테 이렇게 말했습니다.

"첫수업에 들어가기 전에 너희들에게 할 말이 있다. 내 수업 안 들어와도 좋다. 그러나 조건이 있다. 학교에는 동아리가 많다. 수백 개의 동아리가 있다. 그러니 적어도 20개 내지 30개의 동아리에 가입해라. 환경공학과 학생이라 하더라도 미술학과 친구도 사귀고 음대생도 사귀고 법대생도 사귀고 다양한 친구들을 사귀어라. 내 수업 시간에 동아리에 가는 것은 다 수업으로 인정해 준다."

저는 지금 환경 사업을 하고 있지만, 환경 공학을 전공하지 않은 사람들도 꾱장히 많이 알고 있습니다. 그래서 사회 생활이 재미있어요. 아는 사람들이 각계 각층에 포진해 있습니다. 그래서 인생이 즐겁습니다. 당시 저는 대학생들에게 또 이렇게 말했습니다.

"여러분들이 졸업하기 전에 적어도 천명 이상 사람을 알고 나가라. 노트를 하나 사서 깨알같이 갑돌이, 갑순이는 뭐를 잘 먹고, 뭘 잘하고 등등을 시시콜콜 적어라. 용돈 생기면 사귄 친구들 만나서 밥도 사 주고 그래라. 사회에 나가서 서로 연결할 수 있는 인적 네트워크를 만들어 놓으면, 학점 올 A 받고 나간 사람보다 사회 생활 훨씬 더 잘하고, 훨씬 더 가치 있는 사람이 되고, 훨씬 더 성공할 것이다."

'팔리는 나'가 되기 위해서는 먼저 나 자신을 팔아야 합니다.

교류는 대부분 '말이라는 도구'를 통해서 일어난다. 말을 어떻게 하느냐에 따라 일이 성사되기도 깨지기도 한다. 중요한 것은, 폭넓고 다양한 교류를 해야 한다는 것이다. 그래야 고급 정보를 많이 모을 수 있다.

일전에 서울시 공무원 교육에서 나는 글로벌 시대를 따라가는 인생이 되어야 한다고 강조한 적이 있는데 여기에 싣는다. 시대에 맞는 말을 하려면 오래전에 적용했던 인생살이 매뉴얼을 버려야 한다. 삶의 상황이 바뀌면 거기에 걸맞는 말이 나오게 되어 있다.

시대의 흐름을 가만히 보면 아주 옛날에는 손발시대(territory age)였어요. 손발만 있으면 먹고 살았던 손발시대에서 굴뚝시대(industrial age)를 지나 지금은 정보시대(information age)의 끝자락에 와 있습니다. 이제 다시 지식시대로 진입하고 있습니다.

손발시대는 손발만 있으면 어디든지 가서 손에 곡괭이나 호미만 쥐고 있으면 먹고 살았어요. 땅은 넓고 사람은 적었기 때문입니다. 그때는 손발만 부지런하면 먹을 것이 해결되었습니다. 그 다음 굴뚝시대에는 자원(resource)만 있으면 만사가 해결되었습니다. 그리고 정보시대에는 정보의

획득, 분석, 적용이 중요한 가치였습니다.

그런데 이제는 지식시대가 되었습니다. 그런데 여러분, 지식(knowledge)은 노잉(knowing)만 많으면 해결되나요? 아닙니다. 지식시대는 어떻게 내 스스로 새로운 지식을 만들어 내느냐가 중요합니다. 내 지식을 어떻게 만들어 낼 것인가? 그것이 관건입니다. 지금은 자기 지식을 창출해야 합니다.

여러분, 지구촌의 가용 지식을 100%로 보면 매년 어림잡아 10%가 허울뿐인 지식으로 전락한다고 합니다. 그러니 10년 정도 공부 안 하면 가용 지식이 제로(zero)로 떨어져 버립니다. 세상의 변화가 그만큼 빠르기 때문에 현재 알고 있는 지식이 금방 쓸모없어진다는 뜻입니다. 그러니 어떻게 하면 나만의 지식을 창출할 수 있을까요? 관리하는 사람은 관리지식을 창출해야 하고, 기술을 개발하는 사람은 기술지식을 창출해야 하고, 정보 관련직에 있는 사람은 창조적 교류 지식을 길러야 합니다.

20세기는 산업 중심이었지만 지금은 IT, BT, NT, ET 시대입니다. 경제 측면에서 보면 내셔널(national) 개념에서 글로벌화(globalization) 개념으로 넘어왔고, 기술 측면에서 보면 하드웨어에서 소프트웨어로 넘어왔어요. 또한 매뉴얼시대(manual work)에서 지식시대(knowledge work)로 넘어왔어요. 매뉴얼은 뭘 뜻합니까? 매뉴얼은 적힌 대로 따라하면 됩니다. 모든 일을 매뉴얼에 맞춰서 진행하면 별다른 문제가 없어요. 그러나 지식은 그렇게 따라하기로 살면 결코 창출되지 않습니다. 매뉴얼대로 일하기(manual work)는 사람의 생각을 고정시키는 요물입니다. 사람을 발전시키지 못합니다.

옛날에는 아주 큰 것, 이를 테면 조직이나 시스템에 힘이 집중됐습니다. 그러나 지금은 개인 중심(personal-based focus)입니다. 개인이 잘 되어야 조직도 잘 됩니다. 개인이 잘 되어야 회사도 발전합니다. 완전히 바뀌었습니다.

시대의 흐름을 따라가도록 나 자신을 여행시켜라. 나에게 맞는 인생 매뉴얼을 새로 준비하라. 지금까지 적용해 왔던 당신의 인생 매뉴얼을 개정하지 않고 그대로 놔 두면 금세 경쟁력이 떨어져 현재의 자리를 잃을지 모른다.

> 산의 정상에 있는 사람은 100% 긍정의 말을 한다.
> 산의 중턱에 있는 사람은 50%는 부정의 말을, 50%는 긍정의 말을 한다.
> 산 밑에 있는 사람은 항상 부정의 말을 좋아한다.
>
> – J. Kwak

긍정의 말을 위하여!

➡ 말 개발 전략

인간이란 자기가 오랫동안 상상해 왔던 그대로의 인간이 되기 쉽다. 자신에게 얼마만큼 능력이 있다고 생각하면 그만큼의 능력을 가진 사람이 될 수 있다. 자신이 상상한 대로 자기가 된다.

– 노만 빈센트 필

➡ 적용 말씀

너희 안에서 행하시는 이는 하나님이시니 자기의 기쁘신 뜻을 위하여 소원을 두고 행하게 하시나니.

(빌립보서 2:13)

➡ 4차원 인생을 위한 나의 질문

나는 장차 자신이 되고 싶은 인물을 상상할 수 있는가?

7. 나는 창조적인 습관을
   형성하겠다

교육은 습관이다

아리스토텔레스가 말했다.

"어떤 훌륭한 일은 순간적으로 나오는 것이 아니라 오랫동안의 습관이 쌓여서 그것이 어느 순간에 밖으로 나오는 것이다."

영국의 철학자 존 로크도 비슷한 말을 했다.

"교육이란 기본적으로 좋은 습관을 기르는 일이다."

열대 우림 지역에서는 나무 뿌리가 지면 아래로 몇 인치 이상 뻗어 나가지 않는다. 그만큼만 뿌리를 내려도 쉽게 물을 빨아올릴 수 있기 때문이다. 그러나 건조 지역에서 자라는 나무들은 물을 찾기 위해 깊숙하게 뿌리를 내린다. 마찬가지로 사람은 어디서 어떻게 자라느냐에 따라 성장 후의 모습이 완전히 달라진다.

나쁜 습관은 처음에는 표시가 나지 않는다. 그러나 서서히 인생을 멍들게 한다. 수십 년을 세찬 비바람과 폭풍과 눈보라에도 꿋꿋하게 견딘 느릅나무가 이슬을 맞아 어느 날 아침에 갑자기 부러질 수 있을까? 어느 정원사의 이야기를 들어 보자.

"가지가 부러진 것은 고요 때문입니다. 밤새 이슬이 내렸습니다. 바람이 조금만 불어도 이슬방울들은 바람에 날아가는데, 바람이 전혀 없이 고요하니까 이슬방울들이 나무에 그냥 붙어 있었고, 그 이슬방울들의 무게 때문에 가지가 부러진 것입니다."

내 인생에서 정말 중요했던 순간들은, 내가 새로운 삶의 습관을 형성했을 때였다. 나의 인생에는 전환점이 몇 번 있었는데, 한결같이 좋은 습관이 있었기에 변화가 가능했다.

첫째, 영적인 삶을 살아가는 습관

내가 지금까지 살아오면서 가진 가장 크고 위대한 습관이다. 예수님을 믿고 매주 예배 드리는 삶을 살았다. 1983년부터 매주 한 번도 예배를 거른 일이 없다. 지금까지 약 1200시간의 주일 설교를 들었다. 이제까지 들은 설교를 한마디로 압축해 보니 이것이었다.

"나는 할 수 있다! It is possible!"

나는 2003년부터 현재까지 여러 온라인 대학교에서 이것을 핵심 주제로 삼아 강의하고 있다. 나는 종종 내 스스로 예수 믿고 팔자 고친 사람이라고 말한다. 왜냐하면 자고 나면 항상 할 일이 있기 때문이다.

둘째, '위엣 것'을 생각하는 습관

나는 항상 위엣 것을 생각하는 습관을 들였다. 나는 워낙 생각하는 것을 좋아했고, 생각을 즐기는 사람이었다. 내 삶의 목적을 위에 두니 삶이 복잡하지 않고 단순해졌다. 나는 다행히 집중력이 있었고, 한번 결정한 일은 끝까지 파고드는 성격이라 단시일에 많은 것을 이루었다. 이 역시 생각의 습관이 나에게 준 훌륭한 선물이다. 나는 한번 결정했다 하면 우(右) 아니면 좌(左)로 생각하고 끝까지 달려갔다. '위엣 것'을 생각한 덕분에 1999년부터 단기봉사와 선교활동을 시작했고, 지금도 매년 그렇게 하고 있다. 그 덕분에 사업장도 만들었다. 이를 통해 행복한 삶을 누리고 있고, 일평생 할 일을 찾아서 늘 즐겁다.

셋째, 생각한 것을 적는 습관

내 인생에 큰 영향력을 미친 것 중의 하나가, 생각한 것을 글로 남기는 습관이었다. 기록 습관이 나에게 준 보상은 이루 말할 수 없이 크다. 나는 바쁜 직업 생활 속에서도 7권의 책을 저술했고, 70여 편의 기술 논문을 발표했다. 내 인생의 모든 족적이 기록 문화로 남아 있다. 지금 생각해도 너무 감사하다. 기록 습관 덕분에 나는 내가 경험한 모든 것을 수많은 사람들에게 전달할 수 있었다. 글을 적는 습관은 하나님이 내게 주신 큰 선물이었다.

넷째, 정보를 나누는 습관

나는 정보를 보면 가공하는 습관이 남달리 몸에 배어 있다. 이제까지 전 세계 50만 마일을 돌아다니며 세계를 배웠다. 정보를 가공하는 힘, 정보를 확보하는 힘, 정보를 전달하는 힘 - 이 모든 것들은 정보를 나누는 습관에서 나온 것이다. 모든 정보는 필요한 곳으로 흘려 보내야 한다고 생각한다. 샘물을 퍼서 주면 새물이 나온다! 그 덕분에 나는 이제껏 3000장 이상의 교육 PPT 자료를 만들어 강연 활동에 활용하고 있다.

습관 형성은 결단력이다

어느 날 영국인 교수가 화장실 벽에 낙서를 하고 있는 동료 영문과 교수를 보고 놀라움을 감출 수 없었다.

"엘머, 난 자네가 벽에 낙서나 하는 그런 사람인 줄은 정말 몰랐네."

"오해 말게. 난 단지 문법을 고치고 있는 것뿐일세."

한번 형성된 습관은 아무데서나 나타난다. 하루 일과의 95%는 어제와 같다. 결단력이 있어야 좋은 습관을 형성할 수 있다. 씨뿌리기에 관한 예수님의 4가지 비유를 보라.

길가에 떨어질 수 있다

생각이 스쳐 갈 뿐이다. 잠시 생각하는 스타일(Thinking-set)로 그 자리에서 잊어 버린다.

돌밭에 떨어질 수 있다

머리로 한참 생각하는 형(Brain-set)이다. 한참 생각하지만 세상사에 밀려 금방 잊어 버린다.

가시떨기에 떨어질 수 있다

듣고 마음속에 오랫동안 간직하는 형(Mind-set)이다. 자신의 현재 삶에 적용하여 뿌리를 내리지만 오래가지 못한다.

좋은 땅에 떨어질 수 있다

행동으로 옮겨 열매를 맺는 형(Doing & Habit-set)이다. 이런 사람은 확실하게 자신의 삶에 적용하여 열매를 맺는다.

하나의 씨가 옥토에 떨어져서 열매를 맺는 것이 얼마나 힘들고 어려운가? 마찬가지로 사람이 한번 습관에 젖으면 좀처럼 빠져나오기 어렵다. 벼룩은 자기 몸높이의 70배 이상을 뛸 수 있다. 그러나 뚜껑을 막아 놓고 뛰게 하다가 나중에는 병마개를 없애도 뛸 생각을 하지 않는다. 뛰어도 별수없다는 습관이 형성되기 때문이다.

좋은 습관의 형성은 내 안에 꿈이 있을 때에만 가능하다. 꿈이 있어야 열정이 나올 수 있고 새로운 습관이 형성될 수 있다. 올림픽 장대 높이에서 두 개의 금메달을 딴 리차즈(B. Richards)의 말을 들어 보라.

"아무리 하찮은 실수라도 그 실수를 극복하지 못하면 승리할 수 없다. 당신 안에 있는 최고의 것을 살릴 수 있도록 최선의 노력을 기울여라."

오로지 열정으로 해결할 수 있다. 인생의 열정이 있어야 좋은 습관이 형성될 수 있다. 성경도 다음과 같이 말한다.

"내가 네 행위를 아노니 네가 차지도 아니하고 더웁지도 아니하도다 네가 차든지 더웁든지 하기를 원하노라 네가 이같이 미지근하여 더웁지도 아니하고 차지도 아니하니 내 입에서 너를 토하여 내치리라." (계 3:15~16)

어떻게 하면 좋은 습관을 형성할 수 있는가?

작가 허바드(E. Hubbard)는 "대체적으로 모든 일을 골고루 잘할 수 있는 사람은 대단히 평범한 사람이다"라고 했다.

메이슨(J. Mason)은 〈평범은 무서운 적이다(An enemy called average)〉라는 책에서 "평범한 인생에 만족하지 말라. 하나님께서는 당신을 중간으로부터 꼭대기로 옮겨 놓으시기를 원한다"고 했다. 평범한 것은 우리의 적이다.

평범한 것을 물리치려면 끊임없이 연습해야 한다. 연습만이 천재를 낳는다! 나는 습관을 두 가지로 나눈다. 하나는 생각의 습관이고 다른 하나는 행동의 습관이다. 생각의 습관을 바꾸면 행동의 습관을 바꾸기가 쉽다. 나의 경험으로 보면, 행동의 습관을 고치기 전에 생각의 습관을 먼저 바꾸는 것이 좋다. 생각의 습관을 바꾸려면 적어 놓고 매일같이 잠재 의식에 배어 들도록 반복하여 생각하라.

나는 오랫동안 사람이 새로운 습관을 형성하는 과정에 대해 연구하였다. 사람이 생각한 것을 하나의 행동으로 옮기고 그것을 반복하려면 여러 과정을 거쳐야 한다. 그 과정을 요약하면 다음과 같다.

"나는 이것을 해야 한다"고 생각하는 제1단계

여름철에 한 농부가 들판에 풀을 베어 내고 새로운 길을 하나 낸다고 생각해 보라. 어떻게 해야 하는가? 먼저 농부는 들판에 풀을 베어 내야 한다고 생각할 것이다. 머릿속으로 생각만 하는 것이다. 이 단계는 비교적 쉽다. 누구나 할 수 있다. 이것은 변화를 위한 인지(recognition)의 단계다.

"나는 행동으로 옮기겠다"고 결단하는 제2단계

이제 농부는 풀을 베어야겠다고 결단한다. 그러면 무슨 행동을 해야 하는가? 풀을 벨 낫이 어디에 있는지, 가격은 얼마인지 등등을 알아보고 필요한 도구를 사는 것이다. 다시 말해 1차 예비 행동을 개시하는 것이다. 이 단계까지 오면 그래도 마음의 결정이 상당히 이루어진 상태이고, 행동으로 옮기는 것은 이제 시간 문제다. 이것은 변화를 위한 결단(determination)의 단계다.

"나는 오늘 들판에서 풀을 베겠다"고 행동하는 제3단계

드디어 이제 농부는 들판에 나가서 풀을 벤다. 마음먹은 대로는 잘 안되지만 비지땀을 흘리며 풀을 벤다. 머릿속에 생각한 것을 마침내 행동으로 옮긴 것이다. 이것은 변화를 위해 행동하는(doing) 단계다.

"나는 이 행동을 반복하겠다"며 반복하는 제4단계

농부는 힘들었지만 이튿날 또 풀을 베러 간다. 다음날 또 간다. 이렇게 하루, 이틀, 사흘 계속 풀을 베러 간다. 이것은 변화를 위해 반복하는(repeating) 단계다. 어느 날부터 농부는 자고 나면 아무 생각없이 숫돌을 들고, 낫을 들고, 들판으로 풀을 베러 간다. 습관이 들면 아무 생각없이 그냥 일하게 된다. 거기까지 가야 진정한 자기 습관이 되는 것이다.

새로운 습관 하나를 형성하는 것은 무척 힘들다. 그러나 불가능하지는 않다. 나는 한때 직장 생활을 하면서 755페이지나 되는 방대한 전공서적을 저술한 적이 있다. 상상해 보라. 직장 생활을 하면서 전공서적을 집필한다는 것이 얼마나 버겁고 힘들었겠는가? 그러나 나는 새로운 습관 하나를 형성함으로써 그것을 가능하게 했다. 그 두꺼운 책의 교정을 다섯 번이나 정독하면서 보았다. 그 당시 나는 6개월간 거의 매일 새벽 4시에 일어났다.

'새벽 4시 일찍 일어나기'라는 습관표 하나를 만들었는데, 매일 동그라미를 하나씩 표시해 나갔다. 동그라미를 보면서 큰 힘을 얻을 수 있었다. 표 위에는 "나는 이 책을 집필해야 한다!"라는 목적도 적고, 목표도 적어 두었다. 새로운 습관을 형성하기 위해 나는 언제나 내 자신에게 먼저 물었다. "내가 왜 이 습관을 형성해야 하는가?" 목적이 없으면 중간에 손을 놓기 때문이다. 많은 사람들이 새로운 습관을 형성하는 데 실패하는 것은 분명한 목적을 적어 두지 않기 때문이다.

새로운 습관을 형성해야 하는가?
그러면 먼저 이것을 자문하라.
"내가 왜 이것을 해야 하는가?"
목적을 알고 행동하면 중간에 길을 잃지 않을 것이다!
좋은 습관을 형성한 사람은 행복한 사람이다.

긍정의 말을 위하여!

◆ 말 개발 전략

당신의 인생관, 직업관, 가정관, 신앙관을 글로 적어라.
삶이 단순화되고, 현재보다 더 유익한 인생을 누릴 것이다.

◆ 적용 말씀

나를 사랑하는 자들이 나의 사랑을 입을 것이며 나를
간절히 찾는 자가 나를 만날 것이니라. (잠 8:17)

◆ 4차원 인생을 위한 나의 질문

나는 창조적인 인생관, 가치관, 신앙관을 가지고 있는가?

Words Box 1 : 말 개발 평가표

본 평가표는 현재 당신이 어느 정도의 '말의 힘'을 가지고 있는지 평가해 줄 것이다.
말의 인생 소프트웨어가 강해야 인생의 힘이 강해진다. 이 평가표를 5분 안에 완성하라.

평 가 항 목	소 ⟷ 대					점수
	1	2	3	4	5	
1. 나는 항상 긍정의 생각을 하고 긍정의 말을 한다.						
2. 나는 주어진 내용을 쉽게 전달할 수 있는 능력이 있다.						
3. 나는 상대방의 말을 듣고 칭찬하고 격려하려고 힘쓴다.						
4. 나는 머릿속의 추상적인 생각을 구체적인 사물로 연결하는 능력이 있다.						
5. 나는 생각을 효율적으로 전달하기 위하여 은유법을 잘 활용한다.						
6. 나는 창조적인 말을 하려고 애쓰며 부정의 말을 제거하려고 힘쓴다.						
7. 나는 긍정의 말을 계속하면 좋은 행동을 낳는다고 믿는다.						
8. 나는 말이 씨앗이 되어 좋은 습관을 형성한다고 믿는다.						
9. 나는 성경말씀이 희망적이고, 긍정적인 말로 가득 차 있다는 것을 믿는다.						
10. 나는 좋은 대화를 위해 유익한 정보를 찾아내는 방법을 알고 있다.						
11. 나는 좋은 정보를 구하면 필요한 다른 사람에게도 나누어 준다.						
12. 나는 대화 중에 상대방의 이야기를 경청하려고 노력한다.						
13. 나는 잡지, 인터넷, 신문 등을 보고 정보를 수집한다.						
14. 나는 항상 창조적인 말을 하고 다른 사람이 부정의 말을 하면 고쳐 준다.						
15. 나는 다른 사람이 일을 잘 했을 때 칭찬하는 방법을 잘 알고 있다.						
16. 나는 표현력이 뛰어나 상대방을 쉽게 납득시킬 수 있다.						
17. 나는 협상에 임하기 전에 나의 힘과 상대방의 힘을 글로 비교 분석한다.						
18. 나는 성경말씀을 받아들이고 긍정의 말을 하려고 노력한다.						
19. 나는 상대방이 많은 정보를 털어놓도록 하는 경청 기술이 있다.						
20. 나는 교류할 때 유머를 항상 1~2개 정도 사용할 줄 안다.						
총 점						

80-100 : 말의 힘이 탁월함. 표현력이 뛰어날 뿐 아니라 경청 기술과 협상 능력도 뛰어난 사람

60-79 : 자신이 가진 심중의 이야기를 적절히 잘 표현하여 상대방에게 납득시킬 수 있는 사람

40-59 : 말 때문에 종종 불화가 생기고 조직 중에서 말 때문에 곤란을 겪는 사람

0-39 : 말 기술을 절실히 개발해야 하는 사람

Words Box 2 : 말의 힘을 키우기 위한 행동 매뉴얼

1단계 학습 : 말 개발 원리	1) 긍정의 말을 하고 표현 능력을 키운다. 2) 교류 능력을 키우고 글쓰는 기술을 훈련한다. 3) 적절한 시기에 칭찬, 격려, 위로를 한다. 4) 긍정의 언어를 외우고 사용한다. 5) 창조적이고 생산적인 말을 한다. 6) 말이 행동을 낳고 행동이 습관을 낳는다.		
2단계 학습 : 긍정의 말 개발	1단계-말하기 전에 생각한다(Thinking). 삶에 필요한 긍정의 단어를 수첩에 적어 둔다. 2단계-생활 속에서 긍정의 말을 한다(Doing). 부정의 말을 긍정의 표현으로 만든다. 3단계-긍정의 말을 생활 속에서 계속 반복한다(Repeating). 4단계-긍정의 말을 하는 습관을 가진다(Habit-setting). 　　　적어도 3개월을 지속적으로 그렇게 한다. **긍정의 말 개발 사례** Case 1 : 나는 절대로 할 수 없다! → 나는 노력해 볼 가치가 있다고 믿는다. Case 2 : 나는 그 일을 성취할 수 없다! → 나는 그 일을 해볼 만한 일이라고 생각한다. Case 3 : 나는 전에 그 일을 해본 적이 없다! → 내가 처음으로 해낼 기회를 얻었다. Case 4 : 그 물건은 시장성이 없다. → 틈새 시장을 찾으면 나올 수도 있다. Case 5 : 전혀 가능성이 없어 보인다. → 다른 관점에서 보면 또 다른 가능성이 있을 것이다.		

	말 개발 항목	키포인트	개발 내용
3단계 학습 : **행동 학습**	1. 긍정의 말	1) 부정의 생각을 제거한다. 　부정의 말을 긍정의 말로 　바꾸는 연습을 반복한다. 2) 긍정의 말을 반복한다. 　반복하면 긍정의 언어습 　관이 형성된다.	구체적인 방법 예 Step1 　1) 현재 당신이 가장 잘 쓰는 긍정의 말을 적어 보라. 　2) 현재 가장 많이 사용하는 부정의 말을 적어 보라. Step2 : 부정 언어를 긍정 언어로 수정하라. Step3 : 습관화시켜라. 적어 놓고 매일 바라보라.
	2. 긍정의 글	1) 긍정적인 표현만 한다.	1) 문서를 작성한 후 부정적인 표현은 긍정적인 표현으로 　전환해 보라.(기획서, 리포트 등)
	3. 칭찬과 　격려의 말	1) 칭찬과 격려는 즉시 한다.	1) 칭찬 문구의 예 　-"대단하십니다. 잘하실 줄 알고 멀리서 지켜보고 있었습니다." 　-"당신은 언제 어디서나 빛을 내는 사람입니다." 　-"제가 당신을 추천한 것은 능력을 잘 발휘하리라 믿었기 　　때문입니다." 　-"역시 미래를 보는 눈이 남다르시군요." 　-"지금은 조금 부족하지만, 이제까지 하신 걸로 보아 성취 　　는 시간 문제입니다." 　-"실력이 아직 남아 있는 것 같습니다. 다음에도 또 기대 　　하겠습니다."
	4. 권세있는 말	1) 성경말씀은 권세가 있다.	1) 힘들고 어려운 사람에게 적용한다. 　성경말씀의 간구, 시인, 명령, 선포, 감사

[내 인생의 인생관]

1995년에 나는 사람은 일평생 가지고 가야 할 인생 지침서가 있어야 한다고 생각했다. 그 당시 나는 성경말씀을 근거로 나의 인생 지침서를 하나 만들었다. 그것이 내 인생길에 큰 힘이 되었고, 내가 걸어가야 할 길을 알려 주었다. 인생 지침서를 작성한 후에 큰 소리로 종종 외쳐 보라. 말의 힘, 인생의 힘이 절로 솟아 날 것이다. 나는 이것이 진정한 인생 지침서라고 생각한다.

나의 인생관	나는 행복하다. 인생은 생각에서 출발하고, 기쁨은 일하는 과정에서 생기고, 성공은 하나의 과정일 뿐이다.	
열정의 삶	전도 9:10	무릇 네 손이 일을 당하는 대로 힘을 다하여 할지어다. 네가 장차 들어갈 음부에는 일도 없고 계획도 없고 지식도 없고 지혜도 없음이니라.
	적용	1. 열정의 삶을 살자.　2. 지혜와 지식과 계획을 주님께 의뢰하자.
교육관	약 1:5	너희 중에 누구든지 지혜가 부족하거든 모든 사람에게 후히 주시고 꾸짖지 아니하시는 하나님께 구하라. 그리하면 주시리라.
	적용	1. 나는 날마다 배운다.　2. 지혜는 지식을 초월한다.
국가관	시 33:10~12	여호와께서 열방의 도모를 폐하시며 민족들의 사상을 무효케 하시도다. 여호와의 도모는 영원히 서고 그 심사는 대대로 이르리로다. 여호와로 자기 하나님을 삼는 나라 곧 하나님의 기업으로 빼신 바 된 백성은 복이 있도다.
	적용	1. 복음을 전하는 일이 곧 나라사랑이다.　2. 나의 일에 최선을 다하자.
사회생활	롬 12:18	할 수 있거든 너희로서는 모든 사람으로 더불어 평화하라.
	적용	1. 분을 내지 말자.　2. 외식하지 말자.　3. 교만하지 말자.
시간을 아껴라	골 4:5 엡 5:16	외인을 향하여서는 지혜로 행하여 세월을 아끼라. 세월을 아끼라 때가 악하니라.
	적용	1. 약속을 잘 지킨다.　2. 계획에 따라 움직인다.
진실한 사람	사 51:10	하나님이여 내 속에 정한 마음을 창조하시고 내 안에 정직한 영을 새롭게 하소서.
	적용	나는 항상 진실만 생각한다.
자신감	이사야 41:10	내가 너를 굳세게 하리라 참으로 너를 도와 주리라 참으로 의로운 오른손으로 너를 붙들리라.
	적용	리더십은 자신감 : 지식+경험+믿음은 자신감의 근원이다.
미래 지향	사 43:18~19	너희는 이전 일을 기억하지 말며 옛날 일을 생각하지 말라 보라 내가 새 일을 행하리니 이제 나타낼 것이라.
	적용	앞만 바라보고 살자. 누가 나의 뒷일을 생각하라. 오직 주만 바라보자.
성취 의욕	요 15:7	너희가 내 안에 거하고 내 말이 너희 안에 거하면 무엇이든지 원하는 대로 구하라 그리하면 이루리라.
	적용	니는 일하는 욕심이 넘나. 많이 구하여 남에게 베풀자.

[내 인생의 직업관]

이 땅에 태어나 일할 수 있다는 것은 축복 중의 축복이다. 사람은 일하면서 살라고 두 손과 두 발 그리고 강인한 근육까지 선물 받았다.

직업관		나는 하나님으로 부여받은 잠재력을 찾아서 하나님을 영화롭게 하는 데 사용한다. 나의 일을 사랑하며 일로부터 얻은 것을 남에게 주도록 한다.
열정의 삶	욥 8:5~7	내가 만일 하나님을 부지런히 구하며 전능하신 이에게 빌고 또 청결하고 정직하면 정녕 너를 돌아보시고 네 의로운 집으로 형통하게 하실 것이라 네 시작은 미약하였으나 네 나중은 심히 창대하리라.
	적용	나의 인생은 열정이다. 일도 열정이다. 성공도 열정이다.
세계화	창 13:14	너는 눈을 들어 너 있는 곳에서 동서남북을 바라보라 보이는 땅을 내가 너와 네 자손에게 주리니 영원히 이르리라.
	적용	나의 인생무대는 지구촌! 지구는 나를 위해 오늘도 돈다.
최고의 전문가	창 1:31	하나님이 그 지으신 모든 것을 보시니 보시기에 심히 좋았더라.
	적용	주어진 분야에서 세계 최고가 되자.
고객에게 만족을 주자	엡 6:6~7	눈가림만 하여 사람을 기쁘게 하는 자처럼 되지 말고 그리스도의 종처럼 마음으로 하나님의 뜻을 행하여
	적용	좋은 기술을 개발하자. 지구의 50억 인생들은 나의 고객이다.
새로운 기술 개발	고후 4:16	우리가 낙심하지 아니하노니 겉사람은 낡아지나 우리의 속사람은 날로 새로워지도다.
	고후 5:17	그런즉 누구든지 그리스도 안에 있으면 새로운 피조물이라 이전 것은 지나갔으니 보라 새 것이 되었도다.
	적용	나는 팽이다. 오늘도 돌아가고 내일도 돌아갈 것이다. 새로운 것을 찾으려고 팽이는 오늘도 돌아가고 있다.
수입	빌 4:19	나의 하나님이 그리스도 예수 안에서 영광 가운데 그 풍성한 대로 너희 모든 쓸 것을 채우시리라.
	적용	수입은 믿음의 분량과 삶의 기준에 따라 베풀기 위해서 있다.
일할 수 있는 능력	빌 4:13	내게 능력 주시는 자 안에서 내가 모든 것을 할 수 있느니라.
	적용	모든 일에 자신감을 가지자. 자신감 = 지식 + 경험!
봉사	잠 3:9~10	네 재물과 네 소산물의 처음 익은 열매로 여호와를 공경하라 그리하면 네 창고가 가득히 차고 네 즙틀에 새 포도즙이 넘치리라.
	적용	인생의 가치는 삶의 가치를 나누는 것이다.
잘 한다고 교만하지 말자	빌 2:3~4	아무 일에든지 다툼이나 허영으로 하지 말고 오직 겸손한 마음으로 각각 자기보다 남을 낫게 여기고 각각 자기 일을 돌아볼 뿐더러 또한 각각 다른 사람들의 일을 돌아보아 나의 기쁨을 충만케 하라.
	적용	교만은 패망의 선봉이다. 낮아지자. 자라목처럼 쏙 들어가자.

[내 인생의 가정관]

모든 것을 잘해도 가정에 금이 가면 모든 것이 깨진다.

도자기 한쪽에 금이 가면 그 도자기의 가치는 땅에 떨어지는 것이다.

가정은 낙원		가정은 화목해야 한다.
주님을 모신 가정은 아름답다	시 112:1~3	할렐루야, 여호와를 경외하며 그 계명을 크게 즐거워하는 자는 복이 있도다. 그 후손이 땅에서 강성함이여 정직자의 후대가 복이 있으리로다 부요와 재물이 그 집에 있음이여 그 의가 영원히 있으리로다.
	적용	임마누엘의 가정이 되자.
아내는 나의 분복	전 9:9	네 헛된 평생의 모든 날 곧 하나님이 해 아래에서 주신 모든 헛된 날에 네가 사랑하는 아내와 함께 즐겁게 살지어다. 그것이 네가 평생에 해 아래서 수고하고 얻은 분복이라.
	적용	아내는 나의 벗, 해 아래에서 가장 가까운 자. 서로 사랑하자.
자녀는 주님의 선물	엡 6:4 잠 22:6	너희 자녀를 노엽게 하지 말고 오직 주의 교양과 훈계로 양육하라. 마땅히 행할 길을 아이에게 가르치라. 그리하면 늙어도 그것을 떠나지 아니하리라.
	적용	잘 키워야 한다. 부모가 모범을 보이자. 형제 우애를 키워 주자.
부모를 공경하라	신 5:16	너는 너의 하나님 여호와의 명한 대로 네 부모를 공경하라 그리하면 너의 하나님 여호와가 네게 준 땅에서 네가 생명이 길고 복을 누리리라
	적용	낳아 준 부모가 아직 살아계실 때 한껏 사랑하자.
가장의 모범	시 27:14	너는 여호와를 바랄지어다. 강하고 담대하며 여호와를 바랄지어다.
	적용	가장으로서 책임을 다하자. 신앙의 아버지로 모범을 보이자.
반석 위에 집을 짓자	눅 6:48	집을 짓되 깊이 파고 주초를 반석 위에 놓은 사람과 같으니 큰 물이 나서 탁류가 그 집에 부딪히되 잘 지은 연고로 능히 요동케 못하였거니와
	적용	튼튼한 믿음의 가정으로 성장하자.
기도의 가정	빌 4:6:7	아무것도 염려하지 말고 오직 모든 일에 기도와 간구로 너희 구할 것을 감사함으로 하나님께 아뢰라. 그리하면 모든 지각에 뛰어난 하나님의 평강이 그리스도 예수 안에서 너희 마음과 생각을 지키시리라.
	적용	가정에 근심이 있으면 금이 간다. 염려 대신 기도하자.
친척	딤전 5:8	누구든지 자기 친족 특히 자기 가족을 돌아보지 아니하면 믿음을 배반한 자요 불신자보다 더 악한 자니라.
	적용	그들에게 예수님을 영접하게 하자.

[내 인생의 신앙관]

믿음은 바라보는 것들의 실상이다. 항상 '위엣 것'을 바라보라. 내 삶이 윤택해 질 것이다.

오직 믿음	나는 보이지 않는 하나님을 믿고 신뢰한다. 그 분이 있기에 내가 있다.	
하나님	마 6:9	하늘에 계신 우리 아버지여 이름이 거룩히 여김을 받으시오며
	적용	하나님은 나를 알고 나도 아버지를 알고 있다. 주님은 나를 50억분의 1로 나를 기억하지 않고 언제나 1 : 1로 만나 주신다.
예수님	요 15:14 요 14:6	너희가 나의 명하는 대로 행하면 곧 나의 친구라. 내가 곧 길이요 진리요 생명이니 나로 말미암지 않고는 아버지께로 올 자가 없느니라.
	적용	예수님은 나를 위하여 십자가를 지셨다. 나의 친구 예수님!
성령님	요 16:7	내가 떠나가는 것이 너희에게 유익이라. 내가 떠나가지 아니하면 보혜사가 너희에게로 오시지 아니할 것이요 가면 내가 그를 너희에게로 보내리니.
	적용	언제 어디에서나 성령님께 도움을 요청하자. 장소와 시간에 관계없이 늘 나와 함께 계신다. 그분은 나의 카운슬러다.
성경	딤후 3:16~17	모든 성경은 하나님의 감동으로 된 것으로 교훈과 책망과 바르게 함과 의로 교육하기에 유익하니 이는 하나님의 사람으로 온전케 하며 모든 선한 일을 행하기에 온전케 하려 함이니라.
	적용	1. 내 인생 가치는 성경이 기준이다. 2. 읽고 묵상하고 쓰고 생각한다. 3. 나의 인생 지침서다. 4. 내가 하는 일에 대한 경영 지침서다.
선교	행 1:8	오직 성령이 너희에게 임하시면 너희가 권능을 받고 예루살렘과 온 유대와 사마리아와 땅끝까지 이르러 내 증인이 되리라 하시니라.
	적용	1년에 3회 이상 선교하러 나간다.
예배	요 4:24	하나님은 영이시니 예배하는 자는 신령과 진정으로 예배할지니라.
	적용	0. 나의 인생에서 예배는 영순위다. 1. 행동으로 그렇게 한다. 2. 설교 말씀에 귀기울이며 기록한다. 3. 시간을 잘 지킨다.
축복의 삶	신 28:1	네가 네 하나님 여호와의 말씀을 삼가 듣고 내가 오늘날 네게 명하는 그 모든 명령을 지켜 행하면 네 하나님 여호와께서 너를 세계 모든 민족 위에 뛰어나게 하실 것이라.
	적용	1. 말씀 위에 서자. 2. 축복을 받아 때가 오면 남에게 준다.
봉사	행 20:28	너희는 자기를 위하여 또는 온 양떼를 위하여 삼가라. 성령이 저들 가운데 너희로 감독자로 삼고 하나님이 자기 피로 사신 교회를 치게 하셨느니라.
	적용	1. 숨지는 그 날까지 봉사하자! 2. 매화는 일생 추워도 향기를 팔지 않는다!

4차원 인생의 힘

2007년 3월 19일 초판 1쇄 발행
2007년 5월 07일 초판 2쇄 발행

지은이 | 곽종운
펴낸이 | 이종춘
펴낸곳 | BM (주)도서출판 성안당
주소 | 04032 서울시 마포구 양화로 127 첨단빌딩 3층(출판기획 R&D 센터)
      | 10881 경기도 파주시 문발로 112 파주 출판 문화도시(제작 및 물류)
전화 | 02) 3142-0036
      | 031) 950-6300
팩스 | 031) 955-0510
등록 | 1973. 2. 1. 제406-2005-000046호
출판사 홈페이지 | www.cyber.co.kr
ISBN | 978-89-315-7226-1
정가 | 12,000원

이 책을 만든 사람들
기획 | 크리스천 커뮤니케이션 연구소
편집 · 진행 | 최옥현
교정 · 교열 | 윤성일
본문 디자인 | 삼하기획
표지 디자인 | 배윤희
제작 | 구본철
출력 | 이펙